叢書・ウニベルシタス　661

廃墟のなかの大学〈新装改訂版〉

ビル・レディングズ
青木 健／斎藤信平 訳

法政大学出版局

Bill Readings
THE UNIVERSITY IN RUINS

Japanese translation rights arranged with
Harvard University Press in Cambridge
through The Asano Agency, Inc. in Tokyo.

序文

ビル・レディングズは、本書原稿の最終校閲の最中、一九九四年十月三十一日、アメリカン・イーグル四一八四便の墜落事故で不慮の死を遂げた。私は、彼のノートや互いの会話を頼りに、彼がやり残した校閲を仕上げた。

互いの著作物を編集するのは、ビルと私がかつて行っていたことでもある。当時、そのような行為は少しも異常なこととは思われなかった。話し合う必要がある事柄とは少しも思われなかったし、いまのように生と死を分かつ、一本の線を引くことになろうなどとは夢にも思わなかった。校閲と対話――私や友人たち、同僚それに学生たちとの対話――は、ともに考えるための可能性を創造する、ビルの方法だった。

本書がどのように展開していったか、本書がどのように発展し続けるとビルが想像したかについて、もし私に言えることが何かあるとしたら、それは本書を活気づけている多くの対話と、彼が望んだように、そこから生じるさらに多くのものを通してであったと言わなければならない。廃墟の大学に住むなどということは、ビルにとっては普段から、沈黙していられることではなかった。話し合うこと――合意に達しようと達しまいと、またそれが真剣なものであろうと愚かなものであろうと――は、彼が大学のためにどのように働き、思考し、その将来に思いをめぐらしたかということすべてと関係していた。

ビルと決して再び会話を交わすことができないということは、彼の死を最終的に心痛む思いで認めることである。そして、話し合いが本書の枠組みそのものを構成するものであると主張することは、大学から離れては存在しないであろう声、場所、そして時間のもつ特異性を認めることへの、たぶん第一歩であろう。

一九九五年、モントリオールにて

ダイアン・イーラム

謝辞

卓越することは、困難な仕事である。なぜなら、いずれの場合にも、中間的なことが何かを見出すことは、困難な仕事なのだから。

アリストテレス『ニコマコス倫理学』

本書の執筆は、まず第一に、研究者養成および研究助成のためのケベック基金と、カナダ社会科学および人文科学研究協議会からの助成金によって可能になった。これらの助成金によって提供された基礎的支援の他に、モントリオール大学の研究チーム「大学と文化――一学術機関におけるアイデンティティの危機」のメンバー、学生および教員の協力を得ることができたし、またこのグループの呼びかけで行われた多くの人たちとの意義深い対話からも大きな成果をあげることができた。本書の主要な論旨は、モントリオール大学で開催された、「文化とその制度＝機関《インスティチューション》」についての、複合的専門分野のセミナーを指導しているなかで発展していったものである。参加された教員諸氏、学生諸君、それに研究会のメンバーに心から謝意を表したい。文化の制度＝機関としての大学の問題に、私が緊急に取り組む必要性を感じたのはずっと以前のことで、ジュネーヴ大学やシラキュース大学の同僚たちと数限りない議論を始めた頃にさかのぼる。このトピックについて私見を述べる必要があると最初に思ったのは、バッファローのニューヨーク大学比較文学科の大学院生たちから招待を受けた時であった。議論を包括的なものにするためのさらなる生産的な機会は、さまざまな大学や研究機関での会議で与えられた。そのなかには、西オンタリオ大学、ストーニブルクのニューヨーク州立大学、ヴァージニア大学にある州立の文学・文化・歴史研究センター、トレント大学、アーヴァインとサンディエゴのカリフォルニア大学、カーディフのウェールズ大学、スターリング大学、ジュネーヴ大学などがある。最後に、索引を準備してくれたジル・デュピュイとショーン・スパーベイに感謝したい。

本書のいくつかの章はすでに以下の研究雑誌に掲載されたものだが、転載の許可を得ている。「プライベート化する文化」『アンジェラキ』第二巻一号（一九九五年）、「文化なき大学」『新文学史』第二十六巻三号（一九九五年）、「廃墟に住んで」『オックスフォード文学批評』第十七巻一―二号（一九九五年）、「他律的文化の政治学のために」『オックスフォード文学批評』第十五巻一―二号（一九九三年）、「エクセレントであれ――ポスト歴史的大学」『アルファベット・シティ』三号、「アイデンティティの危機――大学と文化」『カナダ・カレッジ・アンド・ユニヴァーシティ教員協会ニュースレター』一九九三年六月。

私は、本書が世に出るにあたって、いろいろな影響を与えてくれた人々の名前をここに書き記すことができないことを残念に思う。あまりに多くの人々のおかげをこうむっているからであり、また、感謝の気持ちを十分に伝えることができないからである。しかし、大学が思考する場でありうることを最初に私に教えてくれた、アン・ワーズワースの名をあえて出したい。彼女は、オックスフォードで「批評理論」と呼ばれていたものについて私に教えてくれた。それは、彼女が、北オックスフォードの煉瓦づくりのマンションの庭の一隅にあった小さな建物のなかで、短期契約で教えていた時であった。私は、本書を彼女に捧げたいと思う。

ビル・レディングズ

目次

第1章　序論

高等普通教育のプロジェクトが、「信頼に背き」、「破綻している」という嘆きが満ちあふれている。(1)研究を優先して教育は軽視され、一方、実社会の要求あるいは「一般読者」の理解から研究はますますかけ離れてきている、と。またこれは――そう信じ込んでいる大学人もいるようだが――神聖な学園に出入りすることに失敗したメディアの解説者が持つルサンチマンが動機となった、ミドルブラウのメディアの嘆きに過ぎないのでもない。大学の運営委員会に出席する機会を永久に奪われたお偉い先生たちは、大学に自分たちの欲求不満を浴びせかけるが、一方で、現状のような高額な給料と心地よい労働条件に甘んじていると言われている。メディアが大学を狙い撃ちする理由は、個人的なルサンチマンではなくて、大学の役割に関して、一つの制度=機関《インスティチューション》として判断される場合の基準の本質が一般的に曖昧だという点にある。アカデミックな制度=機関の構造がシフトしているのと軌を一にして、北米でこのような攻撃が強まっているのは偶然ではない。

このシフトは単に、教授団が全体的にプロレタリア化しており、また主要な大学において短期のあるいは非常勤の契約の数が増えた（それに付随して少数の高給取りのスターをあわてさせた）というだけではない[2]。大学内部での知識の生産も、同様に不明瞭である。たとえば、人文科学のなかで生まれた知識の本質に関する内部での正当化の努力は、外的正当性の問題が伴わなければ、重大な問題となることはないであろう。もしある研究プロジェクトの考えそのものに問題があるということでなければ、研究の方法と理論に関するそれぞれの学問分野内での論争は、重大ニュースにはならないであろう。そういうわけで、本書執筆の動機は、素粒子物理学や文学研究における新しい理論的進歩が研究や教育についての旧来のパラダイムを時代遅れにすることを大学が認識する必要があると、単に論じることだけではない。また、本書は、目下大学を取り巻いている、相争いしばしば矛盾する錯綜した意見と交戦しようとする、単なるもう一つの試みでもない。むしろ、一つの制度＝機関としての大学が持つより広い社会的役割がいまや誰にでも容易に手に入るということを論じるために、制度＝機関としての大学の機能の今日的シフトについて構造的な診断を下したいのである。社会のなかでの大学の位置とはどのようなものか、あるいは、その社会の本質とは何かということがもはや明確ではなくなっている。したがって、大学という学術機関の形態が変化していることは、知識人が見過ごすことができないものなのである。

　しかしまず、予備的な警告をいくつか発しておこう。本書で私は、大学についての西洋のある一定の概念に焦点を合わせる。その概念は広く世界に流布しており、その概念の今日における変化は、超国家的な議論の枠組みを構成し続けているように思われる。もし私が北米の大学で現在起こっている変化にも特に注意を向けるとするなら、それは、「アメリカ化」の過程を、単に合衆国の文化的ヘゲモニーの拡大として片づけることができないという理由からである。実際、後に論じることになるが、現在の形態での「アメリカ化」は、グローバル化[*1]と同義語である。つまり、グローバル化とは、ワシントンとダカールが平等に参加するニュートラルな過程ではない、ということを認める同義語なのである。この不平等なコインの表はこうである。グローバル化が示す超国家的資本による収奪の過程は、合衆国とカナダを目下苦しめているものであり、『ロジャー&ミー』という映画のなかで、ミシガン州フリントを観察することによって生き生きと描写されている。プラントが閉鎖されたときに、ゼネラル・モーターズは比較的よい経済状態にあったにもかかわらず、より儲けの多い地域へ資本を移した結果、かつて豊かであったフリントの町が底知れず貧しくなっていく様子を、この映画の監督、マイケル・ムーアは追っている。結果として起こったフリントの町の荒廃によって（「自動車《オート》ワールド」というテーマパークを開設することで、この町を観光地にすることに失敗した後）、今日そこで就ける新しい仕事の大多数は最低賃金のサービス業ということになってしまった。今日、「アメリカ化」とは、国家的帝国主義の過程を指すよりは、社会生活のあらゆる投資における決定因として、国家的アイデンティティという概念の代わりに、金銭的結びつき《キャッシュ・ネクサス》による支配《ルール》を全般的に押しつけることを指すのである。「アメリカ化」は、すなわち、国民文化の終焉を意味するのである。

大学の役割に現在のようなシフトをもたらしたのは、とりわけ、大学の存在理由を今日まで提供してきた国民文化が負っていた使命の衰退である。欧州連合の見通しが、欧州連合の国々や東欧の両方において、ヨーロッパの大学を一つの均質な地平のもとに置くことになるというのが私の主張である。東欧では、たとえば、ジョージ・ソロスのプロジェクトをはじめとするさまざまなプロジェクトが、国民国家の理念からの大学の離脱を一様に物語っている。(3) つまり、大学は、別種の制度＝機関になりつつあるのであって、国民文化の理念を生み出し、守り、繰り返し教える役割によって国民国家の運命と結びついた制度＝機関ではもはやないのである。経済的グローバル化が進むにつれて、世界をめぐる資本の再生産の主要な審級としての、国民国家の相対的衰退がもたらされる。一方、大学も、超国家的な官僚的企業体になりつつあり、欧州連合のような超国家的な政治的審級に結びつくか、超国家的な企業を真似ることで独自に機能するかのどちらかである。アルフォンソ・ボレロ・カバルの『今日的制度＝機関としての大学』が最近ユネスコから出版されたが、これは、官僚的企業の地位に向かおうとする大学の動きを示す好例を提供している。[4] ボレロ・カバルは、大学の中心的人物として教授よりも管理者〔administrator〕に焦点を合わせ、「説明責任[*2]〔accountability〕」という、全般化した論理の観点から、大学の仕事を明らかにしている。その理論によると、大学は、その機能のすべての面で「エクセレンス[*3]」を追求しなければならないという。西洋の大学における現今の危機は、大学の社会的役割や内的システムの根本的シフトに起因しており、それは、大学の生命に対して伝統的な人文科学の学問分野が持っていた中心性がもはや保証されてはいないことを意味するのである。

　このような広範囲な分析をするにあたって、もちろん私は、「エクセレンス」の言説がさまざまな制度＝機関やさまざまな国において（国民）文化というイデオロギーに取って代わる場合の一様ではない複合的な発展の過程、さまざまな速度は無視するつもりである。たとえば、英国の保守党は、国民国家についての私の議論が示す方向とは逆行していると思われる動きをして、目下、画一的な「国家的カリキュラム」を導入しようとしている。しかし、英国で提唱されている教育「改革」は、私がこれから述べようとしていることと一致しないわけではない。本書は、国民国家から第三次教育を分離することについての本であり、このような動向は、中等教育と大学の間の構造的差異をおそらく際立たせるだろうし、それらの国家に対する結びつきについては特にそうである。さらに、オックスフォードのニュー・カレッジのように伝統を誇る機関が、教員募集のような広報に、「エクセレンス」を重視していることを表明し始めたという事実は、高等教育の長期にわたる傾向をよりはっきり示しているように私には思われる。

本書は、国民国家との直接的結びつきから大学を切り離す「アメリカ化」に光を当てるが、同時に、現在の大学に起こりつつある出来事を理解しようとする試みのなかで、人文科学に特権を与える傾向もまた持つであろう。このような強調には、少し予備的な説明が必要である。このように「文化」という概念に焦点を合わせると、人文科学が大学の本質である、あるいは、大学の社会的政治的使命が完成される場である、という印象を与えるかもしれない。もしそうなら、少なくとも二つの重要な理由で不幸なことであろう。第一に、自然科学は知識を公平無私に蓄積していくための実証主義的な事業であるが、公平無私だからといって、自然科学が、原則として、社会政治的な問題から隔離されているとは私は思わない。後で論じることになるが、国民国家の衰退――実は、ナショナリズムが蘇っているにもかかわらず国民国家は衰退していると、私は固く信じているのだが――と冷戦の終結は、自然科学に対する資金提供とその組織に重大な影響を与えているのである。第二に、人文科学と〔自然〕科学の間の区分は、大学自身が学問分野の壁を絶対的なものであると人々に信じこませようとしているほどには絶対的なものではないということである。自然科学は、人文科学との類比によって、大学のなかでしばしば極度に強力な地位を占めている。このことが特に当てはまるのは、教育というものが理解される場合に、その物語《ナラティヴ》の拠り所は何かということが問題になった時である。たとえば、物理学のノーベル賞受賞者に、物理学における学部教育の目標は何であると思うかと私が尋ねた時に、それは「物理学の教養」を学生たちに手引きすることだと、彼は答えた(5)。物理学の知識のような異論を申し立てられる身分――もし学生が研究を続けるならば、後で捨てることになる事柄を彼らが学んでいるというのが現実だ――は、事実の単なる集積としてというよりは、一つの共同体のなかの対話としての知識のモデルを必要としている。このことを前提として認めるならば、彼がC・P・スノーを参考にしたのはとても賢く正当なことだ、と私には思える。人文科学――そして特に哲学と国民文学の学科――が、歴史的に保護者となってきたその知識の制度化のモデルという観点から、大学における自然科学の制度的事実は理解される必要がある。この意味で、近代の大学を正当化する理念としての文化という概念は、その有効性が終りに近づいているというのが私の議論の概要であり、それは、人文科学と同様に自然科学にも当てはまるとみなされよう。もちろん、人文科学においてこそ、文化の脱正当化がもっとも直接的に一つの脅威として認識されるけれども(6)。

人文科学の学部(私が「訓練を受けた」学部とはほとんど似ていない学部だが)で教鞭をとる一人として、一つの制度=機関についての強いアンビバレントな気持ちから、私はこの本を書いた。本書は、戦闘的なラディカリズムとシニカルな絶望との間の袋小路から抜け出す道を考えようとした、一つの企てである。私はいまだに、私の同僚との議論のなかで「真の大学では……」で始まる文句を使ってしまいがちである。たとえ、そんな制度=機関が存在したためしがないと彼らが知っていて、しかも、彼らが知っていることを私が知っていてもである。大学の真の本質にこのように訴えることが、誠実であるとはもはや私には思えないというのでないならば、こんなことは問題とならないであろう。しかし、大学の自己実現という歴史的地平でわれわれが大学を考えることができるような状況ではもはやないのだ。大学は、啓蒙運動の遺産であった人文科学のための歴史的プロジェクト、すなわち文化という歴史的プロジェクトにもはや参加してはいない、と私は主張する。このような主張は、また、おのずといくつかの重要な問題を提起する。このような状況は、一つのプロジェクトとしての大学にとって、新しい時代の夜明けなのであろうか。あるいは、大学の持つ批判的また社会的機能の黄昏を示しているのであろうか。そして、もし黄昏であるなら、それはどんな意味を持つのであろうか。

　私がいま言及しているこの時期を、大学の「ポストモダン」と呼びたいと思う向きもあるであろう。ポストモダンに関して最も論議を呼んだ本の一つは、やはり、ジャン＝フランソワ・リオタールの『ポストモダンの条件』である。この本は、知識の正当性に対してポストモダニティによって提起された問題の意味についての研究である。リオタールの本は、ケベック州政府のための、大学に関するリポートとして明確に構成されている。このリポートは、後の成功にもかかわらず、パトロンたちをがっかりさせるものであったことは疑いない。「大学がその終焉に近づいているまさにこのポストモダンの時期に(7)」この本は書かれたと、リオタールは述べている。ポストモダンの問題は、大学のなかで提起された問題であるとともに、大学に対して提起された問題でもある。しかし、ポストモダンは、概して問題点として機能することをやめてしまい、さらに、知識人たちが自分たちの期待に応えることに失敗した世界を非難するための新たなアリバイになっているので、私はポストモダンという言葉を使わないことにしたい。危険性は明らかだからである。つまり、まるで大学が、構想可能な制度＝機関、あるいは、より革新的でより批判的な制度＝機関、すなわち、近代の大学よりもさらに近代的な大学であるかのように、いつの間にか「ポストモダンの大学」と言ってしまうのはとても簡単なのである。そこで、次のような認識を力説するために、私は当代の大学を、「ポストモダン」の大学ではなくて「ポスト歴史的」大学と呼びたい。つまり、大学という制度＝機関はすでに過去のものとなり、国民文化を歴史的に発展させ、肯定し、反復して教えるプロジェクトという観点から自らの立場を明らかにした時代の遺物なのだ。

　ここで明らかになると思われるのは、大学と国家について語ることは、すなわち、文化という概念の発生についてのストーリーを語ることでもあるということである。大学と国家は、知ってのとおり、本質的には近代の制度＝機関であり、文化という概念の出現は、これらの二つの近代的制度＝機関の間の緊張関係を処理する特別な方法とみなされるべきであると、私は主張する。しかし、読者が誤った観念を持つ前に言っておくが、この主張は、私が単に大学を打ちのめそうという理由でなされているのではない。私は、大学で働いている。時には、私は、そこに住んでいるという気持ちになることがある。大学を単に批判するのはとても簡単なことであるが、そうすることでなにか新しいことが生み出されるわけではない。結局、ドイツ観念論者たちが基礎を与えた近代の大学の特性は、批判の府としての地位にある。フィヒテが述べたように、大学は、情報を教えるために存在するのではなく、批判的判断力の修得のために存在するのである。[8] この意味で、近代の大学についての批判はすべて、思考の制度化の深層構造には影響を与えない、大学内部の綱領にすぎないとみえるかもしれない。

　まず最初に、次のことをはっきりさせておこう。私が「近代の」大学という際には、広く流布したドイツの大学のモデルを指し、このモデルはフンボルトがベルリン大学において創始したものであり、西洋では、第二次大戦後高等教育の拡大に際してもなお貢献した。大学がポスト歴史的になっているので、このモデルの黄昏時にわれわれは立っているということを、私は主張したい。この文脈からすると、アラン・ブルームの『アメリカン・マインドの終焉』は、ヤロスラフ・ペリカンが『大学とは何か』で述べているリベラルな妙策よりもさらにいっそう現実を認識しているように、私には思える。ペリカンの本は、高等普通教育の失われた使命をわれわれに思い出させるものである。[9] ブルームの嘆きは保守的ではあるが、それ自体が一つの目的である知識の自律性が脅かされているということを、少なくとも認識している。そして、この原理を体現するような主体がもはや存在せず、したがって、現在大学で行われている多くのことが、どんな学生（若い白人男性のアメリカ人の学生のことだが）にとっても分かりにくい的外れなものであると、ブルームは繰り返し冷やかすのである。他方、『大学とは何か』には、『アポロギア・プロ・ヴィタ・スア』〔彼の人生の弁明という意味〕と書名をつけなおしてもさしつかえないのではと思えるような、〔ジョン・ヘンリー・カーディナル・〕ニューマン風の洒落を入れて、ペリカンが序文を書いている。この洒落は、私に疑念を起こさせる。なぜなら、「高等普通教育という冒険」と彼が呼ぶストーリーには、もはやヒーローがいないというブルームの結論に、私は同意したいからである。[10] その冒険に乗り出す学生のヒーローもいなければ、学生の目標としての教授のヒーローもいないのだ。

　こうしたことがどのようにして起こったかについてのある程度の認識は、ジャック・バーザンの『アメリカの大学――どのように機能し、どこへ向かうか[11]』のようなテクストを読めば得られよう。この本は、初版が一九六八年に出され、シカゴ大学出版局によって最近再刊されたが、一九九〇年代において今日的妥当性を持つテクストとして立派な業績である。それでも、初版当時には、時代遅れであることが意識されていた。バーザンは、一九六八年一月の序文に対する一九六八年五月の後記のなかで（皮肉な位置であるが）[12]、「コロンビア大学の業務を中断させた、（一九六八年）四月二十三日の」学生たちの「反乱」の六週間前に脱稿したテクストの「中身を変えたり加筆したりする理由がない」（xxxvi）と述べている。どのように管理者が行動すべきかという問題に中心を置いた本としては、この無頓着さは奇妙に思える。しかし、バーザンが語ろうとしている物語《ナラティヴ》が、大学というストーリーの新しいヒーローとして、啓発されたリベラルな管理者を生み出すことについての物語《ナラティヴ》であると、いったんわれわれが理解すれば、それほど逆説的ではない。たとえば、「第二の層」という、大学内部の研究者ではない管理者の自律的層を形成することを、バーザンは明確に提案している。「もし若いうちに訓練すれば、このような男たち［原文のまま］は最高の文官になり、研究者ではなくても専門職として受け入れられるであろう。彼らは、自分たち自身のプレステージを享受し、キャンパス・ライフを彩るものと広く信じられている快適さを十分に共有することができる。彼らは、すばらしい機構の機能を有効にするために、人間のであろうがエレクトロニクスのであろうが、どんな他の媒体よりも多くのことをすることができるだろう」（一九ページ）。大学の中心的な人物は、もはや研究者でありかつ教育者である教授ではなく、「プロボスト」〔教務の事務長などカリキュラムや教職員の任免などを受け持つ大学の要職者〕であり、彼に対して他の実務担当者も教授たちも責任を持たねばならない。バーザンとニューマンの違いは、新しい大学を体現すべきはどんな種類のリベラルな個人なのかをバーザンが理解しているということだ。管理者はもちろん、かつては学生であり、教授であったかもしれない。しかし、今日の大学の課題は、管理者としての彼に対して出されている課題なのである。

私が次の章で論じるエクセレンスという理念のもとはここにある。しかし、バーザンは、エクセレンスという概念に頼る必要性を感じておらず、エクセレンスが一つの「影」（二二ページ）であると理解しているということに注目すべきである。一方、ハーバート・I・ロンドンは、二五年後にバーザンのテクストの再刊版に序文を書き、「エクセレンス」はもはやバーザンの時代ほど現実的ではないという事実を嘆いている（二二ページ注）。なぜなら、「エクセレンスという盛んに喧伝された目標が事実上捨てられて」（xxviii）しまっているからである。したがって、次のようなたとえを言うことができよう。バーザンはエクセレンスのバプテスマのヨハネ[*4]として現われて、古い律法（「基準」）の言葉で新しい律法（「エクセレンス」）のための道を準備した。一方、ロンドンはパウロ[*5]として現われ、新しい法律が古い法律と同じように厳密に適用される時だけ、新しい法律は現実的なものになるであろうとわれわれに言うのである。物事はキリストの時代以来スピードを上げている。なぜなら、メシアの約束の再延期に必要な経過時間は、いまや三五年から二五年に縮まったからである。

　しかし、バーザンと、彼を引き合いに出す現今の人々とを比較する際に、私はとりわけ口調の問題について一言触れたい。アラン・ブルームの非難、さらには、一九九三年のバーザンの著書の再刊版の序文のなかにさえ見られるハーバート・ロンドンの非難と、バーザンの著書（そしてペリカンの著書）との違いを表わすその口調である。顕著な違いは、まったくの自己満足から生じる甘美な気取りがなくなり、それが痛烈な非難に取って代わったことである。このことは、女性差別の問題に関しては特に明白である。テクストのなかでバーザンは、換喩語「男〔men〕」によって教授を指している。若い大学院生の苦しい状況についてのバーザンの記述を、一つの例にとろう。「口述試験の後で、学位論文を書かなければならない——どのように、何についてということよりも、どれだけ速く仕上げるかが問題だ。どんな論題をとるにせよ、ヨーロッパあるいは他の外国の地域は避けられず、気が滅入る——フルブライト奨学金、子供、妻のアルバイト（あるいは、彼女もまた学位取得希望者である）、さらに多くの調べ物のための図書館通い、しかも外国語で——これは悪夢だ」（二二八ページ）。女性は大学で実にうまく秘書的役割を果たし、おそらく結婚相手の子供を産む前の準備の期間に、大学院での研究に従事することさえできると、バーザンがほのめかしている一方で、ブルームとロンドンは、自分たちの大学が、荒れ狂うハルピュイア〔ギリシア神話で、顔と体が女で鳥の翼と爪を持った強欲な怪物〕によって脅かされているのを見る。(13) バーザンがそこに愚かさを見て、それを「実に不合理なもの」と呼ぶのに対して、ロンドンは「汚染」（xxviii）を見る。（男性）卒業生のこの上ない自己満足が目立つような、大学についての書物が今なお書かれているという事実にもかかわらず（ペリカンが適例である）、重大なシフトが起こったということは明らかである。われわれの時代が、より多くの問題を抱えているというわけではない。結局バーザンは、一九六八年の事件によって苦しめられはしなかったと断言している。むしろ、ブルームとロンドンが苦しんでいる問題は、われわれのうちの誰もが、大学というストーリーのヒーローとして、つまり、巨大な機構全体が日夜生み出そうとしている教養ある個人の典型として、自分自身を本気で想像することができないという点である。

私の多くの先輩たちは、おそらくは、自己満足の口調に心地よさを感じていたであろうが、私がそのような口調で語ることを好まないのは、個人的な謙虚さのゆえではない。結局、私は、大学についての本を著すために、私の経歴が黄昏を迎えるまで待たなかったのだ。重要なことは、そして、現今の痛烈な批判の口調を特色づけているのは、リベラルで理性ある主体を育成することに集中していた大学という偉大な物語《ナラティヴ》がもはやたやすくわれわれの手に入るものではなくなっているということである。したがって、待っていても意味はない。私は、ジャック・バーザンになろうとしているのではない。大学のシステムは、もはやそのような主体を必要としてはいない。リベラルな個人が、もはや大学という制度＝機関を換喩的に体現することはできないのである。われわれ自身が、大学教育という物語《ナラティヴ》の中心的主体であると真面目に考えることのできる者は、いまや一人もいない。ジェンダー的差異という急進的な意識を導入したフェミニズムは、身体が人種によって異なった特色を持つことに注意を向ける諸分析同様、この点でよい例である。両方とも保守派の攻撃目標になっている。なぜなら、個人の身体は普遍的ではなくて、ジェンダーを持ち、人種的特徴を持っているので、個々の教授はもはや大学を体現しないということを、それらの研究は保守派に突き付けるからである。

　しかし、このような状況のもとで、大学に見切りをつけることを勧め、その代わりにシニカルな絶望に身を委ねる理由を、私は提供しているのではない。高等普通教育のストーリーが組織的中心を失ったとするならば、つまり、起源から言っても目的から言っても人文科学の対象としての文化の理念が失われた以上、われわれがどのように大学を再び心に思い描くことができるかについて、私は本書で論じるつもりである。私のこの認識はますます強いものとなっている。なぜなら、私が勤務している大学は、今日特別な位置を占めているからである。北アイルランドもそうであるが、ケベックがG7グループの先進国のなかにあって特殊な地域であるということに気づかない人にとっては、この立場は時代錯誤と映るかもしれない。そこでは、国民国家であることが、世界経済の漸進的統合の痕跡的残滓であるよりは、むしろ重要な今日的政治問題なのである。モントリオール大学は、ケベック文化の旗艦であり、北米のフランス語圏文化に対して責任を持つ主要な機関として、最近教会に取って代わったばかりである。われわれの教育と研究の活動が、市場の力の自由な働きにまだ完全には屈服してはいないという理由で、国民国家（特に発生期にある国民国家）の旗艦的大学に勤務することは、多大な利益をもたらすのである。つまり、資本の最適成果あるいは最適資本収益という観点から、その活動を正当化する必要がまだないからである。

私は以前シラキュース大学に勤務したことがあるので、この意識は、いっそう強いものとなっている。この大学は、完全に市場本位であろうとする野心、つまり、経営当局が「エクセレンスの追求」と呼んだ意向によって動かされている。実際、その当時の学長メルヴィン・エガースは、シラキュースの特徴を、蔦に覆われた学寮の壁に執着するのではなく、企業を手本とした積極的な機関だと繰り返し説いた。面白いことに、私がシラキュースに勤務している間に、大学のロゴが変わった。ラテン語のモットーが書かれた大学印章を大学のレターヘッドや他の文書に押す代わりに、新しい、明らかに「企業的」なロゴが作られ、大学印章は、たとえば学位証書のような大学の公的な文書類にだけ用いられた。このことは、大学を企業体として再構想することを如実に示しているように私には思われる。その機能（あるいは製品？）の一つは、文化という印章がついた学位を与えることであるが、その全体の本質は、文化的というよりむしろ企業的である。

しかし、文化資本[*6]という観点からだけで大学を分析したとしたら、こうしたことはいまや作用中の界の一つに過ぎないという要点を捉えそこなうであろう。シラキュースが「最下行」〔企業の収益報告の最も下の行のことで、純利益とか純損失のこと）の会計の方を選んで、修辞的な象徴資本を拒否したことを思えば（最下行会計は、理事会の意思決定過程や、学部長たちが奨励した企業的なエートスのなかに一貫して流れていた）、この大学にさまざまな物を寄付した卒業生の割合が、他の同じような規模の大学よりもかなり低かったとしても驚くにあたらない。なぜなら、学生生活のなかのすべてのことが、共同体の一員としてよりもむしろ、消費者として学生たち自身を考えるように仕向けたからである。たとえば、一九九〇年の卒業予定クラスの「公式」Tシャツは、かなりの割り増し額で学生に売られ、私と話した多くの学生たちは、卒業に際しても最後までそれが自分たちからお金を絞りとる企てであると考えていた。学生たちは、ことあるごとに、大学の一員であることを示すしるしを買うように求められる（したがって、大学の「書籍」販売部では、ディズニーランドにならったロゴがちりばめられた文具に大きなスペースを当てている）。このように大学への帰属が商品化されているので、そのために、イデオロギー的負担がかかることもほとんどなく、寄付を通してそれを再確認する必要もない（それは、消費者が車を買っても、ローンの返済以外に、ゼネラル・モーターズに対してさらに定期的に寄付をする必要を感じないのと同じである）。一部の学生が寄付を実際するというのは、自分たちがエクセレンスの大学ではなくて、文化の大学に通ったと信じようとする、先祖返り的な願望の面白い徴候なのである。そのような考えが生まれるのも、以前の組織形態に戻りたい個人、グループ、慣行から成る機構の片隅に、その執着心が残っているからである。

学生たちが、自分たちや保護者を、しばしば消費者として意識していたとしても、あながち見当違いをしているわけではない。なぜなら、今日の大学は、国家のイデオロギー的部門から、官僚的に組織された相対的に自律的な消費者中心的企業体へと、その姿を忙しく変えているからである。国民国家が資金の大部分を提供している大学においてさえも、この変化の徴候が見られる。たとえば、ノヴァスコシア州のケープブレトン大学学長、ジャクリーン・スコットは、最近、この大学を「統合された産業」と呼んだ[14]。彼女は、フンボルトの教育と研究の接合を非常にうまく言い換えた。フンボルトが、（研究において）文化についての知識を生み出し、（教育において）学習過程として文化を教え込むという、過程と所産の融合として大学を位置づけたのに対して、この接合についてのスコットの説明は、著しく今日的なものとなっている。大学は、「人材開発」の場として、（研究を通して）仕事を生み出し、（教育を通して）職業訓練を提供すると、彼女は主張する。フンボルトが行った、教育と研究の構造的接合を保持しつつ、彼女は、驚くほどスムーズに、それを新しい分野へと移し替える。すなわち、「国民文化」の開発から、市場向けの「人的資源」の開発という分野へと。

このことは、戦術としては意外なことではない。なぜなら、北米において制度＝機関としての大学が急激に同質化していく根底にあるのが、企業的官僚化だからである。大学案内のような、大学の使命を謳った冊子にも今日では二つの明確な特徴が現われている。一方では、自分たちの大学がユニークな教育機関であると、こぞって主張している。他方で、そのユニークさをまったく同じような方法で説明しているのである。こうした変化が起こっていることを示す顕著なしるしは、「エクセレンス」という概念に訴えることであり、いまやことあるごとに、大学の管理者の口からこの言葉が聞かれるのである。今日の大学を理解するには、エクセレンスが何を意味するか（あるいはしないか）を問わなければならない。

この点に関して、本書は、一見やや単純な議論を展開する。国民国家が、もはやグローバル資本の再生産の主な実体ではないので、「文化」――国民国家が追求した統合という事業に対する象徴的政治的対応物としての――は需要を失ったと、本書は主張する。国民国家と文化という近代の概念は、同時に現れたのであり、それらは、私の主張では、ますます超国家的に広がるグローバルな経済にとって重要ではなくなってきているのである。このシフトは、大学にとっては重要な意味を持つ。なぜなら、大学は、歴史的に、近代の国民国家における国民文化の主要な制度＝機関であったからである。私は、これらの密接な関係を検証し、これらの徴候の原因を明らかにしようと思う。とりわけ、大学自身と世間全般に対して、大学が自らを説明するためのラングとして文化という理念に以前は訴えていた代わりに、「エクセレンス」という言説が出現した原因を明らかにしようと思う。これらの徴候のうちのもう一つは、大学の地位に関する昨今の激しい議論である。それらが大体において的外れな議論なのは、それらが、超国家的な枠組みのなかで大学を考えることができずに、むしろノスタルジアあるいは非難に――たいていはこの二つの混ざったものに――傾くからである。

大学の管理者、政府官僚、さらにラディカルな批評家までが、「文化」という観点の代わりに、いまやますます「エクセレンス」という観点で大学について語るのだが、その様子を論じることによって、私は異なった大学観を提示しよう。第2章では、「エクセレンス」という言葉が、高等教育の政策を語る用語として、なぜそれほど重要になってきているのかを検証し分析する。エクセレンス追求へのこの新たな関心は、大学の機能における変化を示唆しているというのが私の主張である。大学が、国民文化を保護し普及させる必要はもはやない。なぜなら、国民国家は、資本が再生産される主要な場ではもははやないからである。したがって、国民文化という理念は、研究と教育のすべての努力がそこに向けられる外的指示対象としてはもはや機能しない。国民文化という理念は、大学で起こっている事柄すべてをカバーするイデオロギー的意味をもはや提供しないのである。そして、結果として、厳密に何が知識として教えられ、何が生産されるかは、ますます重要ではなくなるのである。

第2章ではまた、この過程を明らかにし、この過程を「エクセレンスのイデオロギー」として考えることが時代おくれであると主張する。なぜなら、エクセレンスは、まさに非イデオロギー的だからである。教えられる内容、あるいは研究の内容よりは、それがエクセレントに教えられる、あるいはエクセレントに研究されるという事実のほうが重要なのである。しかし、エクセレンスの言説のように、ある事柄が非イデオロギー的であると言っても、それらが政治的関連性を持っていないと、私は言うつもりはない。ただ、その関係の本質が、イデオロギー的には決定されないという意味である。「エクセレンス」は、それが「意味内容」を持っていないという点で、金銭的結び《キャッシュ・ネクサス》つきと似ている。したがって、エクセレンスは公正でもなければ誤りでもなく、無知でもなければ自意識的でもない。エクセレンスは不当であるかもしれない。しかし、われわれは真実の様態や自己認識の様態という観点からその不当さを追求することはできない。エクセレンスの規則は、自動的な政治的方向性、あるいは、文化的方向性を伴わない。というのも、その規則は、同定しうる何らかの政治的権力の審級に関連して決定されるのではないからである。[15] これが、左派批評（私は個人的にはそのシンパである）の成功が、教室においてであろうと、履歴書においてであろうと、制度=機関の礼儀作法によくなじむ理由の一つである。[16] ラディカルな批評家たちが「裏切り者」であるとか、彼らの批評が「十分なラディカル性に欠け」るから制度＝機関によって埋め合わせができるとかといった問題ではない。むしろ問題は、大学の機能の利害関係が、もはや本質的にイデオロギー的なものではないということだ。なぜなら、大学の利害関係は、国民国家の自己再生産にもはや結びついてはいないからである。

第2章でエクセレンスの言説を分析するのに対して、第3章では、その言説が関係しているグローバル化の動きという点から、それに枠組みをつけようと思う。ここでは、グローバル化の時代にあって、大学と国民国家の連結がもはや保たれてはいないというまさにその事実から、エクセレンスの言説が足がかりを得ていると、私は論じる。大学はこのように、国民国家のイデオロギー装置という存在から、相対的に独立した官僚的制度という存在へシフトしている。経済がグローバル化しているということは、大学はもはや市民主体を教育することを求められていないということを意味し、一方、政治が冷戦の終結を迎えたということは、もはや大学は、国民文化を生み出し正当化することによって国の威信を守るよう求められていないことを意味する。大学は、したがって、他の多くの機関——国営の航空会社のような——に類似していて、ますます弱体化する国家から近い将来、資本提供を大きく削減される運命にある。国家は、国民の意思を集約する大きな特権的な場ではもはやないのである。

このシフトの意味を理解するために、本書の中ほどで、近代の大学が自らに割り当てようとしてきた役割について、歴史的な検証をする。大学が持つ機能を理解するための以前の識別方法は、近代の大学が持っている三つの理念を挙げることによって大まかに要約される。つまり、カントの理性の概念、フンボルトの文化の理念、そして昨今の専門技術官僚的エクセレンスの概念である。しかし、私が提供する（理性—文化—エクセレンスという）歴史的物語《ナラティヴ》は、単なる連続的物語《ナラティヴ》ではない。最近のさまざまな議論に先んじて、エクセレンスに対する言及は早い時代にあった。またその逆に、理性や文化に対する言及もなされ続けている。私が本書を通して強調したいのは、たとえある言説が、ある時期において他の言説よりも優位に立っているとしても、大学に関する議論は、多様で同じ時期には属さない言説で出来上がっているということである。

そこでまず、第4章において、カントが大学の近代性を規定していることを論じる。大学のすべての活動が一つの統制的理念を通して組織されるときに大学は近代化するのであるが、その理念とは理性という概念でなければならないと、カントは主張する。理性は、一方で、すべての学問分野に対して理由《ラチオ》を提供する。理性は、学問分野の組織原理である。一方、理性はそれ自体の部門を持ち、それをカントは「哲学」と名付ける。しかし、今日のわれわれには、それを単に「人文科学」と呼ぶ方がふさわしいだろう。大学に関する考察のなかで、カントはどのようにして理性と国家が統合され、知識と権力が統合されるのかという問題を提起し始めてもいる。重要なのは、私が後に示すように、合理的な思考をすることができ、共和制政治を行うことができる主体の人物像を描き出すことによって、カントがその問題に応えたということである。

第5章では、引き続き近代の大学の発達を追っていき、シラーからフンボルトまでのドイツ観念論者を論じる。重要なのは、カントが決定した構造に、彼らが明確な政治的役割を与え、さらに理性という概念の代わりに文化という概念を置くことによって論をすすめた点である。理性と同様に文化は、大学にとって特に統合的機能として働く。ドイツ観念論者にとって、文化は、研究されるすべての知識の総体であり、また同時に、その研究の所産としての人格の形成と発達なのである。この文脈において、べルリン大学創設のためのフンボルトの計画は、文化の理念のなかで大学が中心的理念となる上で決定的な役割を果たす。そのことが大学を国民国家に結びつける。このことがドイツで起こったという事実は、もちろん、ドイツの国民意識の勃興と深くかかわっている。文化という標題のもとで、大学は、研究と教育という二重の任務を割り当てられる。それぞれ国民的自己認識の生産と教化である。こうして、大学は、合理的国家の国民の精神生活を監視する任を負った制度＝機関となり、民族的な伝統と国家主権主義者《スティティスト》の合理性を和解させるのである。大学は、別の言葉で言えば、人々の日常生活に理性を与える制度＝機関として認識され、同時に、人々の伝統を保持し、フランス革命のような血腥く破壊的な例を見習うことはしないのである。このことは、私の見解では、現在まで近代の大学に与えられたきわめて重大な役割なのである。

第6章では、ドイツ観念論者の文化の概念を、イギリス人とアメリカ人が、特に「文学的」な方向に転換させたその経緯を考察する。十九世紀の終りから二十世紀の初頭にかけて、イギリス人、特にニューマンとアーノルドは、フンボルトやシュレーゲルの仕事を推進し、大学の中心的学問分野として、そしてまた、国民文化の中心的学問分野として、哲学の代わりに文学を置いた。アーノルド、リーヴィス、さらにニュークリティシズムの人々の例を論じながら、「文学」が明確に国家的観点から大学の学問分野として制度化された経緯と、統合された国民文化がもつ可能性の有機的展望との間の暗黙の結びつきを私は明らかにする。国民文学の伝統を研究することは、フランス人、イギリス人、あるいはドイツ人であることの何たるかを学生に教える主要な形態となってくる。合衆国の場合、この過程は、典型的な共和国のやり方で、伝統よりはむしろ規範の研究という観点から規定される。合衆国で規範が重要であるのは、規範の決定が共和国民の意思が実践された結果として考えられるからである。伝統という、目に見えない重さに服従するよりも規範を自発的に選択するということは、世襲的君主制に服従するよりも一つの政府を選択することと平行している。国民主体を形成するにあたって、文学研究が果たす役割は、文学の学部によって蓄積された大きな制度的重みを、結果的には説明するものとなる。特に、多くのアメリカの大学での全学共通の必修科目である「作文コース」による伝統的な統制を通して、その説明はなされるのである。作文においては分離主義者の活動が目下増しつつあり、作文自体、明確な学問分野としての権威を要求しようとしているが、そのことは、国家的市民主体の形成と国民文学研究との結びつきが緩みつつあることを示唆する徴候なのである。リテラシーという言葉では、もはや国民文化を明確に示すことはできなくなっているのだ。

われわれが目下取り組んでいる「文化」という概念のなかで、何が危機に瀕しているのかを理解するために、第7章では、それまでの章の歴史的視点から、カルチュラル・スタディーズという対応する学問分野の出現と、アメリカにおける「文化戦争」を考察する。ドイツ観念論者は、文化の保護者の任務を哲学に持たせた。けれども、十九世紀と二十世紀においては、その任務は、国民文学の学部にますます取り込まれるようになった。われわれは現在、英米の大学における国民文学研究の衰退と、人文科学のなかで最も強い学問分野のモデルとしての「カルチュラル・スタディーズ」の急激な勃興とを目のあたりにしている。このコンテクストにおいて、カルチュラル・スタディーズのラディカルな主張は、制度＝機関の形態とどれほど対立しようとも、文化の文学的モデルに根拠を与えた救済の主張をともなって予想以上に長く続いていることを示している。一九九〇年代にカルチュラル・スタディーズが学会的に成功したのは、それが文学の議論構造を保持している一方で、文学がもはや効力を発しないということを認識していた——いわば、赤ん坊を流して湯浴みしたお湯を残すみたいなものである——からだというのが私の主張である。カルチュラル・スタディーズは、研究と教育のための統制的理念として文化を掲げることはないが、文化を通しての救済のための議論構造を保持している。その一方で、文化が、もはやそのような理念としては機能しないことも認めているのである。最も残酷な観点——カルチュラル・スタディーズを大学のヘゲモニー的な制度的事業にしようとする企てのみにあてはまり、それ自身を「カルチュラル・スタディーズ」と呼んでいるどんな特定の研究にもあてはまらない観点——から言えば、カルチュラル・スタディーズは、エクセレンスの時代にふさわしい文化観を示しているのである。

さらに、「エクセレンス」自体と同様に、「文化」ももはや特定の内容を持っていない。機会が与えられれば、すべてのものが文化となるか、文化になりうる。したがって、カルチュラル・スタディーズは、ある種枯渇した状態で登場するのだ。文化が何か一つのものあるいは一そろいのものに対する特定の指示物としてもはや機能しないという事実によって、カルチュラル・スタディーズにおける研究の多産性と多様性が可能となるのである。そして、そういう理由で、カルチュラル・スタディーズはとても人気がある一方で、包括的な理論的定義を拒んでいるのだ。カルチュラル・スタディーズは、一九九〇年代の学会的プロジェクトとして目下具体化されているが、これ以上知識を生み出すことができないという意識から出発している。なぜなら、それ自身が文化的ではない文化については何も言うことができないからであり、その逆の場合も同じだからである。いわば、すべてのことが文化として規定され、文化は、それ自体として何かを意味することをやめるのである。

私はまた、この過程を「脱指示化〔dereferentialization〕」と呼ぶ。この言葉によって私は、「文化」や「エクセレンス」（そして時には「大学」）という言葉にとってきわめて重要なことは、それらがもはや特定の指示対象を持っていないということを示唆するつもりである。つまり、それらの言葉は、もはや特定の一組の物事あるいは理念を指示しないのである。しかし、「脱指示化」という言葉を使うことで、われわれの語彙にぎこちない専門用語《ジャーゴン》をただ導入しようとしているのではない。むしろ私の意図は、大学にとって劇的な結果をもたらす、思考におけるきわめて重要なシフトに名前をつけることなのである。この観点から、文化が脱指示化し、大学における研究原理でなくなった時に、カルチュラル・スタディーズの興隆が可能になると言うことができるのだ。カルチュラル・スタディーズの時代にあって、文化は単に大学で扱われる他の多くの対象の一つとなる。この挑戦的主張によって、カルチュラル・スタディーズにおける研究の業績を非難しようというのではなくて、失われた真理を大学に戻すことでカルチュラル・スタディーズを大学を救う学問分野にしようとする企てを――いかに善意からの企てであろうとも――批判しようというのである。

続く第8章では、文化の歴史的プロジェクトが止まってしまった以上、エクセレンスの時代における大学の、制度＝機関としての問題を提起するための全体的関係をスケッチすることで、文化「以後の」大学像を模索し、本書の結論部の導入とする。大学空間を歴史的なアナクロニズムと認めながら、大学空間を抜け目なく使用するための議論ができるような、制度上のプラグマティズムという枠組みを提示しよう。そうしながら、大学が目下関わっている特定の議論と、思考活動にアピールするような全体の関係を論じる。重要なのは、このことが大学はどのように評価されるべきかという問題に関わっていることであり、そのために、説明責任〔accountability〕という概念と会計〔accounting〕という概念を哲学的に分ける必要性が強調される。大学が説明責任の要求に応えることは必須《インペラティヴ》であると私は主張すると同時に、会計の言葉（その通貨はエクセレンスである）の観点からだけで、大学の責任の本質について議論することは拒まなければならない。厳密に一つの問いとして価値の問題を持ち出すことは、グローバル化と資本主義の自動的な同一化を拒絶することである。会計士だけが、現代社会という地平を理解することができる唯一の人たちではないし、その仕事に最も熟達しているというわけですらない。

　第9章では、私がいま持ち出した価値の問題――その問題は今日の大学にとっては重大な問題である――が、一九六〇年代後半の学生反乱の軌跡のなかで明らかになる様子を論じる。これに対して、「一九六八年」はその代喩として位置づけられる。これらの反乱は、制度＝機関としての大学に対する不信を暴露する。それは、実際の形態にせよ理想の形態にせよ、大学を信用することができないのに大学のなかにいるとはどのような意味を持つのかを考えるのに役立つ、明確に示された不信である。学生反乱の記録のなかで最も興味深いのは、コーン＝ベンディットやその他の人々によって示されたように、彼らが注目すべきまでに理想主義に欠けていたこと、後に彼らを理解するために用いられた言葉を彼らが否定しようとする傾向にあることである。一九六八年を顧みつつ、公共圏の不在のなかで、また消費者として個人を集合させる社会の枠組みの外で大学を考えることのできる言葉を、私は探し求めたい。

　国民文化へのノスタルジア、あるいはコンシューマリズム〔消費者主義〕の言説に頼らずに大学の現在の状況を理解する方法が、最後の三つの章の課題である。三つの章ではそれぞれ、教育の問題、制度の問題、それに共同体の問題を扱う。第10章では、実際の教育現場に焦点を合わせ、教育制度というコンテクストと切り離して教育を理解することができないことを強調する。現在の教育に関する熱心な議論は、教えるのにかかる時間と、情報を効率よく伝達することを優先させる経営的論理との間の単純な矛盾に関わらざるをえなくなっている。教育の目的は、学んだ情報によって自由になる自律的な主体を生み出すことでは必ずしもないと私は主張する。それは啓蒙運動の物語《ナラティヴ》であった。むしろ、権威と自律性を結びつけようとする主張を放棄することによって、教育の現場を、義務のネットワークとして理解するほうが分かりやすい。教育は公正さの問題であって真理の探究の問題ではないと論じて、第10章では、ともに思考するという作業をたえず妨げ続けているものを明らかにしようと思う。したがって、教育の逸脱的な力は、内容の問題にあるのではなくて、評価をしたり単位を認めたりすれば能事終れりといった業務処理と見なされることに抗して教育がどのように開かれた問いかけの暫定性を確保しておけるかにあるのだ。

　第11章と第12章では、このように構造的には不完全な思考実践のための空間としての大学が、自らを表現することができる関係を検討する。まず、大学をこのような活動のための自然な、あるいは歴史的に必然的な入れ物と見なすことはできないということを受け入れることが必須であり、大学を廃墟と化した制度＝機関、歴史的存在理由を失った制度＝機関と認める必要があると、私は論じる。と同時に、大学は、その近代の形態において、廃墟という理念のもつ近代性の逆説的魅力を共有してきた。それが意味するのは、実践的であれ審美的であれ、こうした廃墟を再統合しようとする形而上学の伝統からこの廃墟と化した状態を解放するには、相当の注意が必要であるということだ。

　第12章では、啓蒙運動の信念、あるいはロマン主義的なノスタルジアの代わりに私が頼みとする制度上のプラグマティズムに基づいて、大学が合理的共同体のモデル、純粋な形での公共圏の小宇宙を提供するとするモダニストの主張を再検討できるような方法を検証する。大学のなかに理想の共同体を求めるこのような主張は、その紛れもない誤りにもかかわらず、いまなおその力を発揮している。それが誤りであることは、一度学部教授会に出席したことのある者にとっては明らかである。われわれが認識すべきなのは、大学の文化的機能の喪失によって一つの空間が開かれるのだが、そこでは統一性やコンセンサス、コミュニケーションという概念に頼らずに、共同体の概念を別の仕方で考えることが可能になるということである。この時点で、大学はもはや理想的社会のモデルではなくなり、このようなモデルの不可能性が考えられる場所——理想の状況のもとで考えられるよりは、むしろ実践的に考えられる場所——となるのである。ここで大学は、社会のモデルとしての特権的地位を失い、モデル不在の状況のモデルになることによって、そのような地位に戻ることもない。むしろ大学は、多くの場の一つとなり、ともにいることの問題が提起される。しかも、過去三世紀ほど、その問題を隠蔽することに歴史的に寄与してきた制度的形態（国民国家のような）が欠如していることから生じる、緊急性をもった問題が提起されるのである。

第2章　エクセレンスの概念

国民国家のイデオロギー部門としての近代の大学と、官僚的企業体としての今日の大学とを区別する意義は、それによって一つの重要な現象を観察することができるという点である。「エクセレンス」が、急速に大学の標語になりつつある。だから、大学を今日的な制度＝機関として理解するためには、エクセレンスに訴えることが何を意味し、何を意味しないかを考察する必要がある。

　エクセレンスという概念の意義について、私が最初に講演した数カ月後、カナダの主要な週刊ニュース雑誌である『マクリーンズ』誌は、『USニュース・アンド・ワールド・リポート』に掲載された大学のランキングと同種の、カナダの諸大学についてのその年の特集第三号を出した。『マクリーンズ』誌の一九九三年十一月十五日号は、さまざまな規準に従ってカナダのすべての大学をランク付けすると称し、驚いたことに、「エクセレンスの尺度」と題されていた。[(1)] 今このことで私が思いつくことは、エクセレンスが「トータル・クオリティ・マネジメント」（TQM）[*1] の単なる同義語ではないということである。エクセレンスは、まるでビジネスであるかのように大学を経営しようとして、ビジネス界から大学に輸入されたものにすぎないというのではない。このように輸入されること自体が、結局、大学は現実には一つのビジネスではなく、いくつかの点でビジネスに似ているだけであるということを想定しているのである。

「キャンパス・ライフのすべての局面で、トータル・クオリティ・マネジメント」を展開するために、フォード自動車がオハイオ州立大学と提携した時に、この「提携」の元になったのは、オハイオ州のビジネス経営担当の副長官、ジャネット・ピシェットが述べたように、「大学の使命と企業の使命に、それほどの差異はない」という仮説である。[2]「それほどの差異」はないが、まったく同じでもないのである。たとえ、「大学と、大学が奉仕する顧客」と口にしたオハイオ州知事E・ゴードン・ジーの言葉が、オハイオ州はこの件でうまく進んでいるという一つの現われであっても、大学は、一つの企業体となる道を進んではいるが、その活動のあらゆる局面にトータル・クオリティ・マネジメントが適用されているわけではまだない。「質」に訴えることとは、企業体へと変容するための手段である。なぜなら、「質」は「キャンパス・ライフのすべての局面」に公平に適用され、単一の評価基準をそのすべての領域に結びつけることができるからである。大学新聞、『オハイオの灯』が報じるところによると、「質の問題は、大学と、大学が奉仕する消費者にとっては究極の問題である。ジーはこう語って、教員、学生、父母、同窓生に言及した[3]」。大学の「消費者」と言ったときに、州知事が誰のことを指して言ったかという問題を明確にする必要性をこの記事の記者が感じたということは、教育について、ほとんど古風と言ってもいい教育観を示すしるしであり、その問題に関して何らかの混乱が持ち上がることを予想させるものである。

そこで、われわれは、州知事ジーに代わって一つの説明を試みてみよう。つまり、質は究極の問題ではなく、エクセレンスがすぐに究極の問題になるだろうということである。なぜなら、これは大学がちょうど企業体に似ているということではなく、大学は企業体である、という認識だからである。エクセレントな大学の学生は、消費者のようだというのではなく、消費者そのものである。というのも、エクセレンスは、突然の飛躍の意味を含むからである。大学の中心理念として、さらに、大学が外の世界(『マクリーンズ』誌の場合にはカナダの中流や上流階級)で理解されるようにするための理念として、エクセレンスという概念は、大学の内部で発達する。

普通、われわれは、エクセレンスについて大学の管理者から多くの話を聞く。なぜなら、エクセレンスが今日の大学の統一的原理になっているからである。C・P・スノーの「二つの文化」は、人文科学的なものと自然科学的なものという「二つのエクセレンス」になってしまった。[4] 一つの統合原理としてのエクセレンスは、まったく意味を持たないという、あるいはより正確に言えば、非指示的であるという特異な利点をもつ。カリフォルニア大学アーヴァイン校の学長(ローレル・ウィルケニング)によって解任されたことを不服とする工学部長(ウィリアム・シリニャーノ)から教職員に宛てられ、大学新聞で報じられた書簡のなかに、エクセレンスが言語的指示対象を空洞化する一つの例がある。

「UCIの学長と管理者トップが、危機管理、セルフ・サービスなどの問題に気をとられ、論争に明けくれているため、大学のプログラムにおけるエクセレンスに対して大きな力となりえないでいる」と、シリニャーノは三月二十二日付けのメモに書いている。彼は、新しい学部長、学科長そして教授たちに「学校にとってのエクセレンスへの切迫感を生む」よう促した……リーダーシップの交代は「工学部にとってのエクセレンスと発展追求への挑戦となるであろう」と語った。「財政上の危機に直面したこの時期に、エクセレントな学部長を補充することは難しいことであろう」[5]。

極度に緊張した状況のなかで、しかも学長に対抗するために、この学部長はしきりにエクセレンスという言葉に訴えている。この事件を報じている職員の筆者が、そのことに注意を払っていないという点で、なおさら注目に値する[6]。実際、この書簡が何について書かれているのかを最も正確に要約するものとして、「エクセレンス」という語を含む文章を、職員の筆者は選んでいるのだ。エクセレンスは、ここでは、論争の余地のない立脚点、あるいは、一般的な同意を最も得やすい修辞的な武器として使われている。フォードとオハイオ州の提携の例に戻るなら、かなりの数の大学教師が、「トータル・クオリティ・マネジメント」という外からの押しつけを見抜くであろうし、また、質という概念に内在するイデオロギーに抵抗し、さらに、大学はフォードが主張したようにはビジネスと類似していないと主張することができたであろう。しかし、シリニャーノは大学教師であり、大学教師に対して、大学教師という聴衆のために書いている。だから、エクセレンスに対する彼の訴えは、制限も緩和もされておらず、説明の必要がないと思われている。しかし、それはまったく逆である。エクセレンスの必要性とは、われわれ全員が同意するものである。そして、われわれが全員それに賛成である理由は、エクセレンスが外的指示対象や本質的内容を持たないという意味において、エクセレンスがイデオロギーではないからである。

今日、大学のすべての学部が、エクセレンスの追求に駆り立てられている。なぜなら、エクセレンスという概念の普遍的適用性は、この概念の中味のない状態に直接関係しているからである。たとえば、ブルーミントンにあるインディアナ大学の学部および大学院研究室主催の、学部フェローシップ夏期プログラムのなかでは、「提出された業績のエクセレンスが、評価過程で使われた主要な規準である」[7]と説明されている。この説明の仕方は、もちろんまったく意味がないのだが、エクセレンスを引き合いに出すことで、学問分野を超えた価値の問題という課題を克服できるということが前提となっている。エクセレンスは、あらゆる分野におけるすぐれた研究の共通の基準だからというわけである。しかしたとえそうだとしても、このことは一つの「規準」としてエクセレンスに頼ることはできないということも意味している。なぜなら、エクセレンスは固定された判断規準ではなく、一つの限定詞であり、その意味は他のものとの関係で決まるからである。エクセレントな船は、エクセレントな飛行機とまったく同じ規準でエクセレントなのではない。だから、エクセレンスが一つの規準であるということは、その委員会が申請を審査するのに使った規準を明確にはしないということ以外は何も言っていないことを意味するのである。

また、「エクセレンス」という言葉を使うのは、大学の中のアカデミックな学問分野に限られたことではない。たとえば、コーネル大学の駐車サービス係が、最近「駐車におけるエクセレンス」で賞をもらったと、ジョナサン・カラーが私に教えてくれた。その意味は、キャンパスに車が入ることを制限する点で、かなりの成果を彼らが達成したというのであった。カラーも指摘したように、教員が使える駐車場の数を増やすことによって、人々の生活をより快適なものにするということを、エクセレンスが意味してもよかったはずである。ここで問題なのは、どちらの選択肢に価値があるかということではなく、エクセレンスには自分のものだと言えるような内容がないので、何が「駐車におけるエクセレンス」を構成しているのかという問題では、どちらの側の評価基準としても、エクセレンスが同様に機能するという事実である。それが、(歩くことで無駄になる時間を少なくするという、被雇用者の効率のため)キャンパス内の車の数を増やす問題であっても、(環境のため)車の数を減らす問題であっても、どちらでもかまわない。駐車場職員の努力は、どちらの例でも、エクセレンスという観点から述べることができる。[8] エクセレンスという言葉はまさに指示対象を持たないことによって、根本的に異なる語法の間で意味の転換可能な原理として機能する。駐車サービスと研究助成金は、それぞれにエクセレントであることができ、それぞれのエクセレンスは、それらが共有する何らかの特定の質、あるいは効果に依存しているわけではない。

このことは、『マクリーンズ』誌の記事の場合でも起こっている。その記事では、エクセレンスがランキングの規準となっている。全学生の構成、クラスのサイズ、財政、図書といった、多様なカテゴリーは、すべてエクセレンスというたった一つの物差しで測ることができるのである。もちろん、このようなランキングは、闇雲に、あるいは強引に導入されてはいない。学者の共同体が自負できるような周到さをもって、どのようにそのランキングを作成したかについて、この週刊誌は二ページを充てている。たとえば、全学生が、収入のグレード(高ければ高いほどいい)、在学中の成績平均点(高ければ高いほどいい)、「州外出身の」学生数(多ければ多いほどいい)、標準在学期間内での卒業率(標準を達成することはよいことである)、といった観点から測定される。クラスのサイズと質は、学生対教員の比率（これは低くあるべきである）、非常勤、あるいは大学院生の教育助手に対する終身在職権のある教員の割合（これは高くあるべきである）という観点から測定される。教員は、博士号の数、賞を取った者の数、獲得した連邦奨学金の数と額といった観点から評価され、これらすべては価値あるものと考えられている。「財政」のカテゴリーは、経常費、学生サービス、奨学金に割り当てられる予算の比率という観点から、財政状態が審査される。蔵書は、学生一人当たりの冊数、図書館に割り当てられた大学の予算の割合、さらに、新たな購入図書に割り当てられた図書予算の割合といった観点から分析される。最後のカテゴリー、「声価」は、大学に寄付した卒業生の数と「カナダ中の上級の大学職員と主要な企業の管理職者を調査した」（四〇ページ）結果との組み合わせからなっている。その結果、「エクセレンスの尺度」は、学生に対して二〇％、クラスのサイズが一八％、教員が二〇％、財政が一〇％、図書館が一二％、「声価」が二〇％の割合で示されることになった。

この実践によって、多くのことが明らかとなる。最も直接的には、諸々の要因に重点をおく場合の質的恣意性と、質についてのこのような量的指標の曖昧さである。それぞれのカテゴリーに対する相対的な重点のおき方の問題に加えて、教育における「質」を構成するものは何かについて、われわれは、多くの根本的な問いかけをすることができる。成績は、学生の学力の唯一の物差しであろうか。効率に特権が与えられているのはなぜか。その結果、「期間どおり」に卒業することがよいことであると自動的に考えられているのはなぜか。「教育を受けた」とするにはどれくらいの期間がかかるのか。最もよい教師は、最も高い学位を持ち、最も多くの研究費を獲得している教師、つまり、システムを最も忠実に再生産する教師であると、この調査は想定している。しかし、どうしてそれがよい教師であると言えるのか。最高の大学とは、最もお金がある大学であろうか。知識が蓄えられる場所として図書館に焦点を合わせることが意味する、知識に対する関係とは何か。量は、蔵書の意義についての最もよい尺度であろうか。知識は、〔図書館の〕倉庫から単に再生されるものなのであろうか、あるいは、教育のなかで生み出されるものであろうか。上級の大学職員と主要な企業の役職者が、なぜ「声価」の最もよい判断基準となりうるのであろうか。これらに共通しているのは何か、この二つの両立は厄介なことではないのか。「声価」のカテゴリーは、価値の指数レベルに対する偏見を植え付けはしないか。どのようにそれぞれの人物が選ばれたのか。「声価調査」が、声価を確定するために計画されたランキングのなかに含まれているのはなぜか。

明確な認識、あるいは、決定的な答えを体系的に引き出すことができないという点で、これらの疑問のほとんどは哲学的である。このような疑問は、必然的にさらなる議論を引き起こすことになる。というのも、それらが、定量化の論理とは根本的に相容れないものだからである。使用されたカテゴリー（とカテゴリー設定の方法）に対する非難が、『USニュース・アンド・ワールド・リポート』の同様の調査に対してなされたように、『マクリーンズ』誌にもあびせられた。おそらく、そういうこともあって、『マクリーンズ』誌は、「事実を求めての闘い」と題した三ページの記事をさらに載せているのであろう。その記事は、いくつかの大学が真実を隠そうとしたのに対して、真実を見つけ出そうとした記者の英雄的闘いを描いている。この記事はまた、多くの大学が表明した懸念を詳しく述べている。たとえば、マニトバ州ブランドン大学学長は、「それぞれの大学が持つ長所の多くが、『マクリーンズ』誌のランキングでは取り上げられていない」（四六ページ）と不平を述べている。またしても、この学長は特定の規準だけを問題にして、エクセレンスの論理や、その論理が認めているランキングを問題にしてはいない。さらに、この記事の記者たちは、「その議論は、説明責任に対する深い困惑を非常によく明らかにしている」と述べたにもかかわらず、会計の論理に対する批判には言及していない。その正反対である。このような重要業績評価指標に対するどんな問いかけも、公的な説明責任を拒絶するものとして、つまり、今日の資本主義の論理に従って質問されることへの拒絶として、位置づけられてしまうのである。というのも、今日の資本主義は「大学の業績を証明するための明確な尺度」（四八ページ）を求めているからである。

この状況のもとでは、基準に対して疑問を持つことが必要である。それだけでなく、会計の論理に大学が一般的に従っていることに関して、さらに全般的な問いかけをすることが必要である。大学と『マクリーンズ』誌は、いわば同じ言葉を使っているように思われる。つまり、エクセレンスという言葉である。それでも、「同じ言葉を使う」ということが何を意味するかという問題は、カナダでは微妙な問題である。この調査は、バイリンガルの国で行われているのであり、そこではそれぞれの大学が、文字どおりそれぞれの言葉を使っている。そして、基準が英語を話す機関に有利に偏っているという事実の背後には、エクセレンスの尺度という単一の基準が存在し、その尺度によって大学が判断されるという根本的な想定がある。さらに、財政や学生の構成といった、完全に異なった要因から成る特性を一つの物差しに結びつけることを可能にするのが、エクセレンスなのである。エクセレンスが柔軟性に富むことは、事実上声価を決定づけるランキングのなかに、多くの範疇の中の一つとして声価が含まれていることでもわかる。声価がそれ自体二〇％になることを可能にするメタレプシス〔すでに比喩的に用いられた語をさらに換喩によって言い換えること」は、エクセレンスの強い融通性によって許されているのである。それは、カテゴリー上の誤りにもかかわらず、科学的客観性を持っているふりをすることを可能にしている。

とりわけ、エクセレンスは、一つの閉じた領域のなかで、通貨の単位として機能している。この調査では、すべての指示対象の問題、つまり、大学のなかでのエクセレンスとはどのようなものか、エクセレンスという言葉は何を意味するのかについてのどんな質問も、アプリオリに除外されている。エクセレンスは、一つの完全に閉じられた体系の諸要素のなかでの相対的ランキングのための一つの手段であり、しかも、この調査ではこのことがまったく明白なこととなっている。「一方、諸々の大学にとっては、この調査は、それぞれの大学が、自らの展望を明確にする機会、同等の位置にある大学に対して自らの位置を確かめる一つの機会を与えている」（四〇ページ）。エクセレンスは、指示対象、あるいは機能についてのすべての疑問を、効果的に括弧に入れてしまい、結果として、一つの内的市場を作り出す、一つの純粋に内的な価値単位であることが明白である。したがって、大学の問題は、相対的に金を払うだけの価値があるかどうかの問題、すなわち、考えることを欲する人物というよりは、完全に消費者として位置づけられた学生に対して発せられた問題にすぎないこととなる。（「考える」ということが何を意味するかという問題については、本書の後の方で論じる。）

世界全体を前にして、そこから選ぶためにカタログを拾い読みする学生のイメージは非常に一般的であり、ほとんど注釈はいらない。学生たちが選択の機会を持っていないなどとほのめかしたくはないが、このイメージが何を想定するかということを考えるのは、価値あることだと思う。最も明らかなことは、それが支払能力のあることを想定しているということである。高等教育にアクセスする問題は括弧で括られている。高等教育は、単に一つの耐久消費財とみなされ、その結果、利益を得ることができるか、あるいはお金を払うだけの値うちがあるかが、個人の選択にとりわけ影響を与える一つのカテゴリーになっている。どの車を買うかについての、雑誌での消費者リポートを考えてほしい。価格は一つの要因であり、ランキングにおける異質なカテゴリーを単一の「エクセレンス指数」に統合する効果は明らかである。他の大学ではなく特定の大学を選ぶことは、ある特定の年あるいは期間における、ホンダ・シビックと、リンカーン・コンチネンタルのコストと便益を比較検討するのと、それほど違ってはいないように思われる。

『USニュース・アンド・ワールド・リポート』の一九九四年十月三日号は、自動車産業と大学のこの潜在的な類似を利用さえしている。(9)「学費の払い方」と単刀直入に題された記事の後には一連の表が続き、「最も効率のよい学校」や「最も安い価格」を見積り、「正札価格」(公示された授業料)と「値引きされた授業料」(奨学金や補助金が加算された時の実際の授業料)とを比較している。特に合衆国の自動車産業界で顧客の奪い合いがあった時期にちょうど車を買うときのように、学生と親という消費者は、最初に見積った価格は(実際に)支払うことを期待される額ではないと気づかされるのである。大学教育でも同様な隠れた値引きがあり、賢い消費者は——彼らはいまやすべての所得者層にまたがるが(コンシューマリズムの論理はもはや「裕福さに欠ける層」だけに影響を与えるものではない)——お金を払うだけの値うちのあるものに注意すべきであるということを、『USニュース・アンド・ワールド・リポート』は、読者に気づかせている。燃費効率は、一ガロンにつき何マイル、あるいは一学生

につきいくらかかるかで計算されるが、エクセレンスを計るときには、ますます大きな関心事なのである。(10)

このような展望がどれほどわれわれをおびえさせようとも、またわれわれの一部がコンシューマリズムの論理にどれほど抵抗できると考えようとも、高等教育ということになると、だれもが相変わらずエクセレンスに賛成しているようにみえる。(11) エクセレンスは、単に外的評価の基準として機能するばかりでなく、評価の単位としても機能しており、その観点から大学は、自分の状況を自らに説明する。つまり、その観点から大学は、現代における知的な自律性を保証するはずと想定されている自意識をかち得るのである。そうであるならば、だれがエクセレンスに反対することができようか。たとえば、モントリオール大学大学院では、次のように自らを語っている。

一九七二年に創設された大学院教授団〔*Faculté des études supérieures*〕は、修士および博士課程の研究レベルでのエクセレンスの基準を維持し、さらに発展させ、大学院の研究における教育と標準化〔*normalisation*〕計画を統合し、大学の研究部門と連絡し、研究の発達と統合を鼓舞し、学際的あるいは多くの学問領域にわたる研究計画の創設を奨励する、といった使命を託されている。(12)

ここで、エクセレンスと「統合と標準化」との交差や、「学際的」であることへの訴えに注目願いたい。フランス語の「ノルマリザシオン」は、「標準化」で何が問題になっているかということを——とくにミシェル・フーコーの著作に通じている人に——強く感じさせる。企業体が、大学、健康管理施設、または国際的組織に似ているのは驚くべきことであろうか、それらすべてが企業体と似ているのに。フーコーの『監獄の誕生』は、十八世紀および十九世紀の国家権力のメカニズムの再組織化、とりわけ拷問や処刑による見せしめ的な罰に代わる犯罪人の監視と矯正をめぐる司法制度について探究している。犯罪人は殺されるのではなく治療される。しかし、この明らかな緩和は、犯罪に対していかなる余地も残さないという点で、いっそう厳しい支配形態でもある。犯罪はもはや自由な行為ではない。それは社会が処理できないが、排除しなければならない余剰物なのだ。むしろ、犯罪は、社会規範からはずれた、治癒されるべき病理学的逸脱とみなされるようになる。フーコーは、「一望監視方式《パノプティシズム》」についての章を、強い調子の修辞的疑問で終わらせている。

> 人間を「観察状態」におくことは、懲戒方法と審査手続が広く及ぶ裁判を、当然長引かせる。独房中心の監獄、規則正しい時間、強制労働、監視と評点記入による支配、裁判官の機能を果たし多様化する規格通りに行動する専門家たち、これらを備えた監獄が刑罰制度の近代的な手段となったとしても、何の不思議があろうか。監獄が工場や学校や兵営や病院に似かよい、こうしたすべてが監獄に似かよっても不思議があろうか。[13]

エクセレンスの概念は、視覚的観察を可能にするよりも、徹底的な会計を可能にするように機能し、類似したさまざまな官僚的制度＝機関と大学を結びつけるように作用する。つまり、「エクセレンス」は、企業経営の構造という観点からのみ、大学が自らを理解するよう機能する。したがって、私が第１章で簡単に述べたように、アルフォンソ・ボレロ・カバルは、ユネスコのために『今日的制度＝機関としての大学』というリポートを書き、経営という観点から、大学についてのヴィジョンを意識的に構成している。「第一部序論は、機関の内的組織化と外的あるいは外に向けられたサービスという理念の観点から、経営の問題を扱う……第二部は、経営の第一の意味、つまり、大学の組織化と内的機能を扱う……第三部は、経営の外的意義、つまり、社会へのサービスの意義を扱う」[14]。この主に経営的アプローチは、大学が、「国際的舞台の一部となる」（一九ページ）必要がある結果として明確に位置づけられる。グローバル化は、知識市場の統合を可能にするために「経営に対してより多くの注意が払われる」ことを要求するが、ボレロ・カバルは、その市場を「開発」の必要性と直接的に関連させる。マルコ・アントニオ・ロドリゲス・ディアスが序文で述べているように、冷戦の終結とともに、「世界の主要問題は、「低開発」という問題である」（xv）。このことが実際に意味しているのは、グローバルな議論が行われるための言語は、文化戦争の言語ではなくて、経済的マネジメントの言語であるということだ。そして、経済的マネジメントの言語が、世界中の大学についてボレロ・カバルが行った分析を構造化しているのである。したがって、たとえば、彼は次のように論じる。「計画の立案、遂行、評価、それらは責任ある人物や機関が当然とる行動である。それらは、経営過程のサイクルを完成させる三つの重要な段階を構成する。理論的順序では、計画の立案は遂行と評価に先行するが、すべての計画の立案は、評価とともに始められなければならない」（一九二ページ）。

ビジネス・マネジメントの一連の過程は「責任ある人物」の「当然の行動」であるという考えは、ある人々にとっては驚きであるかもしれない。これはどんな種類の「責任」であろうか。たとえば、親の子に対するそれとは明らかに違う。ここで問題となっている唯一の責任は、大企業に対して経営上の報告をする責任である。それは、ボレロ・カバルが計画の立案という言葉で言わんとしたことに肉づけを し始める際に、より明確になる。「「戦略の立案」、……「目標による経営」、……「トータル・クオリティ」のシステムなどは、しばしば議論されているから、計画の立案というこれらの手段を適用することは自然なことである。計画の立案は、十八世紀の終りまで定式化されなかったけれども、それらは人文科学と同じほど古いものなのである」（一九七ページ）。

再度「自然なこと」が引き合いに出される。ボレロ・カバルは、さまざまな権威を引っぱってきて、大昔の狩猟採集民が事実トータル・クオリティ・マネジメントを深く考えていたこと、つまり、マルクスがリカードに浴びせた厳しい批判を思い出させる議論を示唆する。

リカードですら、自分のロビンソン・クルーソー物語を持っている。リカードは、自分の原始的漁師や原始的狩人を、生産物の所有者にする。その所有者は、このような交換価値のなかで具体化される労働時間の比率によって、魚や鳥をただちに交換する。この時、一八一七年にロンドン株式取引所で使われていた年金表に従って、原始的な漁師や狩人に彼らの道具価値を収支報告させるというアナクロニズムに彼は陥るのである。(15)

ボレロ・カバルがアナクロニズムに頼るのは、もちろん、ビジネス・マネジメントの排他的ルールが大学の重要な役割と結びつかないと思わせないようにしたいという願望からである。彼は、経済的規準と文化的発達は一致しないと認めてはいるが、その事実には注目するだけで先へ進み、大企業との類比によって、大学経営のための計画案により多くを割いている。したがって、「大学と労働界」との関係についての分析から、「文化の真に本質的な要素」を省いてしまっていることを彼は認め、次のように言う。「その結果、経済的規準が、国民や国家の文化的発展より優先することがしばしば感じられる。このことが、知的な仕事を量的な目的へと還元してしまう。知的職業は「国民や諸国家の文化的道徳的高揚」（ガルシア・コリド、一九九二）として考えられてはおらず、必要ではあるが十分ではないもの、つまり、有形生産と一人当りの所得に還元されている」（一六一ページ）。

ボレロ・カバルは、厳密に経済的で合理的な根拠と伝統的な文化の使命との間の対立を認めた上で、コストと利益という観点から、大学の機能を厳密に経済的に記述しようとする。われわれは、文化を忘れるべきではないが、文化がどこにぴったりはまるのかについては確信が持てないと、彼は時折言う。したがって、驚くべきことではないが、エクセレンスに訴えることで、彼は不安を取り除いている。彼はユネスコの総裁の言葉に賛成して、次のように引用している。「フェデリコ・メイヤー（一九九一）は次のような資格条件を与えている。エクセレンスの目的を、研究、教育、準備、学習の領域に置かなければ、教育の質を保証することは不可能である……エクセレンスを求めることは、教育の適切さを再確認し、教育を質に厳密に結びつける」（二一二ページ）。エクセレンスの目的は、研究、教育、準備、学習、もしこれに経営を加えるならば、大学のすべての活動を統合するのに役立つことである（そしてボレロ・カバルの唯一の具体的忠告の一つは、大学経営が研究のプログラムの一つにされるべきだということである）。注目すべきことは、これらが、大学における「制度的質」とはどのようなものかを理解するための「資格条件」であると、ボレロ・カバルが提案する点である。ここでもエクセレンスが唱えられているが、いつものように厳密には何も言ってはいない。質や適切さとは何であろうか、適切な、あるいは、よい大学を判断する人とは実際だれであろうか、また何の権威によってそれらの人たちが審判者になったのかといった疑問から、エクセレンスは注意を逸らしてしまうのである。

ボレロ・カバルが大学に提案しているのは、「重要業績評価指標」に関係した絶えざる自己評価の過程である。「重要業績評価指標」によってわれわれは、「質、エクセレンス、効率、適切さ」(二一二ページ)を判断することができるという。これらの用語すべては、彼の認めるところによれば、「経済用語から取られた」(二一三ページ)のであり、彼は大学の自己評価を内的および外的な会計の問題にするのである。つまり、ボレロ・カバルにとっては、説明責任は、厳密に会計の問題なのである。「総合すると、説明責任の概念が、アカデミックな語彙の一部として受け入れられるならば、大学の役割、使命、機能を自らに対して収支報告するためには、また、それらがどのように効果的サービスに置き換えられるかを社会に説明するためには、大学が持っている能力と、説明責任の概念は同意義となる」(二一三ページ)。この一節の「置き換え《トランスレーション》」の用法に注目して頂きたい。「収支報告」が単なるお金の問題ではないという意味で、それは簿記に優るかもしれないが、「収支報告」は、置き換えの原理として作用する、コストと利益の原理なのである。コストと利益分析は、大学の内部簿記を構成するばかりでなく、大学の学術的な業績(目的達成という点で)や大学全般と社会との絆を構成する。大学の持つ社会的責任、つまり、社会に対する説明責任は、学費と交換で与えられるサービスだけの問題になってしまうのである。説明責任は、「学術的な語彙」においては、収支報告と同義語なのである。

この文脈で言えば、エクセレンスは、情報を生産し処理する点で、科学技術的資本主義の要求によく応える。なぜなら、エクセレンスは、すべての活動を一つの一般化された市場にますます統合することを許し、一方で、局部的には、融通性と革新を大規模に認めるからである。エクセレンスは、このように、「多様性」（大学の学校案内のもう一つの標語である）が、制度的統一に脅威を与えることなく容認されるのを可能にする統合的原理なのだ。

要点は、エクセレンスとは何かを誰も知らないということではなくて、エクセレンスが何であるかについてすべての人が自分なりの考えを持っているということである。そして、一度エクセレンスが、一つの組織原理として一般的に受け入れられるやいなや、異なる定義について議論する必要がなくなるのである。すべての人がそれなりにエクセレントであり、すべての人は、管理的プロセスに介入するよりも、エクセレントであろうとして、むしろ放っておかれる方を好む。ここには、今日の資本主義下における政治的主体が置かれた状況と一つの明確な類似がある。エクセレンスは、たった一つの境界線しか引かない。つまり、官僚主義という無制限な権力を守る境界線である。もしある特定の部門のエクセレンスが調和しないのならば、その時は、制度に対する明らかなリスクを伴わずに、その部門を省くことができる。たとえば、これが多くの古典文学科の運命であった。哲学でも、それが始まっている。

古典文学の衰退の理由はもちろん複雑である。しかし、古典文学の研究が文化の主体を伝統的に前提としているという事実とその衰退の理由は関係していると私には思われる。この主体は、ギリシア人を十九世紀ドイツと結びつけ、古代ポリスという透明なコミュニケーションが可能な共同体の近代的で合理的な復元物としての国民国家を正当化する。コミュニケーションの透明性が虚構であることは、古代ギリシアが全体的に白い世界（眩しい大理石の建物、彫刻、人々）であった、つまり、純粋さと透明性の源であったとする、十九世紀の歴史家の誤った仮説（マス・カルチャーの表象にはまだ明らかに残っている）に由来することが明らかである。この主体のイデオロギー的な役割がもはや妥当なものではないという事実それ自体が、国民国家の統制的理念としての文化が衰退していることの主要な徴候なのである。したがって、古典文学のテクストは読まれ続けるであろうが、この目的（ペリクレスとビスマルクは同じタイプの男であったということを証明する必要性）のために古典文学の学科を必要とした仮説は、もはや効力を持たない。したがって、古代のギリシア人をモデルとして、理想的なイートン校の生徒や未だ存在しない若きアメリカ人をつくるために計画された、大きな制度的装置を採用する必要はもはやないのである(16)。

　学問分野のこのシフトは、合衆国で最も顕著である。合衆国では、大学が国家に対して曖昧な関係にあるのが常であった。アメリカ市民社会は単一の国民的民族性の基盤の上につくられたのではなく、約束あるいは契約という言葉のあやによって組織化されたからである。したがって、われわれが後で検討するように、フィヒテの大学構想が、人民の隠れた本質を国民国家という形態において明らかにすることによって、人民の本質を実現しようとしたのに対して、アメリカの大学は、ジョンズ・ホプキンズ大学の開学式の時のT・H・ハックスリーの演説のヴィジョンに満ちた結論に見られるように、合理的な市民社会という約束を果たそうとしているのである。独立宣言百周年に際してまだ果たされていない約束としてハックスリーがアメリカをどのように語ることができたかを正確に知るために、アメリカ社会とアメリカの大学が持つ特性についての彼の説明を特徴づけている、過去と未来、本質と約束の間の広範囲な対立をめぐって述べられた箇所を、少々長いがここで引用することは価値があろう。

われわれの旧き母国の魅力についてアメリカ人が語るのを、私はたえず耳にします……しかし、展望は回顧に劣らず魅力があります。初めてあなた方の国に上陸し、よく秩序づけられたさまざまな大都市を通って何百マイルも旅をし、あらゆる商品のなかに、また富を利用するエネルギーと能力のなかに、あなた方のもつ莫大で実際の、そしてほとんど無限の潜在力を備える豊かさを見た一人の英国人にとって、未来の展望には何か崇高なものを感じます。国家的自尊心として一般に理解されているものに、私が迎合しているとは思わないでください。サイズは偉大さではないし、領土が国家をつくるわけではありません。大きな問題は――そこに真の崇高さがあり、また差し迫った運命に対する恐れがあるのですが――これらすべてのものを使ってあなた方がどうしようとしているかなのです。これらは、目的のための手段となるべきですが、その目的とは何でありましょうか。あなた方は世界がまだ見たことのない、政治上の新しい実験を大規模に行っているのです。[17]

ハックスリー自身は、アバディーン大学の総長として、十九世紀後半のスコットランドの大学の発展と、オックスブリッジのモデルからの脱却に重要な役割を果たした。この二つは、学問分野としての自然科学と医学に道を開いたことと、英国国教会によって支配されなかったという事実によって特徴づけられる。これらの二つの特徴が、スコットランドの大学をより明確に「近代的」にしている。つまり、アメリカのモデルにより近いものにしているのである。[18] そして、ハックスリーの演説は、ジョンズ・ホプキンズ大学の近代性を明確にする決定的な特徴を際立たせている。つまり、国家としての合衆国は、固有の文化的内容を持っていないという事実である。つまり、ハックスリーは、アメリカについての国家的理念を、一つの約束、一つの科学的実験として理解しているのである。そして、アメリカの大学の役割は、その文化の内容に光をあてることではなく、つまり、国家の意味を理解することではなく、むしろ国家的約束、契約を立派に果たすことである。[19] 後で説明するように、この約束の構造こそ、規範論争を特にアメリカ的な現象にしているものである。なぜなら、文化的内容を作り上げることは、内在的な文化的本質を実現することではなくて、共和制支持者の意思による一つの行為だからである。つまり、逆説的に伝統を契約として選択することである。このように、文化についてのヨーロッパ的理念の形態は、合衆国においては人文科学のなかに保持されているが、その文化的形態には固有の内容がない。規範の内容は、歴史的伝統の継続というよりは、社会的契約の時機に基づいており、そのせいで修正をつねに受けやすいのである。

この契約的社会観が、ハーバード大学に「国家の仕事に」奉仕させ、ニューヨーク大学に「公共に仕える私立大学」と呼ぶことを許しているのである。このようなサービスが何を意味するかは、おそらく単一的な文化的中心によって単独に決定されるものではないであろう。国家の理念は、アメリカでは、つねにすでに一つの抽象的概念であって、伝統よりは約束に基礎を置いており、エクセレンスはしたがって、合衆国で最も簡単に広まることができるのである。エクセレンスは、「文化」よりも、約束という未来に対してより開かれており、文化的内容という問題は、ロナルド・ジュディが指摘しているように、十九世紀末のアメリカの大学ではすでに括弧で括られていたのである。したがって、エクセレンスが今日出現したことは、国民国家の市民である共和国人民の自己実現の様式としての文化形態に名残り惜しく訴えることを放棄することを意味すると理解できるだろう。つまり、自律的な官僚的企業体の構造を優先させて、契約的な社会的絆のモデルとしての大学の役割を放棄することである。

同じように、一種の「アメリカ化」としての「グローバル化」という情況に関して私がした主張を理解してもらえるだろう。グローバルな「アメリカ化」は、今日、（冷戦、朝鮮戦争、ヴェトナム戦争の時代とは違って）アメリカの国家的支配を意味するのではなく、アメリカの国家概念がもつ内容の不在性を地球的規模で現実化することを意味する。そこでは、金銭的結びつき《キャッシュ・ネクサス》やエクセレンスの空虚性が共有されている。アメリカ研究のプロジェクトのなかで、「アメリカ的なもの」を分離し定義しようとする企てに膨大なエネルギーが使われたにもかかわらず、これらの努力は、ある意味ではアメリカ的であることは何も意味せず、「アメリカ文化」は一つの構造的な撞着語法にますますなりつつある、といった根本的な不安を隠すための企てにすぎないと解釈できるかもしれない。ペンシルヴェニア大学のような、アメリカ文化という観念に対して名声があり中心的である機関が、近ごろそのアメリカ研究プロジェクトの解散を決定したことは、このような傾向を表わしていると私は理解する。合衆国の大学が、国民文化に言及することで正当化するという装飾を捨てるのが最も早かったのは、教会と国家の分離に現われているように、象徴的生活への国家の介在を疑問視することによって自分の立場を定義した国民においては驚くべきことではないのである。

しかし、合衆国だけがこの動きをしているのではない。「重要業績評価指標」に英国民が方向転換したという事実は、北米の大学において文化に訴えることに取って代わっているエクセレンスの言説へと英国の大学も向かっている第一歩として理解されるべきである。[20] 重要業績評価指標はもちろん、エクセレンスの尺度であり、それは五つの目盛の物差しによって、英国の全大学にある全学部を評価することが可能であるとして考案された一つの基準である。したがって、この評価は、当該の学部に割り当てられる中央政府の補助金の額を決定するために使用される。したがって、この方法は、アカデミックな世界に競争市場を導入するために計画されたもので、成功すれば投資がなされ、政府は認められた質の差を減らすよりは目立たせるために介在するのである。したがって、得点の高い大学の学部にはより多くの補助金が与えられ、一方、得点の低い学部は助成されるのではなく、現金に飢えることになる（サッチャー政権のもとで、このことはもちろん、そのような学部は自力で進むようにとの奨励のためと理解された）。この長期にわたる動向は、大きな成果をあげた研究センターに資金が集中することを許し、「弱い」と判断された学部の、それどころかおそらく大学さえもの消滅を促進しているのである。

したがって、たとえばオックスフォード大学は、人文科学研究センターの設立を目指すように駆り立てられている。研究プロジェクトの概念そのものが人文科学に適用できると考えているのはドイツ人とアメリカ人だけだとする、伝統的に偏狭な疑いの目があるにもかかわらずである。ベンジャミン・ジャウエットは、この研究プロジェクトに関して、「私のカレッジにはそんなものは今後とも存在しないだろう」と言ったとされている。このような変化は、「市場の力にさらされてのこと」だと保守派にはみなれている。ところが一方では、現在、資金提供に対する国の独占的な支配を想定した虚構の市場が、実際、非常に人工的につくり出されているのである。しかし、この過程は資本主義市場の一つの形をまねているのだが、その過程の人為性そのものが、統一された実質的な会計のメカニズムが予め必要であることを際立たせている。これは、制度＝機能のなかに危機的脅威を組織的に導入することと結びついている。そしてその結果生じるのは、最も都合のよい時に作用するエクセレンスの二重のロジックに他ならない。

実際、大学における危機は、一九九三年のイタリアでの学生運動や、フランスで繰り返された「モデルニザシオン」の企てにおいて明白なように、「西洋」を明示する一つの特徴であるように思われる。もちろん、フランスでの一九六八年の事件（第9章で論じる）を生み出したのは、大学のモデルニザシオンをめざしたフォール計画であった。しかし、このような近代化の企ては続いているし、『知の時代――大学のルネサンスのために』のなかでクロード・アレグルによって最近提出された議論は、私が論じた合衆国、カナダ、イギリスでの展開と驚くほどの一致を見せている。アレグルは、一九八八年から一九九二年までフランスの文部省でリオネル・ジョスパンの特別顧問をしていたのだが、彼の本は、変革が必要な沈滞と抵抗の場とみられていたフランスの大学の改革を導く議論（反論する人はほとんどない議論）の解説書そのものである。この改革運動は、「何よりもまず、六八年の大志の復活……しかし控え目でおとなしい復活」であると[21]、彼が主張しているのは興味深い。誰の大志について彼が述べているのかは明確ではないが、特に、一九六八年の事件が意味したものは開放性であったことが分かる。そして、この新しい開放の双子の特徴となっているのが、読者は知って驚くこともないだろうが、統合とエクセレンスなのである。

われわれは、自分の殻に閉じこもっていた大学を開放し、大学を都市により近づけることによって

［改革を］進展させようとした。

大学を都市に開放する――これは専門的なニーズに対して大学を順応させることである。

大学をさまざまな知識に対して開放する――これは研究を新しくし、エ﹅ク﹅セ﹅レ﹅ン﹅ス﹅を実現する努力である。

大学を都市に統合する――これは、都市計画の中心にある二〇〇〇年の大学であり、地方集団との提携政策である。

フランスの大学をヨーロッパ総体に統合する――これがヨーロッパ的評価の意味である。(22)

大学内部の方針は、フランスでは、エクセレンスに訴えることによって解決されるであろう。なぜならそれは、知識に関係したすべての活動を再組織化し、統合する用語として作用するからである。このことが、今度は、都市と欧州共同体の両方の指導のもとに、とりわけ一つの企業体的官僚機構として、大学のより広い統合を可能にするのである。都市はもはや「街路」ではなく、市民生活（アレグルのタイトルがわれわれに期待させるようなルネッサンスの都市国家）のヴィジョンですらない。むしろ、専門的官僚的資本主義企業の集合体であり、その要求は、主に管理技術者階級を供給することに向けられる。都市は、大学に商業的な表現形態を与える。そして、大学の政治的表現形態、つまり、評価の問題に明確に結びついた表現を大学に提供する存在の象徴として、欧州共同体は国民国家に取って代わるのである。大学は知識におけるエクセレンスを生み出し、こうして、やすやすとグローバル資本と超国家的な政治の回路へと結びつくであろう。エクセレンスの概念には文化的内容がないからである。たとえば、「フランスらしさ」が世界市場で一つの商品である場合を除いて、「フランス的な」エクセレンスなどなにもないように。

エクセレンスは、大学の前近代的伝統を市場資本主義の力にさらすことになる。自由貿易を妨げていた障壁は取り除かれる。これを示す興味深い例は、ポリテクニック〔英国の大学レベルの総合的高等教育機関〕を大学と改名することを許した英国政府の決定である。オックスフォード・ポリテクニックは、ブルックス大学に昇格した。この古典的な自由市場の戦略は、エクセレンスという唯一の規準が、拡大された市場における遂行性であることを保証している。しかし、これが保守政府のイデオロギー的手段であったと考えるのは誤りであろう。この決定は、大学あるいはポリテクニックで教えられている内容に対する関心が主な動機となってなされたわけではなかった。実践的な訓練を単位に組み入れるためにポリテクニックがビジネスと結びつこうとする傾向が、英国の保守党のプチブル的反主知主義を刺激したように思われるとしても、カルチュラル・スタディーズにおけるバーミンガム学派の仕事が最も大きなインパクトを持っていたのはポリテクニックにおいてであったということもまた真実なのである。したがって、ポリテクニックを大学と突然呼び変えたことは、一つの管理的動向として理解するのが最もよい。それは、流通や市場拡大に対する障壁がなくなることであり、近代初期イングランドでの織物貿易の資本主義化を許した、奢侈禁止令の撤廃に似ている。

このような市場拡大の一つの形態は、学際的プログラムを発展させることであり、それは、大学改革で急進主義者と保守主義者が共通して掲げることのできる根拠としてしばしば現われる。これは、一部には、学際性が、シカゴ学派の例が示すように、固有の政治的志向性を持っていないということによる。(23)

その他、次の理由にもよる。つまり、学際的計画が提供するより高い融通性が、大学の持つ構造特有の境界設定、古来の特権、支配領域という塹濠で囲われた慣行を克服する一つの方法として、管理者の興味をしばしば引き付けるからでもある。学際的開放性の利点は非常に多い。学際的な部門に勤務する者として、私は特にその利点を知っている。しかし、それらの利点がもたらす諸問題に対して、われわれが盲目であってはならない。目下のところ、学際的プログラムは、現存の学問分野を補完する傾向にある。現在の学問分野群に取って代わって、学際的プログラムが設置されるときは遠くないだろう。

実際、人文科学における学問分野の古い秩序を、歴史、美術史、文学、メディア研究、社会学などを統合するもっと全般的な領域によって置き換えるときに、カルチュラル・スタディーズが促進している学際性への制度的要求へのアプローチに際して慎重となるべき理由の一つがこれである。このように言うのも、学際的活動と、アカデミックな急進主義者たちの間できわめて一般的になっているカルチュラル・スタディーズとの両方が無条件に受け入れられていることには疑いを差し挟む点で、私はレイ・チョウと同じ意見だからである[24]。われわれは、エクセレンスの名において学際的になりうる。なぜなら、学問分野の境界が、システムの完全な形をこれ以上要求せず、それが成長し統合するのを妨げないかぎりにおいて、エクセレンスは以前から存在する学問分野の境界をただ維持するだけだからである。

このことを別の表現で言えば、エクセレンスに訴えることは、大学の理念がもはや存在しない、あるいは大学の理念がいまやすべての内容を失ってしまっているという事実を示している。システムに完全に内在する非指示的価値単位として、エクセレンスは、科学技術が自身をかえりみる契機以外の何も示さない。このシステムが要求するのは、ただ活動が起こることであり、エクセレンスという空虚な概念は、情報に関して最大の入出力比率にかかわるだけである。(25) たとえそれが寄生の問題を解決するにせよ、これは、われわれがこれまで大学に要求してきた役割にしてはおそらく少し英雄的なところに欠けるものである。株式取引所、あるいは保険会社が工業生産力を低下させるものでないのと同様に、大学は今日、資源を寄生的に枯渇させる制度＝機関ではない。株式取引所と同様に、大学は資本が自己認識する場であり、リスクや多角的投資をうまく処理するだけではなく、資本がその処理によって剰余価値を引き出すことのできる場である。大学の場合、この抽出は、情報における差異についての考察の結果として起こる。

機能におけるこのシフトが意味するのは、アルチュセールの言葉で言えば、国家のイデオロギー装置として大学を分析するのはもはや適切ではないということである。なぜなら、大学は第一義的にもはや国民国家のイデオロギー部門ではなく、一つの自律的な官僚的企業体だからである。別の、おそらくあまり偏っていない例を挙げれば、われわれは大学をナショナル・バスケットボール・アソシエーション〔NBA〕にたとえることができる。ともに活動の領域を統治する官僚的組織をもち、その活動の組織的機能と外的な効果は、外的指示物には依存していない。バスケットボールの試合は独自のルールを持っている。もちろん、それらのルールには検討の対象となる相違点が現われることはある。フィラデルフィア・セブンティ・シックサーズの勝利はそのファンに影響を与え、またファンがセブンティ・シックサーズの勝利に影響を与える（サポーターとしてと資本家としての両方で）。その一方で、それらの勝利あるいは敗北は、フィラデルフィアという都市の本質的な意味とは直接的に結びついてはいない。結果が無意味であるというのではない。しかし、結果は、外的指示対象との関連というよりは、バスケットボールのシステムの内部で生じるのである。

大学がこのような一つのシステムとなることは、大学が制度＝機関としての意味を生み出すと理解されてきた状況に、大きな変動があったことを意味する。後で論じるように、教会が封建君主や絶対君主に対して果たしたのと同じ働きを、大学が国家に対して果たすと主張することによって、シラーは文化の大学を理性的国家にふさわしい疑似教会として位置づけた。しかしながら、今日のエクセレンスの大学は、いまや一つの官僚的機構であると理解すべきであり、その内部規定はより広いイデオロギー的責務を顧慮することなくまったく利己的である。したがって、その株式市場は、国家の利益を厳密に守るための取引の安定よりは、資本の流動に付随した利益を増大するために最大の可変性を求めるのである。

その結果、必然的に、左派の人たちが伝統的にみなしてきたイデオロギー装置としてよりは、一つの官僚的システムとして大学を分析すべきだということになる。イデオロギー的な道具であるよりは自律的システムである大学はしたがって、左派の人たちが資本主義国家の目的とは別の目的のために将来利用することができるような一つの道具とみなされるべきではない。このことは、以前西ドイツ国民であった人々が、再統一以来かつてのドイツ民主共和国の大学をやすやすと植民地化していることの説明になる。旧ドイツ民主共和国の大学は、ホーネッカー政権の政治的専従職員と考えられていた人たちを追放してしまった。しかし、再統一が、西ドイツによる東ドイツの征服であるとは考えられていなかったという事実にもかかわらず、旧連邦共和国の大学では、同様な追放は起こっていない。つまり、衝突は、二つのイデオロギー間の衝突（もしそうならば両方の側で追放を余儀なくされていただろう）ではなく、大学がイデオロギーの支配下にあった東ドイツと、大学が非イデオロギー的であると考えられていた西ドイツとの間の衝突として現われているのである。

もちろん、冷戦の時代には、西側の大学は強力なイデオロギー的役割を果たしたし、それぞれの事例については多くのことを言うことができる。しかし、全体としては、この交代の静けさとスピードにわれわれは圧倒されている。つまり、旧東ドイツの知的プロジェクトに賛同してなされるべき対抗的議論が、もはや耳に入ってこないという事実に圧倒される。ベルリンの壁の崩壊が意味しているのは、大学がもはや主要なイデオロギー的制度＝機関ではないということであり、旧西ドイツ出身の人々は必要な新しい役割を果たすためによりよい地位に就いているということである。もし追放された人のポストが、多くの場合、旧西ドイツ出身の若い研究者にまわされているのだとしたら、それは、彼らが対抗できるイデオロギーの持ち主だからではなく、官僚的有能さのためである。旧西ドイツ出身の若者は、前任者たちよりも知性的であるとか、より学識があるからということでは必ずしもない。彼らは単に「よりクリーン」なだけである。つまり、国家のイデオロギー的代表であると識別するのがより難しいのである。これは、近代の大学、文化の大学が設立されるための契約書への、一方の署名者である国民国家が衰えたことの主要な徴候である。アレグルが欧州共同体を引き合いに出したことに対する私の言及がすでに示しているとおり、文化の大学に代わってエクセレンスの大学が出現したことは、国民国家の衰退という背景に照らしてのみ理解することができるのである。

「汚れなき手」に対する要求は、ドイツの大学においてであろうがイタリアの政治においてであろうが、国家機構を一新しようとする願望のように見えるかもしれないが、それは、国家の役割が一般的に不確定であることの結果として生まれた、「不干渉」に対する要求と理解したほうがよいだろう。複雑でしばしば矛盾するこのような願望は、イタリアにおけるように、統合主義的なファシストたち（MSI〔イタリア社会運動〕）と分離主義者（北部同盟）の同盟といった、パラドックス的な同盟に帰着するかもしれない。とりわけ、この同盟は、ベルルスコーニの奇妙なほどに透明な組織、フォルツァ・イタリア[*2]の保護のもとに起こったのであり、そのナショナリズムはサッカーの応援歌を喚起させ、その政治的主張は「ビジネスでの成功」というかなり曖昧な主張に基づいている。もし私が、この明らかなパラドックスについて幾分奇妙な診断を下すならば、イタリアにおけるこの同盟は、イタリアで共同体の問題がもはや持ち出されないことを願っている人々の間で交わされたものだということである。というのも、首領《ドゥーチェ》〔ムッソリーニの称号〕が「イタリア人であること」についての答えを提供すべく戻ってきて、その答えを暴力的に押しつけるかもしれないし（同盟は人々に「地方的であれ」と言うであろう）、ベルルスコーニが、イタリア人であることが問題なのではなくて、テレビの画面から発する明るい青の霞や、フットボール選手の背景になる明るい青のシャツと同じように、その答えは透明で明白であるとわれわれを安心させようとしているからかもしれない。ベルルスコーニは（MSIとの同盟がわれわれを不安がらせるように）新たなナショナリズムを蘇生して提供するのではなく、共同体の本質に関するすべての疑問をぼかして抑えてしまう、きれいに消毒されたナショナリストのノスタルジアを提供しているのである。

　ナショナリズムの枠組みのなかでまたそれに対抗してかつて措定された共同体の問題の代わりに、問題を棚上げする一般的で意味のないナショナリズムをわれわれは得ているのである。ファシズムに対してであろうと（フィーニは目下MSIの党首であるが、彼は自分が首領《ドゥーチェ》であるとは夢にも思っていない)、サヴォイの王宮の明るい青色に対してであろうと、国家的問題は一般的なノスタルジアの問題として受け止められているにすぎない。こうして政府は、ビジネスとして国家を運営するという事態をどんどん推し進めることになるのである。

国家は、自らを自らのテーマパークとして理解し、そしてそのことがイタリアに住むことが何を意味するかという問題を解く。つまり、その答えは、かつてイタリア的であったということである。一方では、国家は実業家に委ねられた単に大きな企業体である。つまり、超国家的資本の浸透のためにますます小間使いとして精を出す一つの企業体である。国民国家の行政機関の構造は、世界中で共通な国民という存在の組織的中心ではもはやない。こうして、エクセレンスの大学は、それ自身にしか奉仕しない、超国家的に交換される資本の世界におけるもう一つの企業体となるのである。

第3章　国民国家の衰退

　大学は、つねにエクセレンスの追求に専念する官僚的システムであったわけではない。後に検討するように、大学の理念はかつて、エクセレンスには欠けている一種の指示的価値を与えられていた。そのことのさまざまな理由は、国民国家と密接に結びついている。国民国家が資本主義の基本的単位であることをやめた時に、エクセレンスに訴えることが起こるからである。その時点で、各国家が、資本主義を最もよく体現すべくお互いに競い合う代わりに、資本主義が国民国家の理念を飲み込んでしまうのである(1)。

　このシフトは、よくグローバル化と言われる。つまり、大多数の国民国家よりも多くの資本を目下支配している超国家企業が現在勃興していることを言う。マサオ・ミヨシは、簡潔ですばらしい論文のなかで、産業化した世界におけるブルジョワ資本は、「保護と助成を、その源である国民国家にもはや全面的に依存していない(2)」と主張する。企業が企業的忠誠心を内面化し、「系列化が自身の利益になる限りは、漂い流動し、どこにでも移動し、自国も含めてどんな国をも開発する用意がある」（七三六ページ）というとき、以前の多国籍企業（国境を超えるがある特定の国家と明確に結びついた本部を持つ企業）は、超国家企業になる。ミヨシは、レズリー・スクレアの分析に依拠しながら、世界経済のなかで最も大きな一〇〇の経済単位のうち、五〇以上が国民国家ではなく、超国家企業であると指摘している（七三九―七四〇ページ）。たとえば、超国家的金融業者ジョージ・ソロスは、一九九三年に一一億ドルの収入を報告していて、この額は合衆国の最も利益を得た会社の三七番目に過ぎないが、少なくとも四二カ国の国内総生産を上回るものである。そして、ミヨシが論じるように、多文化主義の言説は、どこか一つの国の国旗よりも、むしろ企業のロゴに企業的忠誠心を向け直すことによって、超国家企業にとてもよく役立っているのだ。

ミヨシの結論は、国民国家が社会的接着剤としてはもはや機能していないということである。国民国家は、共同体の絆を提供するのをやめ、超国家企業がこの役割を肩代わりしているとする。グローバル経済においては、「一国の歴史や文化は――大きなテーマパークかショッピング・センターにおけるように――観光や他の形態の商業主義」によって吸収されてしまう「一つの「普遍的な」ものの単なるヴァリアントであるにすぎない」（七四七ページ）。同様に、文化は、グローバル資本の流れの中の一つの要素として、完全に取り込まれる。文化は、国家の資本蓄積が奉仕すると主張しうるような理念ではもはやないのである。

ミヨシと私の相違点は、彼が、この過程における知識人と研究者の関与を扱っているところから生じる。彼は、個々人の関わり合いをモラルの問題と位置づけ、研究者たちが抵抗するどころか、「しばしば飛行機に乗り、世界各国を旅行する人々」（七五〇ページ）になってじつに幸せであるようにみえる、と記しているのである。私は、個人の意識は問題ではないと主張したい。私が思うには、超国家企業の要求と、カルチュラル・スタディーズおよび多文化主義の言説が共謀しているというミヨシの認識は、大学というレベルで分析されるべきである。そうすれば、大学は、独自の形で超国家企業の役割に向かって発展する官僚的制度＝機関として理解できるからである。[3] したがって、人文科学や他の学問分野の研究者の課題は、個人の抵抗のレベルや思考のヒロイズムのレベルで語ることはもはやできない。なぜなら、この制度＝機関は新たなヒーローを必要としないからである。カフカが指摘するように、官僚制にはヒーローは存在しない。

したがって、主体の地位は、国民国家の衰退とともにシフトする。この変化は、核家族以外のところで、近代国民国家の主体を訓練するための主要な制度＝機関である大学にとって重要な意味を持つ。近代的主体の出現は、それを映し出す鏡のような保証人として立つ国民国家と密接に結びついていた。君主の専断的な命令に対して服従する代わりに、近代的市民は国民国家の主体となる。その国家の政治的言説は、「われわれ、国民は」という言い回しにおけるように、主格の「われわれは」を集団で発声することによって正当化されるのである。したがって、近代国家の目的は、（「革命」後のフランス、あるいは合衆国のような共和制民主政体における）人間という普遍的主体であろうが、（ヨーロッパの自由主義民主政体の国民国家における）合理的な議論の対象としての国民主体がもつ民族的アイデンティティであろうが、いずれにしても、国民主体のアイデンティティを明らかにすることである。

国家に対する主体の服従ということが一般的に起こってくる。なぜなら、このアイデンティティを明示することは、国家のもつ諸制度＝機関を通過することを要求するからである。つまり、「私」が一人の「私」になるためには、つまり、自らを実現するためには、「私たちは」を通過しなければならない。すなわち、それぞれの市民は、集合体の一部としてのみ理解可能な意味の伝達者に自ら進んでならなければならない。主体は、国家の代表的な制度＝機関を通して自らの姿が映し出された時に、自分自身を見出す。「私はアメリカ人だ」と言う彼あるいは彼女のように。ウラド・ゴジッチの言葉によれば、「国家権力を持つ者が、まず個人を吸収し、それによって、彼らを社会の他の人たちとは違う人たちにし、それから、権力機構としての国家に社会的外形を決定させるのである」[4]。後述するように、フンボルトは、近代の大学を最も重要な機構の一つとして考えていた。その機構を通して、国民主体をこのように生み出すことが近代に行われたからである。したがって国民国家の衰退は、大学の持つ今日的機能の本質に重大な疑問を投げかけることになるのである。

したがって、本書ではとりわけ二つのことをしたい。まず、「文化」という概念の庇護のもとでひとつの制度＝機関として大学を統合することが、どのように国民国家の問題と結びつくようになったのかを突き止めること。次に、エクセレンスの言説に代わるものがあるのかどうかを問うことである。近代の黄昏時に、それは知ってのとおり大学の黄昏でもあるのだが、大学を考えるための別の方法は見つかるのであろうか。このことは、大学が、一度その文化的使命を奪われてしまったあとで、単一の強力な要因に基づく資本主義システムの官僚的制度＝機関以外の何でありうるかと問うことである。しかし、もしこの問題の本質を把握しようとするならば、今日の状況を理解することがまず必要である。その状況のなかでは、国民国家の衰退が意味するのは、もはや経済が政治の支配下に置かれてはいないということである（このことは、国民生産についてではなく、グローバルな消費者についてわれわれが語っているということである）。経済は、国家の政治によって支配されるよりはむしろ、国境を顧慮せずに利益を求めて資本移動する超国家的な独立体の関心事にますますなっている。かつて全能であった国家は、経営の官僚的機構に追いやられつつある。ミヨシが指摘しているように、「政治的手腕」の今日的指標となっているものは――今日すべての「世界的指導者」が共通に持っているものではあるが――国内での不人気と、国際的な影響力のなさである（七四四ページ）。国民国家は、〔F1の〕グランプリの勝利を祝う時に、ドライバーの国の国歌を演奏することに痕跡を留めるくらいになりつつある組織なのだ。実際、グランプリの勝利は、超国家的な技術集合体の仕事であって、もはやどんな国家もその技術集合体と競争することはできなくなっている。

　国民国家が衰えていると言うときに、私が言わんとすることをここで明確にしよう。このことは、ナショナリズムがもはや争点にはならないという主張とは同じではない。ナショナリズムは、ボスニアや旧ソヴィエト連邦のような場所では、国民国家の崩壊の徴候である（復活のそれではない）。なぜなら、多くの対立する欲望を統合することができる国民国家など想像しえないからである。そこから、このような出来事に直面した多くの知識人たちの絶望が生じる。われわれが目下目撃している種類のナショナリストの運動は、旧国民国家に貢献するよりも、実際にはグローバル化に貢献している。グローバル化のもとでは、国家は消滅しない。国家はますます管理上のものになり、そのイデオロギー的意志を押しつけることはますます不可能になっている。つまり、経済問題における政治的内容としての意志を押しつけることが不可能になっているのである。国家は、何が「経済的健全さ」を構成するのかをもはや問うことができない。なぜなら、この質問を思いきってしまおうとすることが、経済的弱さの一つの徴候だからである。たとえば、このような弱さの徴候の一つは、「独立した」中央銀行の欠如である。国際通貨基金は、いくつかの規準に基づいて国民国家への貸付の信用度を決定するが、その一つの重要な規準は、政府の支配から「独立した」中央銀行（たとえば米国連邦準備銀行やイングランド銀行のような）、つまり、国際通貨基金の支配により服しやすい中央銀行の存在である。

こうした国家の空洞化は、かつての国家の住民には「脱政治化」のように思われる過程である。つまり、対立する批判を権威的に正当化するような、オルタナティヴな政治的真理への信頼喪失である。(5) 神の救いに対する信仰の喪失は、本質的に単極の社会として近代の官僚的国家が勃興するなかで現実のものとなっている。したがって、現在のような形態の資本主義システムは、人々に国家的アイデンティティ（それはつねに不利なイデオロギー的取引であった）を提供するのではなく、非イデオロギー的属性を提供する。つまり、工員になるという代償だけで参加できる、企業的アイデンティティである。強力な単一要因に基づいた、あるいは管理的な国家の出現は、政治的思考の終着点を示す。政治の問題が、正しい社会を建設し人間の運命を実現できるのはどんな種類の国家なのかということであるよりも、すべての政治的主張のための統一的地平として国家を位置づけることとは、社会的意味がどこか別のところに、つまり国家の政治的遂行能力の外の、経済領域のなかにあるということを示唆しているのである。

コンシューマリズム――北米における大学教育の伝統的な主体に対する最も差し迫った脅威としてこれを理解することは正しいことである――は、国民国家の衰退に伴う政治的主体性の空洞化の経済的な対応物である。したがって、コンシューマリズムは、経済システムの所産のほとんど完全な内面化と再消費を示す一つの徴候なのである。つまり、コンシューマリズムは、幸福（パンとサーカス〔物質的幸せ」）についてのイデオロギー的偽りというよりは、経済システムの外にある利益、つまり、費用便益分析に支配されていない利益など想像できないという一つのしるしである（その休暇はお買い得でしたか?」）。コンシューマリズムは、政治的あるいはイデオロギー的問題ではない。つまり、それは国民国家にとっての問題ではない。コンシューマリズムは、個人がもはや政治的な存在ではない、国民国家の主体ではないという徴候である。たとえば、一九九三年の国連の報告が示しているように、世界の人口は現在一億の移民を含むが、そのうちの三七%だけが、迫害、戦争、あるいは大災害からの難民であるという。移民はすなわち、政治的現象よりは経済的な現象なのである。移民の数がますます増えていることが把握されるのは、この数字が一九八九年以来倍増したことをわれわれが理解する時である。移住の個人的文化的費用は莫大である。しかし、世界市場において移住を促す経済的圧力が、文化的構成物としての国民国家の保全を直接的に犠牲にして、労働力を資本にとってより一層融通のきくもの、適応可能なものにしているということは明らかである。

このようなシフトの関係は、大学に適用されると明確になる。ユネスコとカナダ国際開発調査センターに対するアルフォンソ・ボレロ・カバルのリポート、『今日的制度=機関としての大学』の序文には、「増大する高等教育の国際化」が特筆されている。「ユネスコによれば、一九九〇年には、世界の外国人学生の約九五%に責任を持つ六二カ国で、留学生の数は、一九八〇年の九一万六〇〇〇人から一九九〇年の約一二〇万人（二九%増）に増えている」[6]。グローバル化が意味しているのは、学生主体が、将来の国家システムの支柱ではもはやないということである。グローバルな資本主義市場にとってこのことが持つ利点は、高等教育のためのユネスコ欧州センターの一九九〇年のリポートで明らかに述べられている。そのリポートが要求しているのは、「おそらく一つのモジュールを基本とした、教育と資格認定の組織であり、その組織は、異なったレベルの大学や教科の間で予め決められた条件に基づいて、学生の留学を認めるものである」[7]。このような計画の利点は、それが「生涯学習の進展を促進するだけでなく、共同体的基盤に基づいて採用されるなら、欧州共同体市民の流動性を促進するであろうと思われる」点である[8]。国際的および学際的柔軟性には、国民国家とはもはや結びついていない主体や、世界市場の需要を満たすために容易に移動することができる主体を作り出すという目標が目論まれている。偉大なW・E・B・デュボイスが、「二十世紀の問題は、白人と有色人種との間の差別の問題である」と主張しているのに対して、私は、二十一世紀の問題は国境線の問題、つまり人種の問題に直結した問題であると付け加えたい気持ちになっている[9]。

私が国境線について語るのは、それが、グローバル化の緊張関係が明白になる非空間（ミシェル・セールの用語）だからである。その注目すべき著書『到来する共同体』で、ジョルジョ・アガンベンは、政治的主体の生産に対するグローバル化の影響を、グローバルなプチブルの出現であると述べている。「もし仮にもう一度、階級という観点から人類の運命を考えなければならないとしたら、社会的階級はもはや存在せず、一つの世界的なプチブルだけが存在し、そのなかではすべての古い社会階級が消滅してしまっていると、今日われわれは言わなければならないであろう。このプチブルは世界を受け継ぎ、人類がニヒリズムを乗り切った形態をとる」[10]。アガンベンの主張によれば、この世界的プチブルは、国民的アイデンティティとナショナリズムという言説を通してブルジョワ的威厳にひそかに近づく道を辿った階級としてのファシストの立場から、自分たちを解放したのだ（小売商ほど熱狂的な愛国者はいない）。アガンベンは言う。

世界的プチブルは、［偽りの国民的アイデンティティという］夢から自らを解放し、それと分かるどんな社会的アイデンティティをも拒絶するというプロレタリアートの性質を引き継いでいる。……彼らは、適切ではないもの、本質ではないものだけを知っていて、彼らに固有な言説という考えを拒絶さえする。地上に次々と現われた国民や世代の真実や虚偽を構成したもの――言語、方言、生活様式、性格、習慣、さらに個人の肉体的特徴といった相違点――は、彼らにとっての意味を失ってしまい、表現やコミュニケーションのための能力を失ってしまったのである。プチブルの世界においては、歴史全般が持つ悲喜劇を特徴づけてきた多様性は、走馬灯のように変化する空間のなかに寄せ集められて、さらされている。（六二―六三ページ）

これは、文化の終焉に対する嘆きのように、または、そろってシカゴ・ブルズを応援するグローバルなリーボック愛用者の世代によって文化の特性が消されているという嘆きのように思われるかもしれない。しかし、このことが意味するのは、「個々の実存という不条理」はそのペーソスを失って、「日々の展示物」になってしまったことであるとアガンベンが主張する時に、彼がヴァルター・ベンヤミンの読者であるとわれわれは知るのである。アガンベンは、文化の失われた意味を単に嘆くだけで満足はしない。ベンヤミンが、芸術作品はひとたび展示されればアウラを喪失するが、それを嘆くよりもむしろ別の規準で評価しようとしたように、アガンベンは、文化の脱指示化を再評価しようとしている。すなわち、文化が何らかの特定の指示対象を失うその過程を、彼は再評価しようとしているのである。[11] そうしながら彼は、実際には文化の循環性は残している。なぜなら、「文化」は、私の見解では、近代において（ノスタルジックあるいはロマン主義的な形で）失われた本来性の再構築として、あるいは（アイロニックな、あるいは極端なモダニスト的様式において）起源の喪失と折り合いをつけるものとして位置づけられてきたからである。アガンベンがやや暗示的に表現しているように、「地球上の新しい人類のなかで、その生き残りを可能にさせるこれらの特徴を選ぶこと、つまり、自らとだけ意思疎通をする完全な外在性から併合された悪しき宣伝を分離する薄膜を引き剝がすこと――これがわれわれの世代の政治的課題である」（六四ページ）。

アガンベンが政治的課題を引き合いに出そうとする際に問題となっているのは、内部からグローバル化に反対しようとする、つまりグローバル化と資本主義の完全な一致を仮定する代わりに、それらの不一致を考えようとする企てである。これが意味するのは、あたかも文化が社会的進展の本当の様式であり、資本主義が偽の文化あるいは反文化であるかのように、信頼できる理想的あるいは国民的「文化」を資本主義に対してもはや対置させることができないということである。一九八〇年代に英国の左派は、サッチャーリズムを真の国民文化に対する裏切り、グローバル資本の利益に貢献する偽のナショナリズムであるとして攻撃しようとした。彼らは最初から失敗する運命にあった。なぜなら、サッチャーリズム的ナショナリズムが訴えるもの、つまり、それを超国家企業に貢献させたものは、厳密には近代の国民国家観に対抗するナショナリズムであったからである。サッチャーリズム的ナショナリズムの内的矛盾は、その魅力と柔軟性の両方の根源となったものであり、この矛盾を暴くことだけでは議論に打ち勝つことができなかった。グローバルな融合と国家の分裂とは手に手をとって進み、十八世紀以来「国民文化」という理念を構成してきた象徴的生活と国民国家との結びつきを共同して消し去る働きをしている。この状況において、全世界的なあるいはグローバルな文化という概念に訴えることは、そのような訴えが、近代ヨーロッパの国民国家の輪郭線に従って、全世界的なもの、あるいはグローバルなものをつねにモデルにしていると誤解することである。それこそ、まさに超国家企業によって粉砕されつつある審級なのだ。

大学の理念に対してこの状況が持つ意味は、途方もなく大きなものである。ジェラール・グラネルが論じているように、国民国家あるいはその国民の本質を実現する能力のなかに大学の運命を求めることはいまや適切ではない[12]。フライブルク大学でのハイデガーの「総長就任演説」は、民族的運命に訴えることを通して国民国家の政治的意志に経済的テクノロジーを服従させようとした最後の企てとなるであろう。国家のイデオロギー装置として、大学は、たとえばエール・フランスのような国営航空会社の文化的地位とほぼ同等の文化的地位を持っていた。もしわれわれが、実際にはより複雑な性質を持つのがつねである一つの審級を簡単に図式化するならば、国営航空会社は、経済に対して政治のヘゲモニーを保証することによって、国家が国家自身を実現しようとする企ての一つの審級になると言ってもいいであろう。国営航空会社は、利潤動機に露骨に服従するというよりは、国民国家から助成金を支給されていることもあり、国家に対して内的および外的な機能をもっている。外的機能は、国の技術的競争力を主張することであり、内的機能は、国内すべての地域に対して交通の便を確保することで、国家の領土を同質化することである。この内的機能とは、基本的には政治的な要因に対して経済的な要因を服従させようとする助成である。市場要因が、商業と輸送という放射状に走る線を発達させ、事実上、国家の内部に内的区域を発達させるところでは、（その経済的重要性に関係なく、国家のすべての地域を飛ばなければならない）国営航空会社は、一種の地図制作的「均一化」を生み出し、また、（階級的素性に関係なく国家の主体としての学生をすべて教育しなければならない）国立大学の人口統計的「均一化」にも似た、付随的中央集権化を生み出す。国立大学におけるように、国営航空会社に国が投資することは、中流および中流上層の階級に（唯一ではないにしても）大きな内的助成として作用する。上流階級は専用機をチャーターしたり家庭教師を雇うことがつねにできる。中流および中流上層の階級の人々は、自分たちおよびその子女に、国内航空旅行や高等教育の特権的利用を保証はするが、実際の費用は少なく負担しかろうじて採算がとれる補助的費用を支払うことで済ましているのである。

国家的イデオロギーの衰退が意味するのは、資本が、中流階級にこのイデオロギー的帰属感を提供する必要がもはやなく、喜んで彼らをプロレタリアート化するということである——そういうわけで、たいていの教授はいまやエコノミー・クラスで旅行する。さらに重要なのは、パン・アメリカン航空の運命（海外でのアメリカのイメージを守るために十分な国家補助金を与えることを合衆国政府が拒否した）が、国家という政治的幻想が超国家企業による現在のグローバル経済体制にとって無意味であることを示していることである。同様に、一九九四年の欧州経済共同体に関するあるリポートは、「効率」を増す可能性があり「収益性」への復帰を確実にしそうな方策として（同時に、明らかにいくつかの国営航空会社の消滅をもたらすが）、共通市場内では国営航空会社に対する国家助成金を廃止するよう忠告している。欧州政府が学生ローンのプログラムを導入しようと模索しているように、個人の学生の場合には資本提供における同様の撤退が、大学の領域において明らかに見られる。一方、合衆国政府はすでにローン・プログラムを実施しているが、ローン・プログラムに対して助成金を出すよりもむしろ、収益性という厳しい規準を導入している。

それでは、われわれが一員となっている大学という制度＝機関を、われわれはどのように考えるべきなのであろうか。大学のなかでは、「自分の進むべき道を見つける」、つまり、生得権を受け継ぐことが決してできないのは明らかである。完全な自己認識を持った自律的な主体を目の前に仮想して、思考に終焉をもたらす純粋な自己愛になどわれわれには到達できない。自己発見の概念は、確かに近代を通して、大学の持つ機能の重要な物語《ナラティヴ》であった。人類の歴史の主体は、自律を得ようと奮闘している。過去という鎖から、また自らがつくったものではない自然や言語に対する負債から、主体を自由にするとされた自己認識を得ようと奮闘してきた。たとえばカントは、われわれが完全に理性的なものと自分自身をみなすことができると考えた。われわれ自身を一つの民族的文化とみなすことができると、ドイツ観念論者は考えた。今日のテクノクラートは、『ビルとテッドのエクセレントな冒険』から引用すれば、われわれが「たいへんエクセレントだ」と自分自身をみなすことができると考える——この映画は、いったん知識が情報として商品化されるや、歴史的思考が不可能になることを理解しようとする興味深い企てである。

大学が主体と国家の間の関係を導き出す責任を負った時に、つまり、この関係を理論化し教え込むための理念を具体化しようとした時に、大学は近代的になった。これが研究と教育という、大学の二つの使命であるが、国家のために行われる現実の奉仕という観点からすると、教育がつねに研究に遅れをとっているとしても、決して驚くにはあたらない。第5章で論じるように、教育と研究の一体化は、ドイツ観念論者（非常に顕著なのはフンボルト）によって成し遂げられた。しかし、もしエクセレンスの大学の意義をわれわれが理解する必要があるなら、つまり、国民国家の衰退によってもたらされた、文化を超えるポスト歴史的動向の問題を把握する必要があるなら、近代の大学の誕生と国民国家の誕生がどのように絡み合っているのかを、まずわれわれは調べなければならない。現代の学生たちが国民主体であるよりは消費者であるということが何を意味しているかを理解するためには、われわれは、近代の大学観の出現の跡をまず辿らなければならない。

第4章　理性の範囲内の大学

近代の大学の特徴は、大学という言葉の指示対象として、つまり、その活動の目的や意味として機能する理念を持つことである。前に述べたように、一般的に近代の大学は三つの理念を持っていた。大学のストーリーは、近代性についての多くのストーリーがそうであるように、カントをもって始まる。カントは、大学を理性という概念に導かれるものとしてヴィジョン化した。カントのヴィジョンに続いたのは、フンボルトの文化の理念であり、より最近では、エクセレンスという専門技術官僚的概念が強調されるようになった。このリストの最後の著しい特徴は、それが現実には指示対象を欠いているということである。すなわち、大学の指示概念として機能を果たす理念――エクセレンス――は、それ自身指示対象を持たない。エクセレンスの大学は、大学という理念の幻影〔simulacrum〕なのである。

もし実例が欲しければ、学長というものが何をするように要求されているかを考えて頂きたい。カント的大学では、学長の機能は、理性だけを基盤として、学部間の対立に決定的判断を下すという純粋に学問的な機能である。文化を基盤として設立された大学では、学長は、全般的な文化志向をもった全学問的理想を体現し、大学自身の象徴となる（チャールズ・エリオットあるいはベンジャミン・ジャウエットのような十九世紀の大学の学長が、ここで頭にうかぶ）[1]。シュライエルマッハーが述べているように、学長についての真の「理念」とは、世間の目からは隠喩的に大学を象徴し、一方、他の教員と換喩的に結びついている一人の個人というものである。「同輩中の首位」、このような学長は、大学に活気を与える原理としての文化がもつ二重の機能を象徴している。つまり、漸進的陶冶〔Bildung〕と社会的意味の啓示的統一、換喩と隠喩の両方である[2]。しかしエクセレンスの大学では、学長は官僚的管理者であり、講義室から競技場、重役のラウンジへと身軽に移動する。判事から、総合する人、重役、基金募集人へと変身し、公に何らかの意見を発表することもなければ、いかなる判断を下すわけでもない[3]。

しかし、エクセレンスの大学に向かう今日の動向は、ドイツの大学のモデルの影響が、大学の分析に関して妥当性を持たなくなってしまったということを意味するわけではない。もし、カントに従って、思考が具体化される三つのレベルをわれわれが詳しく調べるなら、ドイツの大学の持つ決定的な特性に対する手がかりを見つけられるであろう。その三つとは、個人の研究者、大学、そして一般学会である。ある意味では、カント的理性の大学は、おそらくカントの願いに反して、個人の研究者をモデルとしている。学部の対立は、伝統と理性、迷信と啓蒙の間の対立によく似ていて、その対立は、おそらくすべての真に熱心な知識探究者の胸の中で続くであろう。対照的に、今日のエクセレンスの大学では、周知の「専門化」過程を伴って学会のモデルが支配し、ますます機能の統合をもたらし、その結果、研究は指示対象を持たなくなっている。すなわち、研究が、システムのたんなる再生産と区別することができなくなるにつれて、研究の内容はますます問題ではなくなるのである。結果としては、大学という制度のなかで研究、教育、専門的訓練がますます一つに収斂することになる。

　これはもちろん一般論であるが、アラン・ブルームの『アメリカン・マインドの終焉』のような配慮に欠けた本が人を広く引きつけるわけを説明している。ブルームが理解していると思われることは、たとえ彼がそれについてほとんど見解を持っていないとしても、もはや文化は大学の合言葉ではない、ということである。別の表現をすれば、大学はもはやフンボルト的大学ではなく、そのことが意味するのは、大学がもはや典型的な大学ではないということである。ドイツ人は大学を設立し、それに使命を与えたばかりでなく、大学を知的活動の決定的な審級とした。こうしたことすべてが変動の途上にあるのだ。大学が活気を与えた知的活動と文化は、現在エクセレンスの追求と業績指数に取って代わられつつある。

　フンボルトの大学が持つ使命としての文化がどのように現われ、エクセレンスの大学がその使命を持たずしてどのように機能することができるかを理解するためには、まず、カントがスケッチした枠組みをもっと注意深く調べる必要がある。重要なのは、カントが理性を基盤として近代の大学を設立したことと、その理性が、近代的意味において大学に普遍性を与えたことである[4]。中世の大学では、学問分野の秩序（それは学部の秩序とは違う）は自由学芸七科《リベラル・アーツ》における知識の秩序を反映し、三学科（文法、修辞、論理）と四学科（算術、幾何、天文、音楽）に分かれていた。この区分はアリストテレス学派のもので、研究される事柄の本質に従っていて、内在的な統合原理は要求しない区分原理である。実際、中世の大学を統合する原理は、弁神論〔悪の存在が神の属性と矛盾しないとする説〕であり、したがって外在的なものであり、超俗的なものによる世俗的なものに対する外的検閲として介在するだけである。近代の大学を特徴づけるものは、大学に内在する普遍的統合原理である。カントは、この原理を理性と名づけることによって、大学の近代性の到来を告げた。すなわちそれは、理性が学問分野の間の比率《ラチオ》を提供するということである。そして、理性は自身の学問分野、哲学という分野を持ち、それは下級の学部であった。

『学部の対立』によれば、三つの上級学部は内容をもつ学部で、神学、法学と医学である。下級学部である哲学（人文科学も含む）の学部は、理性の自由な行使はさておき、これといった内容を持たない。哲学は内容を持たないということで、私が言いたいのは、法律、医学、宗教における歴史的研究と、哲学の学部における歴史的研究とを区分するものは、哲学が、とりもなおさず自由で理性的な探究によって導かれたということである。

三つの上級学部は、かくして他律的に認定されている。それらは、疑いのない権威を保持する審級から、それぞれ権威を得ているのである。神学は聖書に依拠し、法学は市民の慣例に依拠し、医学は医者の診断に依拠する。しかし、下級学部の権威は、哲学がそれ自身の外部のものには依拠しないという点で、自律的である。哲学は、理性によってのみ、つまり、それ自身の実践によって自らを正当化する。万一哲学が、たとえば国家のような外的権威を認める場合には、理性に基づいたそれ自身の自由な判断によってのみそうするという点で、哲学は自律を保持しているのである。

他律的権威に依拠している神学、法学、医学の三つの確立した学部は、伝統を盲目的に受け入れることを広めたという点で、迷信の側に立つ。伝統は、人々に理性を使わせることによってではなく、確立した権威を受け入れさせることによって、人々を支配しようとするからである。三つの学部は、理性において人々を教育するのではなく、人々に魔術的な解決策を提供する。たとえば、神学は、高潔ではなくとも救われる方法を人々に教える（これはテレビ宣教師が免罪符売りと共有する点である）。法学は、誠実でなくとも訴訟に勝つ方法を教える（物事は決して変わらない）。医学は、健康に生きる方法よりは、病気を治す方法を人々に教える（喫煙反対運動の時代にあって、われわれはこの区分をもはや認識してはいない）。一方、哲学は、これらの魔法使いが持つ実践的な臨機応変の才を理性と取り替えるのだが、理性はすべてのてっとり早い方法を拒絶する。したがって、哲学は立法府の権力が行う指示に疑問を持ち、理性のみを基盤として根本的な質問をし、上級学部の基盤を批判することから上級学部と衝突する。

カント的大学の生命は、したがって確立した伝統と合理的探究との間の絶えざる対立である。この対立は、一つの歴史的な力を与えられ、弁証法的であるという事実のおかげで、進歩のためのプロジェクトとなる。三つの上級学部（神学、医学、法学）において確立した伝統と、下級学部（哲学）の自由な探究との間の対立は、普遍的な基盤を持った合理性へと通じる。それぞれの特定の探究、それぞれの学問分野は、哲学部の力を借りて、自らの基盤を問い直すことで自らを発展させる。このように探究は、自己批判という手段によって、単なる経験的実践から理論的な自己認識へと移行する。それぞれの学問分野はそれ自身の純粋さ——それ自身に本質的なもの——を求める。そして哲学にとって重要なのは、本質的なものそのものに対するこの探究にほかならない。つまり、批判の学部であることである。この意味において、下級学部は、上級学部、科学の女王に変貌する。大学に活力を与え、技術訓練学校（ギルド）あるいは専門的学会（王立学士院）から大学を区別する純粋な原理を体現する学問に変貌するのである。

大学の自律性は、自己批判によって得られた自律性に基づいているので、どのような直接的な社会的効果も、大学と国家のどのようなつながりも禁じるように思われる。カント的大学が持つ社会的使命のパラドックスは、デリダによって「モクロス――あるいは、学部の対立(5)」のなかで言及されている。カントのテクストは、大学と国家の間の結びつきの問題を明快に扱っており、大学の機能の一つは国家のために技術者を生み出すこと、すなわち、事務の専門家を生み出すことであると論じている。同様に、大学に対する国家の役目は、国家の任務における知識の使用を学部の支配に服従させ、最終的には、哲学の学部に服従させなければならないということをこれらの事務家に思い出させるためにつねに介入することである。したがって、一方では、公共の生活における理性の支配を確実にするために、国家は大学を保護しなければならない。その一方で、哲学は、上級の学部において確立した権益の支配を制限するときに、国家による権力の乱用から大学を守らなければならない。理性が無条件に持つこの介入の権利は、正当な対立、不一致の一致を、不当な対立（それは上級の学部や国家の確立した権力によってなされる、権威の恣意的な行使である）から区別するものである。

したがって、近代の大学が考えられ始めた時に、問題はすでに引き起こされていた。理性と国家、知識と権力をどのように統合するか、この対立のアポリアをどのように解くか。自律的理性は、他律的迷信の持つ確立した権威を失墜させる。しかし、自律性はどのように制度化されるべきか。すなわち、大学における理性の自律性の制度化は、理性を必然的に他律的なものにしてしまうのではないか。大学のなかで体現化された理性が、合理的な尊敬の対象ではなく、迷信的な尊敬の対象にならないようにするにはどうしたらよいか。まず、自己批判を実践し、次にその批判を通して人間性の本質を実現することで、哲学はそうすると約束している。と同時に、運命論の他律性に対して思考が保護されるために、この本質の実現は、経験的歴史的過程の産物ではなく、合理的内省の産物でなければならない。

この問題が生み出すパラドックスの一例が、『学部の対立』の冒頭にすでに出ている。そこでカントは、知識の普及のためのさまざまな制度的形態のなかに大学を位置づけることを述べている。大学内部での学部の区分は、純粋に合理的な基盤に基づいていることを説明した後で、まったく偶然にプロシア人民の経験的歴史が、彼らにこれらの組織形態も同様に採用させるようになったとカントは述べている。ヘーゲルとは違い、カントは、歴史が合理的過程であると論じるために、この事実から歴史の合理性を引き出そうとはしない。むしろ、紛れもない一致をわれわれに気づかせるのである。たとえ彼が、経験的歴史と批判の区別を保持したいと思っているにせよ、カントは、理性が歴史のなかにそれ自身の場所を見つける可能性を保持したかったからである。したがって、カントが必要としたのは、理性が制度＝機関と自律性を結びつけ、一方、純粋な理性と経験的歴史を分離しておく、第三の観点であった。

この対立を体現する共和制的主体という形姿を生み出すことによって、カントはそうしようとした。もし、カント的大学の統制的原理が、理性を大胆に味わうことであるならば、制度化の問題は、主体という形姿のなかに抜け道を見つけることになる。その主体は知識の点では合理的で、権力の点では共和制支持者である。したがって、君主に譲歩するように企図されたテクストのなかで、カントがフランス革命によってもたらされた「熱狂」について熱烈に語るのは奇妙に思われるかもしれない。しかし、彼は明らかに経験上の人々に興味を持っているのではなく、普遍的な人間という主体が歴史を通して実現される可能性を「一つの歴史的徴候」としてフランス革命が示す仕方に興味を持っているのである。「〔たとえ〕君主が専制君主として統治したとしても、共和制的方法で（民主的方法ではなく）統治することが、すなわち、（成熟した知力を持つ国民が法律を自ら定めるように）自由意思論的法律の精神と等しい原理に従って人々を扱うことが、一時的には君主の義務である。君主は国民の同意を文字通り求めないにしても」[6]。

したがって、大学は、その原理としての理性を持ち、まるで人々が成熟しているかのように彼らを治める啓蒙された専制君主との類比によって、理性を虚構として制度化するだけである。たとえ、専制君主が独裁的に（すなわち、恣意的な権力でもって他律的に）法律を課すとしても、このような法律の押しつけは、理性の統制的原理によって管理されなければならない。他律的な権力は、それが自律的であるならば自らに与えるような法律を国民に与えるために行使される。大学は理性を制度化する。しかし、理性を課するための大学の権威は（理性の機関として大学に与えられた迷信的尊敬によって）他律的に機能するかもしれないが、合理的主体が持つ自律性の原理を肯定するためにのみその権威は機能しなければならない。したがって、まさに文字どおりの意味で、カント的大学は虚構的な制度＝機関である。この制度＝機関が一つの虚構にとどまり、「あたかも」一つの機関ではないように機能するときにだけ、理性は制度化されうる。もしこの制度が現実のものとなるならば、そのとき理性は死んでしまう。国家内部で大学の自律を保護する、国家の似たような活動にかかわる無邪気で楽天的な問題よりも、これはもっと根本的なアポリアである。これは、ある意味では、国家と大学の間の境界画定の困難さ、デリダがカントについて言及している上級学部と下級学部の間の境界画定の困難さよりも重要である[7]。

理性と制度の間のアポリアを解くかもしれない形態を大学が身につけるのを可能にするのに必要なことは、この虚構を具体化するための方法であった。歴史的には、グンブレヒトが指摘しているように、国家がその正当性を引き出すと理解されている方法を実践する時点で、一つの分裂が起こる。[8] 文学の研究に焦点を合わせながら、グンブレヒトは、リオタールの『ポストモダンの条件』の後を継いで、フランス思想は人文科学の理念に関心を持ち、一方、ドイツ人は民族性《エスニシティ》の概念に焦点を合わせると特筆している。[9] なぜなら、革命後のフランスが、国民の理念に訴えることで国家を正当化するのに対し、ビスマルク以前とビスマルク以後のドイツにとっては、この問題は、民族的統一体としてのドイツ人国家を正当化することにあったからだと、私は付け加えよう。普遍的理性という概念が、大学に生命を与える原理として国民文化の理念にいったん取って代わられるやいなや、大学は国家へ奉仕するように強要される。したがって、文化に訴えることを通して、国家は事実上、大学の制度的構造の方向を定め、その社会的接合を導き、事実上、研究と教育の両方を支配するのである。

　このシフトは、フランスの場合は明瞭さに欠けている。なぜなら、彼らは普遍的理性という観点から国家を正当化しようと主張していたからである。そのために、彼らの大学制度は国民文化への奉仕へと向けられたといえるし、一方、迷信と啓蒙の間の闘いという観点から大学のアイデンティティを考え続けたのである。同じ時期に、イギリス国民は、国立大学制度を持っていなかった。やがて帝国の圧力が、国民、国家そして近代性の明確化を強いる時に、ニューマンやアーノルドにとって、このような制度を想像する必要が生じることになる。後に示すが、哲学よりはむしろ文学が、国民のアイデンティティをつくり上げることを委ねられた学問分野であるという点で、イギリス人の経験は無類である。このことが起こったのは、おそらく、教会と国家の姻戚関係（そして一八五四年の部分的改革までの、オックスフォードとケンブリッジという大学に対する英国国教会の独占的支配）が、迷信的な教会に対する合理的な国家の勝利として啓蒙的な解放のストーリーを導いてきた単純な対立を徐々に崩したからである。したがって、大学教育という合理的仲介によって国民国家が取り戻さねばならない、自然発生的、直接的有機的文化という人類の堕罪以前の時代を象徴するものとして、ギリシア人ではなくシェイクスピアをイギリス人は位置づけるのである。

まず、私はこう主張しよう。ドイツ人の経験は決定的であった。そして、シュライエルマッハーとフィヒテに対するフンボルトの応答は、ベルリン大学の制度のための雛型を提供した応答であったが、近代国立大学の一般的モデルとして存在する、と。合衆国は、少なくともジョンズ・ホプキンズ大学の設立以来、エクセレンスという理念を発展させるに至るまで、ドイツのモデルを革新してきたという怪しげな名誉を持っている。英語使用圏では文化に関する議論が、とりわけ科学技術によって文化に対して提起された問いに支配されているという事実から、この過程の持つ緊張関係が明らかになってくる。C・P・スノーの「二つの文化」論は、魅力的なレトリック上の策略であり、そのことを脱指示化、つまり文化が特定の指示対象を失う一歩として、リーヴィスはいみじくも同定した。このことについては後に論じよう。

文芸文化が（テクノロジーに対抗して）大学教育を導く灯となったことを調べる前に、私は、ドイツ観念論者の著作における、文化についての哲学的概念の出現を簡潔に辿ってみたいと思う。これは、近代の大学が設立されるさいに基礎となった文化の理念であり、この理念はまず断片化《フラグメンテーション》に対抗して決定された。大学は、出現しようとするドイツ国民国家の接着剤として機能したのだ。大学は、近代を通して、進歩と統一を統合し、より高い社会的統一、すなわち全体的国民国家に向けての近代的改革の破滅的側面を導くことを可能にしたのである。

第5章　大学と、文化の理念

二十一世紀の大学のプロジェクトのほとんどは、十九世紀のそれに驚くほどよく似ている。フンボルト、シラー、シュライエルマッハー、フィヒテそしてカントを読み直すことが必要な理由は、大学の危機に対する今日的「解決策」の圧倒的多数が、事実、フンボルトやニューマンの言い直しに過ぎないからであり、このような傾向は、大学という制度＝機関の歴史についてのこれらの基礎的なテクストを知らないことからきているのは明らかである。だから、教育と研究の両方を評価する必要性や純粋な研究の間接的効用をまるで新しい理念であるかのごとく語るのを非常に多く耳にするのである。これらの理念はかつては新しかったし、それらが再び現われたことは、おそらく読み直しをさせるだけの十分な敬意を払うに値するということだ。私は、その読み直しを前章で始めたのであり、ここでは続いてカントの後継者を調べてみたい。

ドイツ観念論者たちが成し遂げたことは、真に注目に値するものである。つまり、彼らは、知識の分析とその社会的機能を明確化し組織化した。彼らは、カント哲学における一つのアポリアを基にして、近代の大学を導き出したばかりでなく、ドイツ人の国家をも導き出した。普遍的知識と歴史的伝統の弁証法は、シェリングによって同定され、審美的イデオロギーの仲介を通してシラーによって解明されて、民族国家と理性的国家、それに哲学的文化の一体化をもたらした。その結果、（帝国の拡張が行われたほぼ二世紀にわたって）思弁哲学は歴史的理性そのものと結びつけられたのである。

シラーの有名なカント批判は、普遍的なレベルにまで人間を高める理性の可能性を認めている。シラーによれば、理性は、諸々の決定から成る世界を省察することができるものとして自律的主体の中心に位置し、主体は、その世界から意識の純粋な点として解放される。シラーにとって、人間は理性によって解放される。しかし、シラーの主張によれば、理性を純粋なシステムとして非経験的に説明するカントに特徴的なのは、演繹法の恣意的技法にある。そのことをシェリングは、論理にありがちな単なる条件付きの理解であると、別の所で言及している。(1) シラーが指摘するように、純粋理性による道徳的国家の押しつけは、「自然な感情(2)」の内面性を特徴とする、以前から存在していた解放されていない人間的状況を破壊するという犠牲を払うことによってのみ進められる。カントにおける「自然」と理性の二律背反は、主体に選択の余地を残さない。理性に到達することは「自然」を破壊することであり、成熟することは完全に子供時代を忘れることである。これがあの有名な解釈学的循環論を生み出した。そこでは理性的国家が人間を教育すると思われている。しかし、教育を受けた人間のみが、その国家をつくることができるのである。

カントの仕事における制度化で問題となるのは、シラーによれば、自然を破壊せずに「自然状態」から「理性状態」に人が移行する際の困難さである。その解答は、簡潔に言えば、審美的教育のプロセスとして文化を用いることである。文化は、すなわち、「自然」を破壊しないで「自然」から理性へとわれわれを移行させる。こうして、芸術は（道徳性を認めるために）「自然」から偶然性を取り除き、同時に、芸術は自然から理性を完全に解放することはない。この陶冶は、道徳的人格を発展させるプロセスであり、それが、「自然」の無秩序と、純粋理性のもつ厳密で恣意的な構造との間に介在する一歩として美を位置づける。したがって、芸術は、「自然」による純粋に受動的な理性の限定（獣としての人間）と、理性による完全に能動的な「自然」の限定（機械としての人間）との間に立つ。しかし、シラーが、審美的教育の過程を、単に絵画を鑑賞する問題とみなしていたのではないということを理解することは重要である。その過程は、根本的に歴史的プロセスである。つまり、理性は、歴史的研究を通して有機的生命を与えられる。人間は、「自然」を拒絶するのではなく、歴史的プロセスとして「自然」を再解釈することによって、道徳的国家を完成するのである。

　したがって、理性は信仰に取って代わらなければならない。国家は教会に取って代わらなければならない。しかし、介在的制度＝機関もまた必要である。この介在的機関は、文化の進展を体現することができなければならないし、その文化の進展によって人間の本質的性質が「理性による国家」のために準備されなければならない。シュライエルマッハーは、理性のレベルまで「自然」の仕事を引き上げるために、伝統を改訂する方法として解釈学を発展させ、この介在的機関を大学として認定する。(3) シュライエルマッハーが主張するには、制度＝機関が改造されても簡単に伝統は廃止されないし、中世の大学のような自然な形態の代わりに理性の恣意的な適用へと向かうこともない。伝統を廃止することはできないが、伝統の真の意味が理解されるためには、伝統を通りぬけて行かなければならない。したがって、伝統において合理的なものは、分離され肯定されるばかりでなく、有機的生命を付与される。合理的なものは、何もないところに単におしつけられるというより、保持されるからである。したがって、たとえば、解釈学のプロセスを通して、国民は合理的な自意識にまで高められた民族性を体現するようになる。このことは、以前に存在していた社会的形態が、人間性という抽象的な観念を基にして演繹された社会形態に取って代わられるであろうという信念とは異なっている点で意義深い。より現実的観点でこのことが意味するのは、フランス革命の破壊（「すべてを再建するには、すべてを破壊しなければならない」というミラボーの言明を思い出されたい）は、国民が自己認識に到達して自立するために必須なものではないということだ[4]。したがって、ドイツのモデルは、国家権力にかなりの保証を与える。つまり、大学は、革命や破壊などを伴わずに、理性を生み出すために存在するのである。

解釈学的改訂のプロセスは文化と呼ばれ、文化は二つに分節される。一方で、文化はアイデンティティに名前を与える。文化は、研究の対象であるすべての知識の統一体である。文化は、「学問〔Wissenschaft〕」（科学的哲学的研究）の対象となる[5]。一方、文化は発達のプロセス、人格の形成——陶冶——のプロセスに名前をつける。近代の大学では、このプロセスの二本の枝が研究と教育であり、大学の特殊性とは、大学がその二つのものの不可分な場であるという事実からくると主張したことが、観念論者の特徴である。高校は、研究なしに教育を実践し、学会は教育なしに研究を実践する。大学は、教育制度の中心である。なぜなら、大学は教育と研究が結び合わされている場だからである。その結果、シェリングの言葉を借りれば、「科学の養成所」は「全般的文化の機関」でもあらねばならない[6]。文化の大学は、フンボルトによって設けられ、文化からその正当性を引き出し、文化は教育と研究、プロセスと所産、歴史と理性、文献学と批評、歴史的学識と審美的体験、制度＝機関と個人、それらの統合に名前を与える。したがって、文化の理念の明確化と個人の発達とは一つのものである。目的とプロセスは有機的に結合し、それらの統合する場が大学であり、大学はしたがって、国民に、それに従って生きるための国民国家という理念を与え、国民国家に、その理念に従って生きることができる国民を供給するのである。

　シュライエルマッハーにとって、「学問」は、あらゆる特定の知識の追求の基盤をなす統一体である思弁科学に名前を与える。「学問」は、教化された国民を特徴づける、知識の統一体を求める思弁的探究である。統合された知識という統一体は、もちろん、ギリシア人の所有物であったが、いまは失われている。失われた文化の純粋な源泉としてギリシア人をこのように位置づけることは、ドイツ思弁哲学に共通の物語《ナラティヴ》である。おそらく、その最も明確な姿は、シラーの『人間の審美的教育について』のなかで表わされている。シラーによれば、近代は、統一された文化を、断片化した文明と置き換えてしまった。そして、その断片化した文明は、特定の知識においてはより多様性を持つ（そしてある意味ではより進んでいる）が、より多くの意味を失っているのである。ベルリン大学の構想でフィヒテが述べているように、（その構想はフンボルトの代案に負けてしまったが）、近代における実証主義的知識の領域の広さのために、拡大された知識全体が個人の理解力と合致しなくなってしまった[7]。それでも、仮に拡大した知識の全体が個人によって把握されないとしても、観念論者の主張によれば、個人はそれにもかかわらず、知識の本質的な統一体を理解しようと努める。そして、たとえ死んだ物質的事実の単なる集まりによって圧倒されようとも、個人は生きた知識の有機的全体に参加するのである。

ドイツ観念論者は、多様な既知の事実を一つの文化的科学に再統合する方法は、陶冶、すなわち、人格を高めることを通してであると提案する。陶冶を通して、国民国家は、ギリシア人がかつて自然に持っていた文化的な統一を科学的に達成することができる。国民国家は、知識の増大と学問分野による知識の分離とが知的領域に対して課した統一を、また、労働の区分が社会的領域に課した統一を、再び具現化するようになるであろう。これはどのように起こるのであろうか。「審美的教育」というシラーの概念に制度的形態を与えようとする観念論者のなかにも、わずかな相違点があることにここで注目するのは、おそらく価値のあることであろう。その具現化のために、後の観念論者たちは、超越（思弁的思考や研究の対象であり基盤である純粋科学の指標的統一）と発達のプロセス（教育的陶冶）としての文化に対する訴えとして、シラーの美に対する訴えを発展させた。フンボルトが言うように、大学のなかに具現化された文化の原理は、主体の精神的道徳的訓練（教化）と、客体的科学（文化的知識）の前進を融合させるのである。(8)

この目的のために、大学は、思弁哲学の原則に従ってフンボルトにより組織される。そして、その思弁哲学は、実証的知識の起源と究極の目的《テロス》を見つけるために実証的知識を省察するとともに、すべての知識を正当化し組織化するメタ言説を提供しようとする。したがって、シュライエルマッハーは、哲学の学部は大学の内的必然性がとる外的形態であると強く主張する。カントにとってと同様に、知識が自らを省察するとき、哲学は純粋に自律的な契機となる。相違点は、シュライエルマッハーの見解では、哲学的省察のプロセスは抽象的体系の単なる自己一貫性としてよりも、知識を一つの有機的原理に基づかせるところにある。事実は、矛盾のない論理的原理に従った哲学的省察によって単に配列されるのではない。事実は命を与えられるのだ。言語の歴史的研究である文献学《フィロロジー》は、この有機的基盤がとる形態である。文献学的研究の解釈学的プロセスにおいては、統一を示すために合理的原理に従って、歴史は改訂される。シェリングは、『学術的研究の方法に関する講義』のなかで、文献学は生きた全体性のなかに置かれた歴史、つまり言語が生命を与えられるプロセスであると評している(9)。同様に、シュライエルマッハーは、国語を科学の単位として再確認している。科学は、国語の枠組みのなかで統一をもち、そのことが、絶対的知識という、より広い全体のなかにおける一つの閉じた全体を形成する。したがって、科学は、純粋意志としての国民という純粋に合理的抽象的観念よりも、むしろ歴史的民族性に基づく。

　大学と国家の間の関係は完全に間接的でなければならないと主張する点で、シュライエルマッハーはフィヒテと意見を異にしている。国家は、大学の自由を守るためにのみ介入すべきである。このような自由が、哲学的省察の自律的作用、つまり、外的な構造を必要としない、あるいは科目や学問分野の固定した秩序を必要としない、知識それ自身の内的必然性からの作用を可能にするのである。シュライエルマッハーにとっては、国家にとっての利益は、有用性という直接的な利益ではない。大学は、国家のよりよい使用人を生産するのではない。そのかわり、利益は間接的なものである。つまり、大学は、使用人ではなく主体を生産するのである。それが、陶冶という教育の要点である。陶冶は、結果としての知識獲得よりは、むしろプロセスとしての知識獲得を教える。今日でもこの問題は、大講義科目とセミナーとを比較してその利点について論じる場合に決まって繰り返される(10)。

　適切な教育を受けることによって、主体は思考のルールを学ぶのであって、実証的知識の内容を学ぶのではない。その結果、思考と知識獲得は自由な自律的活動となり、主体の一部となる。科学にふさわしい陶冶という省察的プロセスと実証的知識の単なる機械的獲得との間の区別について、観念論者は一致している。したがって、フィヒテにとって、教育は純粋なプロセスである。教師は事実を伝えるのではなく（事実を学ぶのは書物のほうがいいし、読書は自律的内省に多くの場を提供する）、むしろ、二つのことをする。第一に、教師は知識の探究を物語《ナラティヴ》化する。つまり、知識獲得のプロセスのストーリーを語る。[11] 第二に、教師は、そのプロセスを演じ、知識を機能させるのである。したがって、教えられたことは、事実ではなくて批評——精神的力を使う上での形式上の技術、判断のプロセス——である。

陶冶の時間は、絶対科学の理念を効果的に表現している。なぜなら、その時間は瞬間でありかつ永遠だからである。この点で、陶冶の哲学は、カント的合理主義に負っていることをたえず表明し、発達あるいは成熟といった単なる経験的概念とは異なるのである。[12] シュライエルマッハーが指摘するように、大学の時間は事実ほんの瞬間にすぎない。つまり、知識という観念が目覚める瞬間であり、そのとき主体は理性を意識し、自身を合理的なものとして意識する。[13] この瞬間はまた永遠でもある。なぜなら、フィヒテが主張するように、知識を合理的に整理することは、時間に無限の多様性を許すことだからである。「整理する技術は、無駄に歩を進めないかぎりは、時間を無限にまで拡大し、一人の人間存在の短い期間を永遠という大きさに広げる」[14]。もちろんこのような永遠性は、バーザンにはもはや役に立たない一時性である。一九六〇年代の彼の大学は、時間と作業能率コンサルタントの餌食となっている。フィヒテが輪郭を描いた思弁的哲学の省察は、事実の果てしなき海のなかで自らを見失いはしない。むしろ、省察は事実の意味をつかみ、単なる集合体としてではなく、根本的原理に則って体系的に記憶を働かせるのである。

知識の伝達に関するこの理論は、まず第一に、教育の時間に関する理論である。つまり、時間界である。そこでは、知識の秩序が空間的体系として確立する。知識が系統的に考えられる自律的対象となるためには、教えることが同時に生産のプロセスと再生産のプロセスであることが可能でなければならない。とりわけ、教育実践の時間は、ドイツ観念論者に一つの制度＝機関的モデルとして大学を提案させる。その機関のなかでは、現在が、過去の伝統と未来の希望を文化という統一された領域に融合できるのである。しかし、このモデルにはいくつかのヴァリエーションがある。最も重要なことは、大学のプロジェクトに関するフンボルトの立場は、この融合を達成する手段に対する国家の支配のレベルをずっと緩く定めているという点で、フィヒテの立場とは異なっている。フンボルトの構想は、「共通の目的を奨励するために有機的統一と全体に結合された、異なった力の法則的網の目」[15]として、国家の形態を間接的モデルにした形態を定めている。フィヒテの大学が、その構造において国家の状態を（詳しく定めた資金提供の計画を伴って）切望した一方で、フンボルトの大学は、国家的制度＝機関に対する生産的な補助として現われ、国家と対話する機関として、寛容さというリベラルな余裕を与えられている。したがって、フンボルトは、国家が大学に対して持つ権力の条項に対して、厳格な制限を加える。「国家と「大学の」外的な関係に関する限り、さらに、この領域における国家の活動に関して、国家は、（その力と多様性における）大学の精神的源と活動の自由を、国家が大学に任命する個々人によって守らなければならない」[16]。

ベルリン大学のためにフンボルトが描いた構想は、知識に関する言説の根本的な再組織化を統合する。そして、その言説によって、大学は、国家のために間接的あるいは文化的機能を引き受けたのである。

つまりそれは、歴史的存在としての国家の客観的な文化的意味と、国家のアイデンティティを潜在的に担う者としての主体の主体的道徳的修練とを同時に探求する機能である。哲学的省察という自律的作業が、単なる余暇というスキュラ（監督の完全な欠如）と実際的有用性というカリブディス[*1]（国家の監督への完全な追従）から守られなければならないというフンボルトの発言を思い出すならば、われわれは、この再構成の範囲を把握することができる。[(17)] 知識を応用する場合には、知識は、完全に決定し得ないものであってはならないし、その適用を経験的に限定すべきでもない。むしろ、知識は、絶対的知識という不確定な理想との関係で限定されなければならない。この理想は、したがって、活動的生活と瞑想的生活の間の中世的な対立を完全に再構成するのであり、それらの生活は、ここではそれぞれ単なる有益性と単なる余暇になる。大学の社会的使命は、思考あるいは行動という観点で理解されるべきではない。大学は、後で行動に変わるべき思索のための単なる場所ではない。大学は、すなわち、国家政策の単なる道具ではない。むしろ、大学は、思考を行動として、つまり、理想に向けての努力として、具現化しなければならない。これが国家とのつながりである。というのも、国家と大学は、一つのコインの表と裏だからである。大学は、思考を行動として、つまり、理想に向かう行動として具現化することを模索する。国家は、行動を思想、つまり、国民の理念として実現することを模索すべきである。国家は大学の行動を保護し、大学は国家の思想を守る。そして、各々が国民文化という理念を実現しようと努力するのである。

活動原理としての文化を持つ大学という理念は、近代の制度＝機関としての大学の姿と、国民国家に対する大学の関係の両方を規定した。[(18)] このことは、フィヒテのより保守的な展望に対する、フンボルトのよりリベラルな提案の勝利のように思われるかもしれない。そして事実、フンボルトは、フィヒテがしたようには、理性と「秩序」を決して同一視はしていない。しかし、理性についてのフンボルトの見解はより思弁的で普遍的であり、国家についての彼の展望は、フィヒテより民族に根差したものではなかったにもかかわらず、大学の発達は、実際にはフィヒテの道筋を辿ったのであり、何よりも民族的な観点から文明化のプロセスを規定したのである。われわれの道筋を続けるなら、民族性を文化に結びつけることになったその道具は——特に英語圏では——国民文学という概念の発明である。したがって、次の章で述べるように、国民文学の学問分野が、人文科学の中心としての、そしてさらに、大学の精神的中心としての哲学の分野に取って代わるのである。

第6章　文芸文化

文化を理解するうえでさらに重要なシフトが、十九世紀と二十世紀を通して起こった。すなわち、国民国家によって文化的アイデンティティを省察する仕事を委ねられた主要な学問分野としての哲学から文学研究への移行である。文化は、哲学的なものから文学的なものになる。後で明確にするが、C・P・スノーが特筆したように、科学文化と文芸文化との間の亀裂を引き起こしたのは、文学というカテゴリーの発明である。というのも、文学的なものは、哲学とは異なった方法で科学的なものに対抗するからであり、このことはとりわけ英語圏の国々で顕著である。

もちろん、文学の役割は、シュレーゲルによって明確に認められている。彼は『文学史講義』で、国民を国家に団結させるのは哲学よりは文学である、なぜなら、哲学は国家に根差すことが少なく（というのも、言語の問題は提出されないから）、またよりエリート的だからであると述べている。

国民という知的存在全体にとって……これらの国民的記憶や思い出の豊富な蓄えを所有することほ

ど必要なものはない。それらは、社会の幼年期の暗黒時代に非常に多くが失われてしまった。しかし、それらは、その記憶と思い出を不朽なものにし装飾するための韻文芸術の偉大な対象を形成する……過ぎ去った時代には自分たちが輝かしかったという意識によって、つまり、彼らが自分たちの国民的詩を持っているという意識によって、国民感情を高揚させ、自らを尊敬することで高貴になるとき、彼らの自尊心は理にかなっており、彼ら自身を高めた状況によって彼らはわれわれが見ても高められているということを、われわれは喜んで認めるのだ。[1]

ドイツにおける国民文学の興隆を調べることは可能であるし、他の研究者たちは確かにそうしているが、[2]私が主張したいのは、国民文学の概念が英語圏の大学に特に著しい影響を与えてきたことである。この章では、詳しくこれらの影響をたどってみたい。

しかし、まず何よりも、文学というカテゴリーはやや歴史が浅いということを理解するのは難しい。それは、十七世紀から十八世紀にかけて出現した。「文学」は、英語圏の文化的プロジェクトにつけられた主要な（唯一ではないけれども）名前である。このことは、ゲーテがエッカーマンに繰り返し注意を促したことである。[3]たとえば、アリストテレスの『詩学』は、文学の理論を持ってはいない。事実、アリストテレスは、さまざまな著述の実践を結びつける、統一的概念としての文学という観念さえ持っていなかった。彼は、詩《ポイエーシス》を本質的に職人的な、言葉を使う一つのプロセスとみなしていた。つまり、ミメーシスの技術は、一般的な科学ではなく、個々の活動に特有のものなのである。したがって、劇作家と散文作家に共通点がないのは、職工と縫帆工に共通点がないのと同様である。双方とも布を扱う、しかし、彼らの技術は構造的に異なった要素から成っているのだ。この種の考え方は、中世のギルドの制度を通して受け継がれ、われわれが文化的所産として分類したくなるような、さまざまな分野を支配している。実際、ガラス吹き工と桶屋とを分け隔て、他方で、渡り石工の活動と、写字生の活動や聖母マリアのケープの青をつくるために正確な色の配合を学ぼうとしている画家の徒弟の活動とを結びつけるような、精神の本質的活動についてのある種のロマン主義的な概念を、芸術という言葉によって意味させようとするならば、中世の芸術を語ることは根本的に時代錯誤になってしまう。

このことは、古代と中世には一般科学という概念がなかったと主張することではない。プラトンは明らかにそれを持っていたし、その問題には『ゴルギアス』と『イオン』をささげている。これらの二つの対話は、哲学者ソクラテスと、修辞学者ゴルギアスや吟遊詩人イオンとを対比している。二人は、今日「文学的」とわれわれが呼びたいような言葉の芸術を実践する。イオンは、戯曲の朗読とテクストの解説（われわれが今日、純文学研究家の文学批評にみるような、いわば心情吐露的なパフォーマンス）を専門とし、他方、ゴルギアスは法廷やポリスで議論する職業的雄弁家である。

ソクラテスは、雄弁あるいは叙事詩という言語芸術ではなく、哲学が唯一の真の一般科学を構成することを証明しようとする。この根拠によって、彼は共和国から詩人を追放した。なぜなら、彼らがミメーシスに従事するからではなくて（結局、ソクラテスは世界が形相の単なるミメーシスであると考える）、彼らが、哲学の代わりに、言語的ミメーシスを潜在的な一般科学として広めるという冒瀆行為を行うからである。ソクラテス派の哲学者は、料理法から医術まで、すべてのことについて語るという自負を、雄弁家や叙事詩人と共有する。しかし、前者は哲学的な言葉で語り、後者は多かれ少なかれ「文学的」と呼びたくなるような言葉をもってする（こうした誘惑に負ければ、われわれは誤りを犯すであろう）。両者の間の相違は、吟遊詩人あるいは雄弁家が実践する――彼らは理解しないで従っているが――シニフィアンの換喩的鎖と関係がある。これとは対照的に、哲学者は、シニフィアンのレベルでは模倣しないで、シニフィエのレベルへ隠喩的に跳躍する。哲学者は、他の芸術の意味を理解するが、その芸術を実践することはしない。したがって、哲学は自律的一般芸術（言うなれば科学）であり、一方、言語芸術は芸術ではない。なぜなら、言語芸術は他律的あるいは従属的であり、他の芸術の単なる模倣であり、自己認識ができないからである。したがって、アリストテレスにとっては、いかなる一般芸術も存在せず、一方、プラトンにとっては、一般的文学芸術は存在しないのである。なぜなら、哲学が唯一の真の一般科学であり、言語芸術は、単に誤った一般性を提供するからである。

統一的用語としての文学が結果的に出現したことは、したがって他の多くのものと同様に、プラトンの過失である。なぜなら、プラトンの批評に対する明確な再評価として、このことが起こったからである。そして、文学という概念が出現するのは、著述が公衆の雄弁にまさる言葉で分析されたとき、つまり、ブルジョワ的公共圏の勃興と密接に結びついたテクスト生産の再記述となるときである。人々がどう言おうと、サー・フィリップ・シドニーは、『詩の弁護』のなかで「語る絵」を要求する時に、イミテーションという一般芸術の観点で文学について語っているのではない。ミメーシスの実践についてのシドニーの説明は、まだアリストテレス的で、幻想の規則よりは修辞の規則に従って作ること（ポイエイン）の問題である。ミメーシスは、模倣を実体とみなすように個人をだまそうとするのではなく、公衆を修辞によって説得しようとする。絵画と詩は対象を提供する仕事を共有し、その対象の周りに理解の共同体が形成され維持される。したがって、シドニーが、詩を「語る絵」と呼んだときには、絶対的法則の一つの実例としてよりも、修辞学的範例のような機能として詩を考えていたということを、覚えておくのは重要である(4)。

このことは、文学の実例が現代において機能している状態とは非常に異なっている。各々の例は普遍的法則を例示し、各々の語る絵は、合理的な歴史的理解のもつ拡張されて無矛盾的な、詩神的または規範的な空間のなかで、独自の場を保有する。この空間——『ノートン版アンソロジー』の空間でもある——を詩神的なものと呼ぶことは、近代の美術館の平面図がすでに、美術史をある特定の仕方で説明する直線的な地図となっており、直線的な発展の統合的説明と一般的分類体系とを提供している仕方に言及することである。文学は、この種の認識論的な空間の内部で書き記されたときにのみ、大学の学問分野になることができる。

大学の文化的な課題の担い手として文学が制度化されることを、ドイツの場合はピーター・ウーヴェ・ホッヘンダールが、イギリスではクリス・バルディックとフランクリン・コートが、合衆国ではジェラルド・グラフが、スペインではウラド・ゴジッチとニコラス・スパダシーニが述べている(5)。フィリップ・ラクー゠ラバルトは、『政治という虚構』のなかで、ドイツにおける国民社会主義運動の「国家唯美主義」を、国民的アイデンティティと有機的文化の間の結びつきを示す発作的な徴候と位置づけた(6)。これらの例が示すように、文学に社会的使命を負わせるという歴史は現存し、また、最良の英語で書かれている。英米の大学では、それは一般的に批評の機能と呼ばれ、まず初めにマシュー・アーノルドという名前が持ち出される。イギリス人の対応の特殊性は、教会と国家の融合に多くを負っていて、その融合が、客観的な文化的知識、つまり、国家的学問《ヴィッセンシャフト》の言説を、文化的統一を担う教会に対立させることを不可能にしたのである。その代わり、科学技術、イギリス人の感覚では「科学」に対立した形で、文化の理念が理解されている。十九世紀を通しての科学技術の発達は、社会的統一の問題を別の問題に変えてしまう。断片化は、もはやドイツ人の国民性に特有な問題の所産ではなく、産業化によってもたらされた普遍的な脅威として現われる。したがって文学は、民族的アイデンティティを保持する手段として、また、危険なほどに超国家的な様相を呈する歴史的進歩の理念と民族のアイデンティティを結びつける手段として、哲学に取って代わるのである。

英米の大学では、その設立基盤となったのは、科学文化と文芸文化の対立である。ドイツ観念論者は、経験的成熟のプロセスとして学生の陶冶に焦点を合わせることで、宗教と理性の対立というカント的問題を回避した。一方、ニューマンやジャウエットのような思想家は、その代わりリベラルな個人、すなわち、紳士《ジェントルマン》をわれわれに与えた。ニューマンが言うように、「「リベラルな知識」、「リベラルな芸術と研究」、「リベラルな教育」を、大学や紳士に特有な性格や属性として語るのは一般的なことである[7]」。イギリス人にとって、解釈学的文献学は、科学と文芸を統一できなかった。むしろ、文化と文芸を同一視することが、産業化の科学技術に対抗する対応となった。私は、ここで「イギリス人」と言っているが、より正確には、「オックスフォードとケンブリッジ」と言うべきなのである。なぜなら、ロンドンの大学とスコットランドの大学では、この問題はやや異なった形で扱われたからである。スコットランドの大学は、より中央集権的で財政的には寄付が少なく、既得権益が改定されやすかったという点で、イングランドの歴史のある大学とは異なる。これらの特徴は、より現実志向の強い非国教徒のアカデミーが担った広い役割と結合し、自然科学と医学を発達させるためのハックスリーの運動をより好意的に受け入れる道を準備した。ハックスリーが言うように、「本当の文化を達成するためには、科学のみを教育することが、文化のみを教育することと少なくとも同じくらい効果的である」[8]。それにもかかわらず、オックスフォードとケンブリッジでは、文化の理念は、とりわけ文芸の分野と結びついた。

オックスフォードがニューマンの『大学の理念』のモデルであることは、意味深い。英語を話す人々が大学という制度＝機関を考える時に、彼らが今なお最も共鳴するのは、おそらくニューマンのテクストである。ニューマンのテクストは、第5章で論じたドイツ観念論者の思想とかなりの類似を示している。ドイツ観念論者のように、ニューマンは、知識を明らかに一つの有機的な統一体として位置づけている。大学の研究対象は特定の知識ではなく、彼が「知的文化」と呼ぶものであり、それは、機械的に得られた断片的知識の合計を凌駕する。文化の一般的概念は、特定の知識の本質でもあり全体でもある有機的な統合体として現われるのであって、「その統合なしには、統一体も中心もない」（一三四ページ）。この基本的な枠組みのなかで、ニューマンは、実践的知識と有用性の原理に対置して高等普通教育を置く。講話の題名の一つが物語っているように、高等普通教育は、科学技術という機械の幽霊に対して、知識をそれ自身の目的として位置づける。「したがって、おわかりのように、ここに教育の二つの方法があります。一方の目的は哲学的であること、もう一方の目的は機械的であることであります」（一一二ページ）。高等普通教育あるいは哲学的教育が間接的に追求することは、特定の有用な知識よりも、一般的理解や知識の統一という感覚を求めることである。高等普通教育は、したがって、「指導の場というよりは［むしろ］教育の場としての」大学に固有のものである。知識の目的は大学の外にあるのではなく、「知的文化」という内在的原理となる。したがって、フィヒテやフンボルトにとってと同様、大学は、一つの共同体、すなわち、「学識ある人々の集合体」（一〇一ページ）であり、彼らのコミュニケーションは、知的文化の内的な追求に捧げられるのである。そして、知的文化は、知識の生産（諸々の学問分野の「共通の目的」である「真理の獲得」）と、個人の教育（「それら［学問分野］は人々に影響を及ぼし、人々の教育は学問の研究にある」）（九九―一〇〇ページ）の両方に適用される。

しかし、ニューマンがドイツ人と異なるところは、「真理」（それは科学の統一体である）を神学的なものとする彼の立場にある。ニューマンにとって、知識の統一体は、知識の一形態、つまり、哲学的科学の対象ではない。したがって、研究プロジェクトという形態をとらない。ニューマンの世界におけるイギリスとアイルランドの大学は、依然として教会と直接的に結びついており（プロテスタントであろうがカトリックであろうが）、この結びつきは、国家との結びつきに取って代わられなかった。したがって、研究プロジェクトについての言及はない。なぜなら、ドイツのモデルでは学問《ヴィッセンシャフト》が占める明らかになった知識の生産的統一体の場を、神の真理が占めているからである。こういうわけで、文化は、理念としてよりはむしろ紳士の生活のなかに形づくられる。カーノカンが明快に述べているように、マシュー・アーノルドにとって（彼はドイツ観念論者の影響を受けたのであるが）、世俗文化を教えまた研究することは社会的救済のための一つの道具であったのに対して、ニューマンにとって世俗の文化を教えることは、罪深い世界のための緩和剤である。そのような罪深い世界の救済は、科学的な知識よりは、むしろ宗教的信仰の問題なのである[10]。したがって、ニューマンにとっては、哲学は一般科学ではなくて主観的態度であり、「一つの習慣、個人的感情、精神的資質」（一一三ページ）であるということになる。だからニューマンは、「この世のすべての科学に通暁するようにそのメンバーに要求する」(一四五ページ)大学よりも、知識という理念を持たない、単なる共同体としての大学、すなわち「何もしない大学」のほうがましであるという驚くべき提案をする。[11]

たとえニューマンが、「知的文化」を哲学的であるとみなすにしても、そのような文化の学問分野が哲学であるということではない。哲学は、一つの研究科目であるよりは「知性の完全性あるいは知性の徳」(一二五ページ)の本質である。「知識に対して思考あるいは理性」(一三九ページ)を哲学的に実践する訓練は、文学という学問分野の研究で実際に起こる。ニューマンは、生活におけるさまざまな局面と知識の間の「共通の絆」を作り上げる手段として、つまり、高等普通教育を特徴づける包括的理解のまさにモデルとしての「文学の修養」(一六七ページ)に関して賛成する立場から、コプルストンを引用している。プラトンの『イオン』はくつがえされた。そして、他のすべての科学や職業を理解するのに必要な精神を訓練することができるのは、文学なのである。したがって、科学とともに文学が、「高等普通教育の主題のもう一つの中心的構成要素」(二二七ページ)なのである。自然科学は、それがわれわれに与える生命世界についての知識のために研究されるであろう。しかし、知識の生きた統一体、世界のなかにおける知識の場の理解は、文学のなかにその系統的な表現を見出すのである。

「大学の理念についての九つの講話」では、この主題に数ページが割かれているが、ニューマンが一八五八年に行った「文学——哲学と文芸の教場での講義」というもう一つの論文のなかで、このことは最も明確に述べられている。この講義でニューマンは、一八五四年から一八五八年までに彼が行った英国カトリック文学についての講義のなかでと同様に、国民の理念と、国民主体を訓練する手段としての文学研究の両方を発達させる場として、明確に文学を位置づけている。文学は、国民文化の有機的統一体、つまり、実際に作用している文化の統合的力の動因であり表現である。ニューマンが言うように、「偉大な作家たちによって、民衆は整列し統一され、国民の性格は固定され、一つの国民は話し、過去と未来、東洋と西洋はお互いにコミュニケーションをするようになる」（一九三ページ）。

文学が国民〔Volk〕のレベルで行うことは人々を一つの声に融合することであるが、文学教育はそれを個人に対して行う。なぜなら、「国民の成長は個人のそれと似ている」（三一〇ページ）からである。紛れもなく国民特有のものである文学は、所産および過程としての、つまり、全体的目標と個人の教化としての文化の二重の意味を統合する時に、哲学的科学に取って代わる。いまや、文学は、一つの言語の国民意識に他ならない。なぜなら、文学の古典を識別する「明確な性格」は、言語の「国民性」であり、「外国の要素が混じることによって汚れた」、「飼いならされて精気のない」（三二八ページ）言語の所産に対抗するからである。文学と国民的自意識の獲得のこの明確な結びつきは、まっすぐ帝国主義に向かう基盤である。ニューマンは、国民文化が明らかに西洋の発明であることを知っていた。「野蛮人の言葉では、識者のどんな考えや行動をも表現することはできない。ホッテントットあるいはエスキモーの言葉が、プラトン、ピンダロス、タキトゥス、ヒエロニムス、ダンテ、あるいはセルバンテスという天才たちの尺度となりうるであろうか」（二八七ページ）。

「講話」のなかでニューマンは、言語文化の主体について、同世代のデヴィッドソンを支持して引用している。ニューマンは、これを言語についての公平無私な研究の所産であり、また「日常の会話においては、料金や報酬を受けとらずに英語で良識を語る大学教員」の所産であると考える。非西洋人は特定の仕事に関する対話に加わっているときを除いて事実上物が言えぬという注目すべき非西洋人像に、英文学の恩恵を対比させるにあたって、ニューマンはデヴィッドソンを引用する。彼は説く。「野蛮人の小屋を覗いてみると、聞くべきものは何もなく、愚かしい沈黙の時間という陰鬱な空白しか見えない。彼らの専門的副業である戦いと狩りが終わったので、することがなく、何も言うべきことがないのである」(一七一—一七二ページ)。もし、文学が、国民文化の言語であるなら、つまり、物質的生活の機械的作用を超えた精神的活動の書かれた証拠であるなら、知的文化における高等普通教育は、国民文学の研究を通して教養ある紳士を生み出すであろう。彼の知識は、機械的あるいは直接的実益を持つのではなく、文学という国民言語の生命力と精神的に結びつくのである。

このような文脈のなかで、アーノルドは、『教養と無秩序』において、産業文明の持つ機械的で外的な影響に対して、一つの有機的統一体としての文化を提唱している[12]。私がすでに述べたように、アーノルドは紳士の教化を、独自の権利をもつ世俗文化に対する疑似信仰に変えてしまう。ドイツ観念論者が、断片化に統一体を対置したのと同じレトリックが再び出てくる。しかしここでは、文芸批評が、宗教的「光」というヘブライ人の厳格さと、詩的「甘美」という古代ギリシア人の優美さを結びつけるという課題を持ち、アーノルドが「現代における批評の機能」のなかで「国民的輝き[13]」と呼んだものにおいて、知識と意味を統一する。文学研究の制度化においてジェラルド・グラフが素描した議論の二つの極、たとえば、歴史的研究と批評、学識と審美的経験、理論と文学は、すでに区分されているのである[14]。

アーノルドにとっては、後にはエリオットやリーヴィスにとってと同様に、ドイツ観念論者がギリシア人に起源をもとめた場を、つまり、生きた言葉で一つの有機的共同体が直接に描き出される場をシェイクスピアが占めているということを理解すれば、この議論における科学技術という幽霊の重要性を理解することができよう。シュレーゲルがギリシア人を、文学の純然たる源として、つまり、歴史的に先行する伝統を何ら持たずに無から文学を作り上げた人々として賞賛しているのに対して、イギリス人は、教育は受けなかったものの英国固有の起源を提供している人物としてシェイクスピアに訴える[15]。ギリシア語を知らず、ラテン語はほとんど知らないシェイクスピアは、何かを計画して書いたのではない、とドライデンは主張する。「学識が不足していたと彼を非難する人々は、彼をそのことで賞賛していることになる。彼は生まれながらに学識があり、人間の本来の姿を読むための本という眼鏡を必要としなかった。彼は心の中を見た。そしてそこに人間の本来の姿を発見した[16]」。

ドライデンは、文学鑑賞という概念の発展を展望する。それは、本質的には技巧（詩、修辞法）の規則に従ってつくられたものとしてよりも、（審美的な）鑑賞する主体のためにつくられたものとしてのテクストの発展である。そして、この時点で、雑多な規則に縛られた言語の一連の実践というよりは、むしろ文学という一般概念がドライデンとともに出現するのである。一義的テクストに対しての二義的先駆けである序文という逆説的な空間のなかに文芸批評を置くという手段を通して、規則と鑑賞の間の緊張状態を克服する方法としての文学的読解という概念が、ドライデンの著作のなかに出現したことを、私は他で詳しく述べた[17]。そして、学識を指すのに“cultivate”という動詞を使った最初の作家として、オックスフォード英語辞典にドライデンが引用されているのは偶然ではない。イギリス人は、知識を文化的問題にするために文学に訴えた。ドライデンとジョンソンが、文芸文化が始まる時期としてシェイクスピアに訴えたことは決定的であった。この訴えは、カリキュラムのなかで繰り返され、神聖なものとして祭られることとなるのである。

十九世紀は、文化の主体というドライデン的問題を、古典作家を近代作家に対置するという文脈から、自然と文化の対立を明確に扱う過程にシフトさせる。この枠組みでは、シェイクスピアが他ならぬ文化の自然発生的起源として位置づけられる。このように、シェイクスピアは、国民国家がその起源を見出す審級として、つまり、民族的本質と理性的国家を統一するものとして、すなわち、民族の本質が国民文化として自然発生的に自らを表現する一つの支点として立っているのである。アーノルドは、ロマン派のシェイクスピア崇拝の伝統を取り上げ、ドイツ観念論者が行った古代ギリシアについての次のような解釈と、シェイクスピア崇拝を一線に並べる。彼らによれば、古代ギリシアは、社会的統一体の直接性と自己表現の時代であり、文化の自然発生的な起源の時代である。それは、研究のための大学のような、国民国家の合理的制度＝機関を通して、解釈学的改訂という手段によって、批評文化が戻っていかなければならない失われた起源である。

したがって、シェイクスピアの演劇はイングランドにとって、ギリシア哲学がドイツにとってそうであったものになる。つまり、国民間の理性的コミュニケーション――国家の制度＝機関を通しての理性的コミュニケーション――という手段によって再建されるべき、本来的な共同体の起源となる。グローブ座の円形すらも、市民（女性や奴隷は除く）が円形の空間で議論に参加し、各自が即座に全員とコミュニケーションをしたとする、アテナイの都市国家の政治活動についてのドイツ観念論者の説明におけるように、有機的に統合された社会というヴィジョンを実証する。同様に、古代ギリシアは純白の場所であると考えられるようになった考古学的誤りは（なぜなら、塗料が彫刻や建物から剝がれてしまったから）、シェイクスピアの誕生日をセント・ジョージの祝日（四月二十三日）と設定した作り話とも相応する。シェイクスピアは四月二十三日に死んだと記録されている。そこで、一つの円形（イギリス固有の際立った特徴）をつくるために、彼もまたその日に生まれたにちがいないと決定されたのだ。

シェイクスピアを英国文化の自然発生的本質的起源とするこのフィクションは、大学におけるすべての研究は文学研究を中心とすべきであると、「大学の理念」のなかでF・R・リーヴィスに提唱させるもとになったものである。さらに、リーヴィスの頭の中では、すべての文学研究は十七世紀に中心が置かれるべきとなる。なぜなら十七世紀は、エリオットの言葉を借りれば、「感性の分離」が結果として起こり、文学とコミュニケーション言語あるいは媒体言語を分裂させた時代だからである。つまり、文化は社会から切り離されたのである。この分裂が、シェイクスピア以後に起こった転落の時である。文化は、有機的統一体という失われた理想の名を呼び続けるが、一方で、社会は、それ以後単なる文明の機械的進展にすぎなくなる。(18) リーヴィスによれば、批評の機能は、この分裂を治癒することである。大衆文明と人民の有機的共同体を再統一すること、専門化した職業からなる断片化した世界と文化的統一体という理念を再統合することなのである。したがって、リーヴィスは、社会のために、言語のために、そして大学のために、この課題を精密に表わした、文化と文明の間の弁証法を提案するのである。(19)

この点に関して、リーヴィスが社会について言わなければならないことに、私はまず目を向けよう。「大衆文明と少数派文化」のなかで、リーヴィスは、文化（シェイクスピアの時代には普通にあったが今では失われてしまった、人々の有機的統一体）と文明（大量機械あるいは「テクノロジー＝ベンサム主義的文明の時代」）の間の対立があると論じる。リーヴィスによれば、われわれは前者に戻ることもできなければ、後者のなかで生き残ることもできない。ノスタルジアも近代化もわれわれを救うことはないであろう。その代わり、少数派文化が、その対立の弁証法的解決策として起こり、批評の実践を通して大衆文明に抵抗し、それを刷新するために、失われた文化の統一体の原理を具現化すべきなのである。同じ構造が、言語にも当てはまる。そこでは、文学の伝統が、それに取って代わった宣伝広告という単なるコミュニケーション言語に対置される。リーヴィスは、『わが剣もまた』で、言語の再活性化としての批評の任務を提案することによって、議論をさらに進める。詩の言語は、死んでしまった。しかし、それは、批評を通して命を吹き返すことができる。しかし、単なる文芸批評ではいけない。というのも文芸批評は、国民の伝統の必須要素を選択することしかできないからである（したがって、鑑眼についてのリーヴィスの力説と、彼の厳しい引用の実践がある）。このような文芸批評は、批評詩（T・S・エリオットの詩のような）を書いたり読んだりすることに対する助産婦として作用し、伝統が持つこれらの要素から新しい統合を生み出すのである。[20]

「大学の理念」のなかで、リーヴィスは次のような不平を述べている。知識の分野では、英国の古い歴史のある大学、つまり都市の中心に位置する大学によって代表される統一された文化が、アメリカ風のキャンパスを持つ大学の機械的な専門化に取って代わられてしまった。そこでは、知は一つの職業であり、自律的で深遠な探求であり、全体としては、文化には直接的に関係してはいない。リーヴィスによれば、この対立は、イギリス文学の研究を大学の中心として位置づけること、言語に注意を払いつつ、学術研究に生きた重要性や歴史的連続を与える活力原理として位置づけることによって克服される。したがって、リーヴィスの見解では、ハイ・カルチャーは大衆文明からは垂直的に分離しており、同時に産業時代以前と水平的歴史的に継続しているという、最も洗練された特色を保持している。審美的鑑識眼は垂直の分離を保証し、歴史的学識は水平的継続を保証する。単なる好古趣味の学識は、マクベス夫人の受胎能力のような問題を好むことで前者を無視する。よって、それは批評ではない[21]。しかしもし、批評が、大衆の今の好みに迎合するという罠に落ちないようにするならば、もし批評が民主的人民主義（リーヴィスによれば、アーノルド・ベネットが非難されるべき宿命）によって悪影響を及ぼされるのを避けるならば、批評は歴史的継続性を与えられるにちがいない。

要約すれば、リーヴィスは、断片化に対して文化を対置する。断片化はドイツの国民性にまつわる特殊な問題の結果ではもはやない。むしろ、断片化は、産業化によって引き起こされた一般的脅威として現われるのである。このような状況に直面して、民族的アイデンティティを保持する手段として、また、危険なほど超国家的な様相を呈している科学技術的進歩の理念と民族のアイデンティティを結びつける手段として、文学が哲学に取って代わるのである。リーヴィスとアーノルドの双方にとって、文芸文化の理念は、透明な文化を作り上げるために、産業化以前の有機的共同体とマス・コミュニケーションの科学技術の統合を可能にした。そして、ラクー＝ラバルトが示しているように、これがナチスの国家唯美主義の目的であった[22]。つまり、国民にフォルクスワーゲンを供給するという目的ではなく、国民を特徴づける統一的コミュニティの科学技術的表現としての国家を提供するという目的である。この観点に立つなら、有機的なものと科学技術的なものとの対立は克服される。文化は、科学技術を国民の自己認識の様式に変える。さらに、文化は、失われた共同体の有機体説を[*1]、一つの閉じた体系というよりは、アイデンティティの生きた原理に変える。つまり、自己満足のなかに共同体を閉じ込めるよりは、一つのプロジェクトとして、自己認識に向かって共同体を開放するのである。結果として、村落と科学技術は、「有機的文化」として一つになる。

私は、リーヴィスやアーノルドをファシズムの観点から告発するために、これを述べているのではない。私がぜひ言いたいのは、文化の大学がこの有機体説に逃れ難く巻き込まれており、また、この有機体説が有機的機械としてのナチズムの国家思想の中心にあるということである。このことは「学問分野の方向――大学の将来」でヴォルフ・レペニースが特に言及したことである。そこで彼が指摘しているのは、ある道徳的な個人の活動がどうであれ、研究と教育という大学の制度は、第三帝国のドイツで重大な中断もなく機能し続けたということである。[23] レペニースは、ナチズムに順応することができる大学の構造は、われわれを躊躇させるにちがいないと結論づけている。彼は、『科学と文学の間』において、芸術とハード・サイエンス〔物理学、化学、生物学、地質学、天文学などの自然科学〕という二つの文化を区別したC・P・スノーの観点からこの問題を診断する。[24] レペニースによれば、両者の分裂は、価値の問題に関する省察と、実践的な応用の問題に関する省察との分裂と考えたほうがよりよく理解されるという。したがって、芸術は、知識の社会的方向性のモデル、つまり、知識の文化的意味についての省察手段を提示するであろう。しかし、このような省察は、どんな現実的効果からも構造的に切り離されている。一方、諸科学は、独自に科学技術的合理性を追求するが、それらが生み出し、処理する諸々の知識の社会的効果に関して省察する必要性をあまり意識しない。なぜなら、このような思考は、他の所でなされることになっているからである。レペニースは、価値の問題と実践の問題の間の弁証法的統一を提供する一つの手段として、つまり、実践的有効性と社会的方向づけを統合する一つの手段として、社会科学という「第三の文化」を提唱する。レペニースにとっては、社会科学が、新しい文化の大学の中心的学問分野として、文学と哲学に取って代わるのだ。

これは、いわば、文化に対する最後の渇望である。すなわち、文化の理念から有機体説の残余を剝ぎ取り、大学における知識の統合の仕事を批評あるいは思弁よりも社会科学に託することで、ナチスという大惨事に対して文化の理念を保持しようとする企てなのである。これは、「大学の理念」という論文のなかでのハーバーマスの提案と明らかに一致している。そこでは、コミュニケーションの合理性が、知識の統合という仕事を託された審級として、文化の理念に取って代わっている。[25]「突きつめれば、さまざまな機能に大学の学習過程をまとめているのは、科学的学問的議論の持つコミュニケーション形態である[26]」と主張するために、コミュニケーションが大学の第一の法であるというシュライエルマッハーの主張に、ハーバーマスは明らかに戻っている。文化的統合は、理念の明示化によって保証されるのではなく、コミュニケーションの実践を通して達成されるにもかかわらず、ドイツ観念論者の議論の構造が保持されている。文化は、絶対的なものの方向に向けられているのではなく、コンセンサスの方向に向けられているのである。共同体は、有機的アイデンティティではなく、合理的コミュニケーションに基礎を置くのである。

この形の共同体が、今度は、合衆国における規範論争に現れる。なぜなら、それは、解釈共同体[*2]の庇護のもとで、スタンリー・フィッシュが「日常的仕事」を要求するための基礎となるものだからである。ハーバーマスと同様に、フィッシュは、文化的アイデンティティよりは合理的な制度=機関における合意という地平に訴える。彼は、知的職業を、自律的で自己規制的な審議機関であると述べている。それは、一つの循環性の代価を払って初めて作用する議論である。すなわち、解釈共同体は、大学の言説として価値があるものを決定する、しかし、その共同体のアイデンティティ自体は、このような決定行為によってのみ構成されているのである。解釈共同体の到達した決定は自由で合理的な議論の対象であるという幻想を保持するために、つまり、自分の議論が現状のむなしい擁護とならないようにするために、フィッシュは、このような「解釈共同体」が、大学の言説における新しい型のフレーズの出現に照らして、それ自身の伝統や慣習を分析に供することが可能であることを仮定しなければならない。

実際、このような仮説は他のどこでよりも合衆国において可能である。合衆国においては、文芸文化の理念は、伝統という概念よりも規範という概念によって、共和制民主主義のなかで適切な形で歴史的に構成されてきた。さらに合衆国では、規範はまた、民族性よりも価値に重点を置いてきた——人種《レイ》差別主義《シズム》が、つねに価値という言説によって守られてきた言説のうちの一つであるにしても。しかし、革命を通して伝統という足かせを投げ捨てた国民は、国民文学の伝統を単なる世襲的重荷ではなく、民主主義的な選択の対象に見えるようにしなければならない。結局、合衆国においては、文学研究にその制度的形態を与えた「新批評《ニュークリティシズム》」は、リーヴィスや『スクルーティニィ』グループよりも明らかにエリート主義に染まってはいなかった。

しかし、英国でのリーヴィスのように、新批評家は、教育制度に対して大きな衝撃を与えた。大西洋の両側で、文学的学識の恩恵を擁護するラディカルな主張には、中等学校の教員養成に対する大きな配慮があった。中等学校の教員たちは、文芸文化を支えるという使命感を託されて、大学から世の中に出て行ったのである。しかし、リーヴィスの教科書が英文学の伝統の問題を扱っていたり、また、（小説にとっての）『大いなる伝統』や（叙情詩にとっての）『再評価』や『英詩の新しい意味』のような題名がついていたのに対して、新批評家は、『詩の理解』のような題名がついた教科書を書いた。リーヴィスが弟子たちに伝統を伝えた一方で、新批評家は、読みの方法を伝えた。もちろん、彼らの読みの方法は、ある種の詩的モード（モダニストの短い叙情詩）に特権を与える傾向にあったが、彼らの主張は、文化的内容を無視して、自律的な芸術作品、つまり、それ自身を詩として知っている詩に特権を与えた。リーヴィスが軌を一にして自意識的芸術技巧（「成熟」）に焦点を合わせ、形式に対して注意を向けたことは、英詩として自身を知っている詩を賞賛するように彼を導くことになった。

新批評家は、歴史的な学識に断固として反対し、芸術作品を、解釈を導く外部からの情報を持たずに反応を喚起させることができる、本質的には自律的なものとして位置づけた。リーヴィスと新批評家は、多くの問題で意見を異にしたが、それでも、当初思われた以上に共通の地盤がある。なぜなら、歴史的連続性についてのリーヴィスの記述は、文学が、役立つ伝統として歴然とそこに存在するという仮定に基づいているからである。新批評家が規範についての議論を引き起こしたのは、規範が事実、一見不連続で自律的な芸術作品の研究のなかに、歴史的連続性を内密に輸入するものである、というまさにその理由からである。こういうわけで、『ノートン版英米文学アンソロジー』がこんなによく売れてきたのである。要点はこうだ。共和制の移民民主主義として、合衆国は伝統によってではなく人民の意思によって設立され、ドイツよりもフランスに似ているということである。しかし事実上、伝統は、アメリカ人民の意思がそうであると決めたものである――したがって、規範が存在するのである。文学の規範を設立することは、新批評が統一体としての文化を要求し、また、大学で実践された批評が国民文化のアイデンティティを客体化し、主体的に根づかせるために必要なのである。

つまり、規範の理念は、歴史的な民族性と共和制を支持する意志との間の緊張関係を克服するために作用する。なぜなら、規範を打ち立てる時に、アメリカ人は、合理的な意思を自由に行使しながら、彼ら自身の歴史的民族性を選んだと主張されているからである。したがって、規範論争は、とりわけアメリカ的な危機であり、付け加えれば、有益な危機である。合衆国における文学の部門で今日われわれが経験していることは、規範の改訂というよりは、規範の機能における危機である。これはおそらく、国民国家の理念の崩壊の最も明確な徴候である。なぜなら、文化という標語のもとで、人々の意思と民族的フィクションを権威的に統合するためには、規範がもはや役立たないからである。

今日、合衆国での文学研究における規範に関するカリキュラム闘争の激しさも、注目に値する。それが少なからず注目に値するのは、規範が、歴史的に文学のためになされてきた主張の立脚している自民族中心主義的・非代表制的基盤であるということが明らかになっているからである。アルヴィン・カーナンですらこのことを認めている。いったんこのような限界が理解されれば、文学という個別の領域が全体を網羅することは、もはや不可能であるということもまた明白である。また、いかなるカリキュラム構成であっても、どんな学生によっても、それは実際には達成されなかった。それにもかかわらず、規範構造に一言も言及しないで文学を教えることを想像するのは非常に困難と思われており、その結果、多くの活動的研究者が妥当性があるとはもはや考えていない歴史的な分野に即してカリキュラムが構成され続け、求人広告が出され続けているのである。

合衆国では、文学研究においてなぜ規範が中心になるのかという理由のいくつかはすでに述べた。文学の分野がそのようなものとして、実践的でもなく倫理的に擁護もできないような制度的観点から目下構成されているという事実を、私はここで述べたいのである。このような逆説的な状況は、文学研究の分野に対する外的な政治的圧力がもとで起こったのではなく、今日の大学の持つ学問分野の問題系に本来備わっている、知識の位置に関する問題から起こっている。文学研究と模範市民の形成との関連がいったん壊れてしまえば、文学は、数あるなかの知識の一分野として現われることになる。したがって、規範は、国民精神の不可欠な原理をしまう容器としてよりは、知識の分野の恣意的な境界決定（記録保管所《アーカイブ》）として機能するようになるのである。

ジョン・ギロリーをはじめ、いく人かの批評家は、このような恣意的な記録保管所としての規範を守ろうとさえしている[27]。そういうわけで、エクセレンスの大学では、知識は消える傾向にあり、情報処理の便利さが知識に代わって目的となる傾向にある。知っておかなければならないことはある。しかし、知っておかなければならないことが何であるかをわれわれが知ることは、ますます急を要さなくなっている。したがって、『ノートン版英文学アンソロジー』が余りに短いので補遺をつける必要があると規範改訂論者が論じる一方で、私の疑念は、それが将来の目的には実際のところ長すぎるのではないか、おそらくあまりに長すぎるのではないかということである。新しいテクストは加えられ続け、忘れられた作家に注意が向けられるであろう。しかし、その注意の仕方は同じものではないであろう。なぜなら、全体を合計しても、国民文学の組織的展望などもはや得られないからであり、知識体系のうちにある何ものもそんなことを要求しないからである。文学的規範の機能は、文学という世俗的宗教を要求する。しかし、その光は、この宗教の至聖の場、すなわち国民文化の理念の家である国民国家では、もはや明るく輝いてはいない。

これは、そもそもE・D・ハーシュの『文化リテラシー』のなかで論じられていることである。ハーシュは、文化的アイデンティティを、まるでそれが歴史的伝統ではなく、必然的事実の集合体であるかのように、つまり文化的アイデンティティの標準化されたテスト（文学の大学適性試験やGRE[28]）の作成を付随的に裏づける公式であるかのように述べている。というのも、教科書の内容は、かつて考えられていたようには、知識の文化（考えたり話したりする方法、生き方の方法）へのアクセスを与えないからである。『詩の理解』の代わりとなるものが次に現われるということはない。言うなれば、それはハーシュの『文化リテラシー』の想像上の版によって取って代わられるのである。つまり、地方のドラッグストアや書店の棚で自由に手に取ることのできる、「すべてのアメリカ人が知っているべきこと」といった文化に取って代わられるのである。

マシュー・アーノルドのような口調になるといけないから、私が衰退を嘆いているのではないということを言明させてほしい。私が注目しているのは、単にハーシュの固定した事実のリストが持つ可能性が表わしているのは、一揃いの情報によって、正確には、文化の理念がそれに抗して守られていると思われていた単なる生命なき事実という機械的あるいは科学技術的幽霊によって、非常に疑わしい有機的文化の概念が取って代わられるということだ。自分がしていることをハーシュがどのように考えるにせよ、このような情報の明らかな特徴、つまり、彼の提案の持つ魅力は、情報が学生に与えられる際の効率性に他ならない。別の表現をすれば、このようなリストが答えようとする質問は、純粋に機能的な質問である。そのリストは国民主体を形成しようと申し出ることはない。それは最小限に計画された単位を生み出すことになろう。

これは、一九二八年にスタンフォード大学学長であったエドガー・ロビンソンの主張とは程遠いものである。ロビンソンは、学生たちに「市民としての任務を果たすことに意を用い、思慮深くその準備をするように」[29]訴えた。対照的に、知識の管理が意味するのは、学生が物事をほんの少ししか知らないということが将来の雇い主にとっては役に立つということにすぎない。情報科学技術の発達はそうした物事の数をずっと少なくしてしまうのだが。「偉大な書物」やコア・カリキュラム論争の不毛さは、『カリキュラムの戦場』でカーノカンが上手に概説しているように、厳密には、その論争が、主体の占める場、つまり主体の生活の決定要因となる場を内包する（民族的あるいは共和国的）国民文化の存在に依拠していることにある。この時点で、アイデンティティという問題を別の形で提出する多くの学際的動きが起こるのは偶然ではない。女性学、レズビアンおよびゲイ研究、ポストコロニアル研究、カルチュラル・スタディーズがそうである。このような動きは、大学の文化的使命の組織原理としての文芸文化の治世の終焉を知らせている。というのも、これらの動きは、主体と国民国家との間の絆を緩めるからである。[30]

文学的なものの地位に疑問を投げかけ、民衆文化に注意を向ける批評的実践が出現したことは、文学の衰退の原因ではなくて、その結果なのである。国民国家とその事実上の主体との間の絆が、つまり文化についての大学の理念（哲学的であろうが文学的であろうが）が歴史的に鍛造してきたその絆がもはや普遍化された主体性の主要な基盤でなくなったことによって、このような実践は可能になった。つまり、文化が、大学内部の知識を組織する内在的原理であることをやめ、数ある対象の一つになるときに、カルチュラル・スタディーズが現われるのである。「市民」という抽象概念が、主体を適切に包括的に表現することをやめた時、国家の主体が持つ明らかな空虚さや普遍性が、男性らしさ、異性愛、白人であることといった特権的標識の埋葬所であるとみなされうるときに、女性学、ゲイおよびレズビアン研究、ポストコロニアル研究が現われるのである。

第7章　文化戦争とカルチュラル・スタディーズ

人文科学や社会科学における新しい相互関連的あるいは横断的学問分野の動向、つまり学際的動向は、文化的規範に脅威をもたらし、国民文学の学部という後見人に伝統的に委ねられてきた規範の改訂に携わっているように思われる。このような動向に対する熱狂は、主として英文学部のなかで起こっている。しかし、英文学部におけるカリキュラムの変更は、女性学、レズビアンおよびゲイ研究、アフリカ系アメリカ人研究、カルチュラル・スタディーズなどが登場したことによる唯一の結果ではないし、あるいは主要な結果ですらない。そうではなくて、このような動向は、いったん文化的アイデンティティの概念が、理性と歴史の間の深淵に橋をかけることができなくなってしまうと、近代国家を正当化するための様式として、それら二つを同じ標準では計れなくなることを示しているのである。全面的に歓迎する意味で言えば、それらの動向は、大学と近代国家の間の類似を機能させるために共同体とコミュニケーションを統合できた統制的理念としての「文化」の終焉を示しているのである。

これまで私は、資本主義の自己再生産の主要な審級としての国民国家の衰退が、近代の大学が持っていた社会的使命を事実上無効にしてしまったということを論じてきた。大学の使命は、文化を研究し文化を教え込むことを装って国民主体を生み出すことであり、文化は、フンボルト以来、国民的アイデンティティと不可分な観点で考えられてきたのである。文化という強い理念は、国民国家とともに現われた。そして、われわれは今、社会的意味の中心としての文化の消滅に直面しているのである。いったん国民的アイデンティティの概念がその政治的妥当性を失えば、文化の概念は、事実上考えられなくなる。文化とはこれこれのものだと言うことができないことを認めてしまったことは、一九九〇年代にカルチュラル・スタディーズが学術機関で盛んに行われ始めたことでも明らかである。

このシナリオは一連の選択肢を提供するように私には思われる。その支点を明らかに失ってしまっている国民文化のアイデンティティを単に再肯定することによって、大学の社会的使命を守り復活させることを模索するか（保守的立場）、文化的アイデンティティを変化する状況に適応させるために、それを再創造するか（多文化主義的立場）。第三の選択肢は、大学の社会的使命が、国民文化のアイデンティティを実現するプロジェクトに不可避的に結びついているという概念を断念することである。このことは、使命という観点から研究と教育の社会的関係を考えることをやめるに等しい。これは、右派にとっても左派にとっても受け入れるのが困難な提案である。なぜなら、それは、われわれが知識人であるとの主張を放棄し、国家に奉仕するとの主張を捨てることを意味するからである。たとえその放棄が、国家を批判的に再構想することを、つまり大学の教員たちが何世紀にもわたって象徴資本の蓄積をその後ろに隠してきた対抗国家を含むとしてもである。(1)

第三の選択肢こそ、第11章で詳しく説明するが、制度＝機関としての大学の未来がそのなかでスケッチされるであろう枠組みであると、多くの要因から私は考える。しかしまず、この文脈のなかで大学の問題、特に人文科学の問題を問うことは、かなりの冒険であると理解することが肝要である。一九七〇年代には、マルクス主義、精神分析、記号論の混合物は、揮発性が高すぎて、火炎ビンの中味には適さないだろうとわれわれは（少なくとも私は）思っていた。この混合はいまや十分に安定しているので、さまざまな商品名で、あるいは「カルチュラル・スタディーズ」という総称的商標で、最寄りの人文科学や社会科学の部門で処方箋なしで利用できる。われわれがかつて人文科学に味方して行った主張の基盤がいまや崩れていることを認識する必要がある。もしそうでなければ、われわれは結局イギリス人のようになることを望むであろう。彼らは、サッチャーリズムによる削減に抵抗することができなかった。なぜなら、レジャーが資本主義の浸透していく主要な場（ディズニーやオリンピックが証明しているように）になってしまっている世界で、彼らは「人間的豊かさ」にぼんやりと訴える以上に、人文科学のためのよりよい弁護を見つけられなかったからである。

西洋における今日の人文科学の発達は、二つの主要な現象に集中しているように思われる。一方では、公共圏に対して大学が持つ力が弱まり、それに付随して、著名人としての知識人が排除されている。驚かれるであろうが、このことは必ずしも悪いニュースではないと私は論じるつもりである。[2]もう一方では、大学の内部にカルチュラル・スタディーズという疑似学問分野が最近現われてきているということである。カルチュラル・スタディーズは、人文科学のための新しいパラダイムを導入することを約束している。そのパラダイムは、伝統的な学問分野を統合する（アンソニー・イーストホープの議論）か、あるいは知的探究の生きた中心として伝統的学問分野に取って代わり、大学の社会的使命を回復する

（ケアリー・ネルソンの議論）かのいずれかである。[3] また驚かれるかもしれないが、私は、このことは必ずしもいいニュースではないと論じる。文化の概念が全体として大学にとってきわめて重要なものを意味しなくなった時点で、カルチュラル・スタディーズの概念が現われてきたように私には思われる。人文科学は、文化を用いて好きなことができる、つまり、カルチュラル・スタディーズをすることができる。なぜなら、文化は、制度＝機関のための理念としてはもはや重要ではないからである。

私は、カルチュラル・スタディーズに焦点を合わせるつもりだが、それは、カルチュラル・スタディーズが、女性学、アフリカ系アメリカ人研究、レズビアン・ゲイ研究よりも重要だからではない。カルチュラル・スタディーズが、これらのさまざまな学際的動向のうちで、本質的に最もアカデミックだからである。このように言うことによって、制度＝機関としての大学に対するカルチュラル・スタディーズ内部での告発が、単に大学にとって問題だというだけではなく、大学の持つ問題でもあるということを、私は言いたいのである。大学を超えてアカデミズムの外側に移動しようという呼びかけは、大学による抑圧的行為に対する対応ではない。それは、大学自身のなかでの抑圧されたものに対する一つの対応である。これを別の表現で言えば、レズビアン・ゲイ運動、アフリカ系アメリカ人運動、フェミニスト運動のどれもが、その出発点と目的地が本質的には大学とは結びついていないという点で、カルチュラル・スタディーズとは異なっているということだ（最近出現したクイア理論が、ちょうどこのような方法でゲイ・レズビアン研究をアカデミックなものにしようとする一つの企てとして考えられるけれども）。[4]

しかし、カルチュラル・スタディーズは、大学の内部から排除された研究者たち、留まることも去ることもできない研究者たちが陥った苦境から脱出するために、大学のなかで出現する。大学を見捨てるべきだというカルチュラル・スタディーズの叫びは、大学のなかに留まることが特に実りの多い方法であることを証明している。これは、カルチュラル・スタディーズの実践者たちが出版物で公には拒絶した月桂樹の王冠を個人的には求めていることに対して、彼らを攻撃することではない（個人的な動機の判断は制度の分析には妥当ではない）。これは、学究的世界から外へ出て行きたいという願いがこの閉ざされた世界の内部に構造的に位置づけられた願いであるということを単に述べているにすぎない。したがって、文化が大学の持つ活力原理であることをやめ、前にも述べたように、その代わりに数ある研究対象の一つになる、つまり、メタ学問分野の理念というよりも一つの学問分野になるときに、カルチュラル・スタディーズが出現すると理解すべきである。

さて、学際的運動としてのカルチュラル・スタディーズの出現を語る際には、とても注意がいる。英国におけるカルチュラル・スタディーズの系譜は、レイモンド・ウィリアムズとリチャード・ホガートに始まり、ホガートによって設立され、後にスチュアート・ホールによって指導されたバーミンガム大学現代文化研究センターを通して続いている。北米には「アメリカ研究」のモデルがあり、さらなる要因として、コミュニケーション（共和制民主主義ではつねに重大な問題である）におけるプログラムの出現がある。本書で私は、「左翼リーヴィス主義」、サバルタン文化についてのグラムシ、制度や身体についてのフーコー、フェミニズムなどを混合した知的系譜に言及するつもりはない。カルチュラル・スタディーズ出現の完全な歴史を述べるための余裕はない。カルチュラル・スタディーズの歴史についての最良の概説は、『カルチュラル・スタディーズの再定位』の中の「カルチュラル・スタディーズの形成

――バーミンガムのアメリカ人」[5]というラリー・グロスバーグの論文であるということを知らせるだけにしよう。私がここで焦点を合わせたいのは、カルチュラル・スタディーズの発達における二つの時期である。

最初の契機は、一九五〇年代後半から一九六〇年代にかけて起こった。そのとき、E・P・トムソンとならんで、ウィリアムズが、階級分析の補遺として文化を位置づけたが、それは、フランクフルト学派のような理論的なヨーロッパ人によってなされた労働者階級についての否定的な診断に抵抗して行われたものだった。[6]労働者階級の文化を語ることは、現存する労働者階級とその伝統を、歴史的主体としてのプロレタリアートを理解するための一つのステップとしてのみ位置づけることを拒むこと、つまり労働者をもっぱら理論上の問題として扱うことを拒むことであった。文化とは日常的なものであるというウィリアムズの主張は、革命の後に労働者階級の後継者となるはずの解放されたプロレタリアートを支持して、実際の労働者階級を無視することを拒否することであった。[7]ウィリアムズとトムソン両方の興味を引いた昔風の文化的形態（たとえば英国労働組合運動のギルド構造のような）の永続が表しているることは、彼らが英国の労働運動に関して気に入っていたのが、労働運動が純粋に政治的理論でありえたことは決してなかったという、そのことである。ウィリアムズは、『政治と文学』のなかで特筆している。「次のように言っていいだろう。市場と民主主義とがより重要なテーマであるのは、私が関心をもっていた英国の伝統におけるよりも、ヨーロッパにおける社会学の伝統においてである。ところが、英国の伝統は、特に産業に関わっていた。英国の社会思想に最も直接的に反映したのは、英国における産業化の経験が非常に急速で厳しいものであったという点だ[8]」。

ウィリアムズとトムソンは、英国の労働運動の理論化が比較的不十分であったことについての社会的・歴史的理由を説明することに、多くの時間を費やした。まず、英国のプロレタリアートは、産業社会の影響についての共産党の理論から生まれ出たものではない。つまり、助産婦としての共産党によって、ゼウスの頭からアテーナー[*1]のように生まれたのではない。英国のプロレタリアートは、モダニスト的方法で自らを理論化したことはなかったし、まずもって、自分を資本主義という一般的理論における一つの審級と考えたことは決してなかった。その理由の一端は、英国の労働者運動の場が、マルクスとエンゲルスが唯物論的弁証法を導き出したその現場であったからである。その結果、この運動は、すでに自らを別の仕方で理解しなければならなかったのであり、一方で、弁証法の理論はそこから演繹されるのを待っていたのである。プロレタリアートは、自らを政治的に理論化する以前に「学者びいき《プロ・リタレイト》」であった。こういう理由によって、われわれは、プロレタリアートというよりは「労働運動」を語るべきなのである——それは、英国の労働者階級の状況についての包括的理論がなかったがゆえに、伝統で間に合わせねばならなかった運動である。だから、エンゲルスがそのような理論を提案した時には、遅きに失した。労働者は理論家よりも一歩先んじていた。こうして、英国の組合のなかにはギルド構造が存続し、ヨーロッパの中核的労働組合に比して、英国労働組合会議（TUC）は弱いのである。

このことは、ウィリアムズとトムソンにとって、英国の労働運動が近代的ではないということを意味しているのではなく、偏狭な盲信が普遍的理論に取って代わられるという啓蒙運動のパターンを、労働運動の形成が単に踏襲しなかったということを意味しているのである。英国の文化批評は、労働者の運動と歩調を合わせつつ、ヨーロッパのマルクス主義批評との差異を際立たせる二つの問題に直面する。

一つは、伝統という概念、他の一つは、産業化がこの伝統に対して与えた影響を経験したことである。ここに、史的唯物論という科学の代わりに、文化という概念に訴えたエリオットやリーヴィスとのつながりがでてくる。ウィリアムズは、ウェールズ人として、言語的少数派の一員として、マルクス主義的批判の垂直性を信頼していない。なぜならこの批評は、広い研究範囲の中心点から出現したことをつねに主張するからである。ウィリアムズとトムソンは、このような批評的垂直性は、労働者階級の現実的な実践をマルクス主義が信頼していないことと裏表であることを知っていたし、その不信に対してウィリアムズはしばしば不平をこぼしたのである。重要なのは、ウィリアムズが、党による理論化を必要とする「無知な大衆」として労働者を非難することを拒んだこと、フランクフルト学派に同調して「滅びゆく文化」について語ることを望まなかったということである。(9) このことは、労働者主義とは何も関係ない。ウィリアムズは、スタハーノフ運動[*2]賛美には参加しなかった。ただ単純に彼は、労働者を歴史的な過程や理論的な議論の単なる審級に還元することに抵抗したのである。

確かに彼は、「ある階級が持つ能力についての自己認識」について語った。しかし、重要なことは、トムソンにとってと同様に、階級意識は制度についての理論的分析においてどの階級の立場に立つかを認識する問題ではないということである。階級意識は、「与えられた制度内部での単なる有益な意思決定手段ではなく、初めから、何が社会に最初に来たか、何が社会のなかで重要だったか、どのような必要性や価値によってわれわれが生きまた生きたいと思うかを決定する方法として」機能するのである。(10) この言葉には、社会階級が、生産様式と関係した地位によって決定されることを受け入れるのを拒絶する意味が含まれている。たとえこのことが無邪気に聞こえるとしても、私が強調したいのは、ウィリアムズの文章のなかで、「文化」という言葉が、階級闘争の歴史という観点から社会的意味を決定することとの限界、つまり、多くの異なった様式で社会集団を横断している補足的な物事を示唆しているという点である。階級闘争はつねに、そしてすでに文化戦争なのである。だからウィリアムズは、歴史の原動力としての階級闘争のイデオロギー的結果として文化をみなすことを拒絶する。それが意味するのは、労働者階級が、ただプロレタリアート解放のための共産党綱領と歴史的歩調をともにする限りでは重要なものではなくなってしまうということだ。言い換えれば、ウィリアムズは、労働者階級の文化を、社会の本質や目的についての共産党の言説における単なる語られざる指示対象にしてしまうことを拒絶しているのである。

ウィリアムズとトムソンが著作のなかにおいて文化に訴えることの二つ目の特徴は、アーノルド一派が文化をハイ・カルチャーと同一視したことに対する抵抗である。つまり、文化とは生活の様式全体であるという主張――いわば、拡大された市民権を持った有機体説である。ウィリアムズ自身は、これを「左翼リーヴィス主義」と呼んでいる(11)。ウィリアムズの著述が持つこの特徴は、彼の含蓄のある『文化と社会』におそらく最も明瞭であり、この本は、近代英国における文芸文化の伝統についての、左派の対抗歴史を提起している。リーヴィスの議論の持つ構造と様式は保持されているが、産業文明の過去の影響に対抗する「生きた文化」は、その有機体説のなかではより開かれたものであり、社会全体の可能性を見わたす階級的な視点の点でもより自由なのである。したがって全体性は、労働者の服従や幸福な貧困を意味せず、リーヴィスにとってそうであったようには、階級移動あるいは階級闘争の完全な抹消を伴わない。社会を有機的全体として見わたせるような遠近法は、シフトする。リーヴィスが、社会の有機的相互連結を理解することができ、赤ら顔の農夫を彼に代わってそれなりに評価することができるのは支配階級の中の気遣いを寄せている人たちであると考えるのに対し、ウィリアムズとトムソンは、日常的な闘争をしている民衆のグループのなかにこそ社会的全体性の姿が出現すると主張する。[12] イギリスの真の文化は、よりよい支配階級の文化ではなくて、人民全体の文化である、そして、それと対立する産業文明は、単に道徳的に醜いというよりは、その非道徳性において特に資本主義的であると、ウィリアムズは指摘する。

しかし、リーヴィスや他の人たちによって擁護された、文芸文化を持った文化というヴィジョンが続いているのは明らかである。ウィリアムズが、リーヴィスほど国民的正当性を率直に主張しなかった点においても、ウィリアムズがウェールズの出身であったことは、このアプローチの拡大に決定的な意味を持った。ウィリアムズは「文化は平凡である」で、ウェールズのある谷間に沿って走るバスに乗り、子供の時に過ごした地方への旅を語っているが、そのなかで彼は、文化の拡大について、「必然的な変化が……地方にも浸透し、そこでは言語は変化するが、声は同じである」[13]と言っている。象徴的生活と風景の相互作用についてのこのヴィジョンは、イギリス・ロマン主義の文学的伝統をよく表わしている――拡大され、家父長主義を弱められたワーズワース的なヴィジョンである（これを牧歌的特徴に欠けるドイツの伝統に結びつけることは、短絡的であろう）。しかし、このようなヴィジョンはまた、国民とその土地を結ぶ絆が目に見えるか表現される場としての文芸文化を受け入れるかどうかにかかっている。われわれがいったん、風景詩としての文学の出現を歴史的に相対化し、観光との結びつきに注目するやいなや、地勢図《トポ・グラフィー》についての、あるいは風景描写についてのこのような概念の含む問題は明らかになる。ワーズワースによって創造された湖水地方、ハーディのウェセックス州、ジョイスのダブリン、あるいはもしかするとウィリアムズ自身の小説のウェールズ地方がそうである[14]。

このように文学と観光を結びつけることは、おそらく不遜である。ワーズワース自身は、湖水地方の鉄道建設に反対して闘ったが、鉄道市場が創出されたことには大いに責任があったのだ。このことは、歴史的に不正確なわけではない。もし文学が風景に意味を与える仕事を引き受けたのならば、経済的開発にとってその意味の有用性は、以前にもまして今日喫緊の現実となっており、観光を二次的、あるいは寄生的な要素と考えることは無邪気であると思われるまでに至っている。たとえば、今日ヴェネツィアの観光当局は、トーマス・マンがかつてこの地方の産業に対して行ったような宣伝を繰り返してくれる作家たちを助成している。ある種の文学性がその土地に刻もうとした文化的意味は、――十九世紀初頭以来、交通手段の経済的発達によって――主として審美的主体のみに役立つというものではもはやない。もっとも、審美的主体の世俗的隔離は、利害関係がないという幻想を生み出すかもしれないが。観光業の対象として価値のある風景に投資することは、ハイ・カルチャー的文学性の排他性ばかりでなく、左翼の文化的抵抗が風景のなかに刻み込まれるであろうという主張をも突き崩す。伝統的「文学性」が拡大され再評価されたものとしてのこの民衆文化というヴィジョンは、もはや資本主義体制にとっての一つの選択肢ではない。このヴィジョンは、つねにすでに観光開発が潜在的に利用しているものなのだ。

そこで、カルチュラル・スタディーズの出現という問題に戻れば、ウィリアムズとトムソンが「文化」に訴えたことの二つの側面を一つに結びつける問題、つまり参加という問題をグロスバーグは的確に指摘したと私は考える。文化的排除に対する攻撃と理論的垂直性に対する抵抗を統合するのは、参加という問題である。[15] この説明で階級よりも文化を優先させるのは、社会分析がまったくの区分（つまり純粋な批評的垂直性）を意味すべきでないという願いからきている。その願いはまた、知識人が自己を同一視するプロレタリアートという超越的立場から労働者階級を批評すべきでないという願いでもある。有機体説の拡大は、労働者階級が全般的に文化に参加していることを支持する議論によって生じる。したがって、批評家は、分析される文化に参加しなければならないし、分析の対象は、全体としての文化と関連しなければならない。

次に、カルチュラル・スタディーズの歴史における第二の時期に注意を払いたい。それはごく最近の一九九〇年ごろにやってきた。この時期に、カルチュラル・スタディーズの専門研究の収穫と目される何冊かの本が現われた。アンソニー・イーストホープの『カルチュラル・スタディーズとしての文学研究』、ラリー・グロスバーグ、ケアリー・ネルソン、ポーラ・トレイチラーの『カルチュラル・スタディーズ』、グレアム・ターナーの『カルチュラル・スタディーズ入門』、パトリック・ブラントリンガーの『クルーソーの足跡』がそうである。[16] ほぼ同時期に、ラウトレッジ社が『カルチュラル・スタディーズ』という名の定期刊行物を出し始めた。これらの書物で示され、あるいは分析されたようなカルチュラル・スタディーズという形態の現象学は、カルチュラル・スタディーズに特徴的な、多かれ少なかれ共通の実践的理論的要素を多く持つであろう。カルチュラル・スタディーズは、確固たる境界線が持つ排他的な力を疑問視する傾向にある。男性／女性、南／北、中心／周縁、ハイ・カルチャー／ロー・カルチャー、西洋／その他の地域、異性愛／同性愛、といった境界線である。このような疑問の根拠となる権威は、主にウィリアムズ、フーコー、グラムシ、ホールであり、程度は少ないが、ハラウェイ、ブルデュー、バルトらもそうである。現在、学問分野としてのカルチュラル・スタディーズに顕著なのは、それが理論的組織化と呼びうるものがほとんどないこと、あるいは、研究の対象を決める必要がほとんどないことである。このことが意味するのは、多くの理論構築がカルチュラル・スタディーズという名前を受け入れないということではなく、一連の明確な現象や自律的対象に対する観察者の関係を安定化してしまうような方法では理論化の努力がなされない、ということである。したがって、カルチュラル・スタディーズという現象を完全に説明することは、実践者の意識の内部からは不可能である。われわれは、理論的に首尾一貫したカルチュラル・スタディーズを行うとはどのようなものであるかを説明することはできないのである。

だからといって、理論的問題に注意を払わないというかどで、カルチュラル・スタディーズを実践している人々を私が非難しているのではないということを明確にしたい。事実はまったく反対であり、「カルチュラル・スタディーズの仕事」と称しているそれぞれの論文は、その方法論の理論的基盤に関しては、強い自意識を示している。しかし、「カルチュラル・スタディーズを理論化する」ということが何を意味するのかを理解しようとすれば、つまり、カルチュラル・スタディーズという表題が何を指し示し、この新しい学問分野の持つ本質的前提が何であるかを問おうとすれば、一つの問題が生じるのである。

たとえば、アンソニー・イーストホープが行ったように、包括的にカルチュラル・スタディーズを理論化しようとすると、興味深い問題に行きつく。文学研究という「古いパラダイム」の代わりに、イーストホープはカルチュラル・スタディーズという「新しいパラダイム」を提出するのだが、それは、一般化した「意味作用の実践の研究」[17]として、人文科学や社会科学の学問分野全体に取って代わるために現われたのだという。イーストホープの著書は、文学研究の伝統的実践における諸問題に注目し、それをリスト化することができるのだが、この同じ体系的定義が新しいパラダイムに向けては提案されていないという点で、興味深い徴候を示している。したがって、たとえばハイ・カルチャーや民衆文化の間の区分、あるいは事実に基づいたテクスト（歴史的あるいは社会学的研究を要するもの）と虚構のテクスト（文学として読めるもの）との間の区分のような、指示領域を限定しようとするすべての企てに対する抵抗こそが、何よりもこの新しいパラダイムを特徴づけているのである[18]。文化のすべての表現は意味作用の実践であり、またすべての意味作用の実践は文化の現われである。この循環性は、イーストホープが文化をテクスト性という「脱中心的全体性」として記述したことに基づいている。この分析は、「脱中心的全体性という概念にふさわしい方法論」を必要としており、「その方法論の術語は、基本的な首尾一貫した基礎には基づいていないが、お互いに関連しているのである」（一一九ページ）。

したがって、文化とはイーストホープにとって、中心のないテクストの総体である。文化は、「すべてのこと」がテクスト性の問題によって影響されるとみなされる、つまり、意味作用の実践とみなされるという条件のもとで起こる、基本的にはすべてのことである。もし、すべてのことが意味作用の実践であるならば、意味作用の実践の研究はともかくすべてのものの研究である。カルチュラル・スタディーズは、一つの特定の学問分野としてよりも、すべての学問分野の持つ特性を拒否する形で現われるであろう。つまり、イーストホープは、カルチュラル・スタディーズが何らかの特定の観点から物事を解明するものであるとは言っていない。歴史は重要である。しかし、歴史自体が意味作用の実践の一部であって、そのなかで意味作用が理解されるための枠組みなのではない。

公平を期すために言えば、イーストホープは「新しいパラダイムのための術語」を提供しているのであって、その術語とは「制度、記号体系、イデオロギー、ジェンダー、主体位置、他者」（一二九ページ）である。このリストの最後の語がいくぶんボルヘス的なメタレプシス〔すでに比喩的に用いられた語をさらに換喩によって言い換えること〕であることは、文化を定義するという問題の徴候を示しているし、そのことについては言及したばかりである。イーストホープのリストは包括的である。なぜなら、そこに含まれていないものはすべて、「他者」という術語に分類されるからである。あるいは、「他者」がリストの残りのすべての術語ではなく、単なるテーマであるなら、そのように分類されるであろう。すなわち、彼の選択が単なる思いつきではないというイーストホープの主張にもかかわらず、これらの術語は、お互いに対抗しあって分節されることで一つの理論を形成しているのではないのである。それらは、その代わりに「うろこ状」を呈しているか、あるいは重なり合っていて、「必要があれば、他の術語を簡単に加えることができるであろう」（一三〇ページ）。イーストホープの分析が文化を定義しているというよりは、むしろどの程度仮定しているかを、この最後の告白は表わしている（彼の分析が文化を定義する場合、それは「意味作用の実践」に対する循環的な訴えとなる）。術語の総体は、一つの理論的定義ではない。なぜなら「きわめて重大なことに、どの術語もオリジナルではないし、基礎となるものでもなく、他の術語を最後に固定する点として置かれてはいない」（一三七ページ）からである。

これに伴う問題は、立論の問題ではなく結果の問題である。文化を限定的に説明しようとする企てを放棄するのに比例して、文化はついに一つの研究対象になる。意味作用の実践という文化形態は、文化から生じるのであり、文化は意味作用の実践の総体である。この意味で、カルチュラル・スタディーズの持つ制度的可能性の黙示的要求の強度と、それらの要求に説得しようとする力が不在であることとは正比例するのである。人文科学の全領域をカルチュラル・スタディーズに何の抵抗もなく占領させるものは、カルチュラル・スタディーズによるまさに文化の学術化であり、また、大学が生み出す対象としてよりは大学の知識欲の対象として文化をとらえることである。文化は、これこれのものとして、何かを意味することをやめる。つまり、文化は脱指示化されるのである。したがって、イーストホープの主張に伴う困難は、その主張が、ドイツ観念論者が哲学的文化に割り当てた批判的エネルギーを、また、アーノルドとリーヴィスが文芸文化に割り当てた批評的エネルギーを、カルチュラル・スタディーズの実践に移し替える可能性に基づいているという点である。もし文化がすべてであるなら、文化に救いを求めても救いの力にはならない。つまり、象徴的生活に意義（統一や方向）を与えることはできない。事実上、イーストホープは、あたかもそれが中心であるかのように頼られる、中心なき虚空の周りに大学を再び向けようと言っているのである。

しかし、イーストホープの方法が、カルチュラル・スタディーズについての唯一の思考方法ではない。たとえば、非常に構造主義的なタイプのカルチュラル・スタディーズを提供することは可能であり、そこでは、特定の実践である社会人類学は一つのパロールとして読め、そのパロールの意味はラングによってのみ理解される――サブカルチャーについてのディック・ヘブディジの読みにおけるように[19]。しかし、この方法もまた問題にぶつかる。それがカルチュラル・スタディーズにおいて一〇年単位で数えることが繰り返される意味（「七〇年代イギリスのポピュラー音楽」のような、特定のラングにおける空間・時間座標の固定化）を説明する一方で、このような説明は、バーミンガム学派の初期の研究から出てきた、グロスバーグが文化主義的と呼ぶ種類の研究におけるように、別の場所では非常に重要な干渉主義的欲動を捉え損なっている。したがって、『カルチュラル・スタディーズ』の編集者が言っているように、「カルチュラル・スタディーズについてのどんな本質的定義やユニークな物語《ナラティヴ》にも同意することはおそらく不可能である[20]」。

理論的定義に対するまったく同様な拒絶が、『カルチュラル・スタディーズの再定位』への序文にも現われている。「カルチュラル・スタディーズは、知的地図というたえずシフトする編成のなかに分類整理されることに抵抗する。なぜなら、カルチュラル・スタディーズの関心事は、絶対的に、あるいは第一義的に知的ではないからである……今日における理論と研究の発達を扱うにあたり、本書は、カルチュラル・スタディーズにおける今日的状況の一面について決定的な解説を意図しているのではない[21]」。定義を拒否することに関して驚くのは、この「分野」の多くの人々によって、実に何度もこの拒否が繰り返されるという事実である。したがって、出版業界は、『カルチュラル・スタディーズを読み解く』のような、この学問分野を網羅する論集として教科書を出版している。この本は「十一の相互に関係のない論文」を掲載していると明言しているが、それらの論文に「共通テーマ、共通の心配ごと、共通の後悔」があることは、編集者のマーチン・バーカーとアン・ビーザーには「注目すべきこと」なのである[22]。バーカーやビーザーの主張によれば、カルチュラル・スタディーズの歴史の記録者としてブラントリンガーやターナーがいることによって、カルチュラル・スタディーズは一つの学問分野として一人前になった。ところが、カルチュラル・スタディーズの「プロジェクト」の性格づけをしようとする二人の企てはきわめて大ざっぱなのである。「つまり、初期のカルチュラル・スタディーズには基本的なアジェンダがあり、そのアジェンダは、権力／イデオロギーや文化／参加といった概念の間に大まかな対立をつくりあげた。これらの用語は不完全で不充分であり、……今日われわれがカルチュラル・スタディーズにおいて見るアジェンダとは相当違っていた」（六ページ）。

著者たちは、現在起こっていることについて明確な言及をしてはいない。それは、理論的な新しい方向性というよりは、研究対象に対する態度のシフトである。「したがって、普通の人々が使っている、意味を作り出す戦術の価値や強固さを理解しようと多くの著者が非常に腐心していることが読みとれる」（八ページ）。学会に対するカルチュラル・スタディーズのアンビバレントな姿は、正当化のために「普通の人々」に訴える点に明確に出ている。正当化のための手続きは、学会から出て「普通の人々」へと移行するとされるのだが、しかし同時にこのことは、カルチュラル・スタディーズの学術論文の著者たちは「普通でない人々」で、頂上にいる知識人だということを意味する。そして、バーカーとビーザー自身も言明しているとおり、批評から民族誌学的証人へのこのようなシフト、つまり、「いまこの場でつくられる意味を言葉に表わす」ほうを選んで、「権力と抵抗の作用を解読すること」を問題化することには、それ自体問題がある。なぜなら、「それらの意味を留める概念装置」（九ページ）などもはや存在しないからである。彼らは、多かれ少なかれマルクス主義という親体系にもどることを求めて、文化的生産がいまなお特定の物質的利益や階級的決定の所産であると主張する。カルチュラル・スタディーズの発展状況に関する私の見解が示したとおり、再びカルチュラル・スタディーズの基礎を固める目的で、「活動の社会的関係や体系を理解するためのカテゴリーとして」階級に訴えることは、理論的概念として階級が持つ説得力に対するウィリアムズとトムソンの初期の疑問を実際に無効にしてしまうことである（一六ページ）。

しかし、だからと言って、カルチュラル・スタディーズが（イーストホープには失礼ながら）引力の中心を持っていないと言っているのではない。カルチュラル・スタディーズの研究者たちは、私がすでに指摘したように、理論化には健全な疑念を持ちながら、多くの「理論的」テクストに訴えている。『カルチュラル・スタディーズ』というそのものずばりの書名をもつ、グロスバーグ、ネルソン、トレイチラーらによって編集された重要な論文集のなかで、編者たちはその名祖名《なおやな》のついた対象を定義することをたんに拒絶してはいない。彼らはさらに、カルチュラル・スタディーズを「文化人類学という広い領域と文化というより狭い人文科学的概念を包括する傾向との間の緊張関係で作用する、学際的、超学問的、時には対抗《カウンター》学問的領域」として位置づけている。「したがってカルチュラル・スタディーズは、ある社会の、芸術、信条、制度、コミュニケーションの実践といった領域全体についての研究に関わる」（一四ページ）という言葉によって、この定義は強化されている。それから、このような仕事はまた、政治的な差異を作り出すことを目指さなければならない、と編者たちは最後に明記している。

私がこんなに詳しくこの序文に焦点を合わせたのは、この序文が正しいとか間違っているとかではなく、これが代表的だからである。学術研究によって差異化し、社会変容や社会変化に対する理解を提供したいという願望のなかに、参加のテーマが再び登場する。その結果、カルチュラル・スタディーズは、「判断や調停さえ可能にする一つの場を提供する」かもしれないのである（一五ページ）。しかし、ここで問題なのは、この文化理論の本性のうちには、その差異化に対する方向性が少しも含まれていないということである。政治的方向性は想定されている。しかし、この理論が根拠を置く論理とは、非特殊性の論理である。カルチュラル・スタディーズは、文化に対する肯定的な本質を示すというよりは、意味作用の実践という包括的概念にゆだねられ、また、すべてのことが文化であるという議論にゆだねられているので、文化からの排除――すなわち、文化の特殊化――に反対できるだけである。カルチュラル・スタディーズは、排除の拒否以外、研究対象たる文化の本質のなかに調停を方向づけるものを何も見出さない。そういうわけで、政治的忠誠が、カルチュラル・スタディーズの議論のなかでは重大な問題となる。なぜなら、このような文化概念から生じる方向性には不安が生じるからである。もちろん、排除に対する攻撃は、現状維持に対して逆説的で批判的な関係にある。

　この方向性の問題は、カルチュラル・スタディーズが合衆国に波及したのに伴って、特に重大になった。合衆国は、何らかの特定の文化的内容に訴えることによって、国民国家として自らを正当化したのではなく、国民同士の契約という観点から正当化したので、民衆を骨抜きにしたり抱き込んだりする自動的な政治的方向性など存在しない。英国では事情が異なり、大衆文化の研究は同時に、自動的かつ体系的に、文化の批判であった。なぜなら、その研究は、イデオロギー的国家装置と、それが支配する民衆の間の構造的ギャップをあらわにしたからである。合衆国では、制度は自ずと説明されているので、よりよく機能する。つまりそれが転覆されることはない。たとえば合衆国では、資本主義のプロジェクトが人種差別や女性差別によって妨げられていて、収奪の過程がより広く機能するためにはそれらは廃止されなければならないと信じることが可能である。英国では、そのような主張は、国民国家が基盤としていた民族文化のアイデンティティの核心をついたことであろう。一方、合衆国ではそのような主張は、国家の自らに対する約束、あるいは国家がひそかに思い描く経済制度に対する根本的な挑戦を表わしはしない。カルチュラル・スタディーズは、国民国家の文化的ヘゲモニーを攻撃する。そしてグローバルな資本が同じ攻撃に加わるとき、国民国家の政治の問題は複雑なものになるのである。バーカーやビーザーが懸念したように、多くのカルチュラル・スタディーズにみられる敬虔な左翼主義は、このコンテクストに密接に結びついている——つまり、文化の排除に反対する闘争に向かわせる自動的で左翼的な方向性などもはや存在しないのではないかという恐れと密接に結びついているのである。

私が主張したいのは、カルチュラル・スタディーズの出現が一つの徴候として理解されるべきこと、つまり、カルチュラル・スタディーズが（ウィリアムズやトムソンのように）参加を根本的に強調したのは、文化がもはや内在的ではなく、「向こうにある」何ものかであるという意識からもともと起こったということである。一九六〇年代初頭には、階級、人種、性別、あるいは性的志向などの理由でさまざまな文化制度＝機関から排除された人々は、文化に対する自分たちの関係を再想像しようとした。このことがイギリスで最も強く起こったということは、驚くにはあたらない。

しかし、制度＝機関に関して言えば、カルチュラル・スタディーズが人文科学的探究のための最も強い物語《ナラティヴ》になった第二期の特徴は、生きた文化に参加することの不可能性である。陶冶が主体と客体をもはや融合しないであろうという理由で、このことは大学にとって一つの危機となった。そこでわれわれは、文化についてどう語り、どう参加するのかを理解する別の方法を見出さなければならない。このプロジェクトは、北米で一九九〇年代に批判的な大衆を生み出した。その時点で、排除のストーリーはアリバイを提供しなくなった。つまり、われわれはもはや排除されていないという事実にもかかわらず、排除に対する告発が、不参加についてのわれわれの変わらぬ意識を理解するための唯一の方法となったのである。われわれはもはや排除されてはいない。それは、人種差別主義、女性差別、階級差がなくなったからではない。明らかに、それらはなくなってはいない。むしろ、われわれがもはや排除されないのは、観念論者がそれに与えた言葉の強い意味において、そこから排除されるような文化がもはや存在しないからである。つまり、「文化」という言葉は、われわれがそこから排除されるような、歴史的広がりと批評的同時代性の両方を持つ、メタ言説的プロジェクトをもはや表わさなくなったのである。

しかし、そのような議論には、微妙なニュアンスをもたせなければならない。特定の文化戦争に関与する必要はあるが、特定の排除に強く反抗する必要もまたある。文化は、資本主義についての包括的批判が行われるような領域ではもはやない。カルチュラル・スタディーズが抱える問題は、カルチュラル・スタディーズが、文化批評による救済を果たそうとしている一方で、すべてを網羅すべく、これらの主張を拡大しようとしている点である。こういうわけで、カルチュラル・スタディーズの活動は、国民文学の拡大された部門のなかに最も肥沃な学問分野の地を見出すのである。資本のグローバルなシステムは、世論調査の出現が示唆するように、主体に質問し、主体をあやつるための文化内容をもはや必要としない。統計的世論調査は、調査によって発見される情報の内容に関係なく標準化の作用を行う。世論調査のヘゲモニーは、したがってイデオロギー的であるよりは管理的である。世論調査が発見するものは、いわば、理念、実践、主体の「エクセレンス」指数である。したがって、象徴的生活を「意味あるものにする」審級としての換喩的な文化の主体（想像上の、一人の一般的読者、あるいはテレビの視聴者）の統合力に訴えなくとも、コンセンサスは達成される。順応は、文化の理念に順応することをもはや意味しない。エクセレンスの体制下では「一般読者」は存在しない、なぜなら、すべての人がめいめいにエクセレントでありうるからである。

このような状況が、決して人種差別と矛盾しないことを、『正しきことをせよ《ドゥ・ザ・ライト・シング》』のなかで非常に正確にスパイク・リーがドラマ化している。そこでは、イタリア系アメリカ人の少年の一人が、彼自身のスポーツのヒーローがみなアフリカ系アメリカ人であるという事実にもかかわらず、自分が人種差別主義者だと主張する。つまり、人種差別は、第一義的に文化的あるいは政治的問題ではもはやないのである。アメリカ消費者文化の二つの極——ロックと組織スポーツ——は、マイケル・ジャクソンとマイケル・ジョーダンを喜んで提供することができる。別な表現をすれば、人種差別は、第一義的に表象の問題ではもはやないということになろう。人種差別は、直接的な政治的問題であると同時に、複雑な経済的問題なのである。国家政治の言説では、政治犯として合衆国の留置所にいる膨大な数のアフリカ系アメリカ人を認識することができない。そして、この人種差別の大きさを理解するために、これらの囚人を政治的主体として扱うことはできないのである（彼らは個々の政治的主体として合法的に拘置されている）。代わりにわれわれは、国民国家にならって作られたものでない政治的集団を想像できるような合法的装置と、経済的人種差別との共謀に関する記述を展開しなければならない。国民国家が、自己同一的民衆の意思の表象として政治生活の領域を統一することは、このような不公正と構造的に共謀関係にあるのだ。

したがって、カルチュラル・スタディーズにおいて人種やジェンダーの表象に焦点を合わせることは、『アンクル・トムの小屋』というパラダイムを超えて考える能力がアメリカの学者にはない、という徴候を特に示しているのである。リベラルな学者は、このような表象をイデオロギー的と見なすことが可能な立場から、人種やジェンダーのイデオロギーを非難するが、そのとき彼らは、もしイデオロギー的なものが可視化したのだとしたら、それは、一か八かの勝負が別のテーブルに移ってしまったからだと立ち止まって考えることもしない。ある者は、イデオロギー的アリバイにしがみつき、あらゆる表象が不十分である、つまり、すべてのマイケル・ジョーダンはアンクル・トムだと非難するように自分たちが運命づけられていると考えるであろう。というのも、このアンクル・トムのパラダイムでは、黒人男女はまずそうであるべきよりも少なく表象に書き入れられ、それから、十分に黒くはないという理由で、「現実的」ではないという理由でたえず批判されるからである。このような非難が確かに正しい一方で、それは、若いアフリカ系アメリカ人が大学へ行くよりも留置所に行く方が多いという事実を何も変えはしないであろう。マーティン・ルーサー・キングが知っていたように、文化的可視性が唯一の問題なのではない。アメリカ政府は、彼が描いた人種差別に対する闘争と貧困に対する闘争の間の結びつきを、組織的に無視してきたのである。

　こう言ったからといって、あらゆる形態の人種差別を非難する倫理的義務に私が反対しているというのではない。私は単に、人種差別を主に文化の問題と見なすこと、つまり、一つのイデオロギーと見なすことに反対しているのである。ロナルド・ジュディがかなりの見識をもって指摘しているように、「アフリカ系アメリカ人研究のアプローチが、この研究の持つ手段としての価値、ないしは文化的価値を論証すべしとの要求に応えることに基づいている限り、アフリカ系アメリカ人研究は、「西洋の」近代性が持つ、知識の組織的モデルの内部にしっかりと留まり続けるであろう[23]」。文化的問題を第一義と考えるために、批評家は、文化が、進んだ資本主義のなかに存在する権力にとってはもはや重要ではないという事実を見落としているのである――このような権力が、超国家的企業体を指そうが、非政治化された単極の国民国家を指そうが。

これらの問題のよい例が、周辺化という問題をめぐって現われる。「カルチュラル・スタディーズの成立――バーミンガムのアメリカ人」のなかでグロスバーグが特筆しているように、カルチュラル・スタディーズに携わる人々の間で、社会関係のモデル化に関して根本的なシフトが起こった。つまり、フーコーの影響を受けて、研究の主流は、支配という垂直的モデルから、中心と周辺の観点にもとづくより構造主義的な記述へと移行したのである。被支配者に対する支配者の持つ垂直的支配力（階級支配の古典的モデル）という観点から権力について語る代わりに、われわれは、ヘゲモニー的中心との関連において、多様な周辺的位置について語る。これによって、横のグループ（たとえば、女性や同性愛者といったすべての社会階級のメンバーを含むグループ）における権力関係が地図に描かれるのである。

地図の作成を語るとき、ピエール・ブルデューの分析が、カルチュラル・スタディーズにおいて多くの人々をなぜそれほど魅了してきたのかを理解することができる。なぜなら、権力の二本の軸（象徴資本と社会経済資本）にそって権力関係を図式化しようとする彼の実践によって、経済的領域と文化的領域の両方において権力関係の図式化が可能となるからである。これらの軸の交差点が中心を生み出し、権力の位置は、この中心への近さという観点から測定されるのである。(24)

「文化資本」*3という一般概念は、北米における人文科学の学者にとってはますます魅力的な概念である。ブルデューは、カルチュラル・スタディーズのある分野において、何にもまして頻繁に引用される理論的権威の一人である。後に一九六八年の出来事についての彼の分析を論じるが、さしあたり、その分析様式（一つの閉じられた国民文化の領域の内部における偏差を検証する手段として社会的位置を地図化する）が保守的であり規範的であるにもかかわらず、一人の思想家がカルチュラル・スタディーズの研究者たちになぜそれほど魅力的であったのかを、私は問いたい。この学者たちは、たいていラディカルな主張をしたいと思っているのであるから。これは単に、ブルデューの方法が、社会資本を効果的に定量化（一つの物差しではなく二つの軸の上でだが）することができる位置を地図化するという理由からではない。より根本的には、中心と周辺というモデルを理解すれば、あたかもブルデューの図式と同じように、権力の分析が恒常的に可能となるからである。それぞれの周辺的位置と中心の関係は、いわば垂直的関係のように読み取ることができる。権力の垂直モデルは、基本的には変更されておらず、単に九〇度回転しただけである。したがって、以前よりも多くの変数を使うとはいえ、権力が図式化されるのである。階級の関係という観点からのみ文化的優位を分析する代わりに、一つではなく二つの軸から成る物差し上の位置に階級、人種、ジェンダーを置き、それらから文化的優位を地図化するのである。分析の条件は元のままであるという幾分不公正なトリックがブルデューの場合には避けられない。なぜなら、彼の分析は、ジョン・ギロリーが『文化資本』でわれわれに気づかせているように、文化というゲームから抜け出す道はないと述べているからである。おそらくそのことが意味するのは、人はより技術を身につけた選手になるか、ルールを少し改めるかのどちらかであるということだ。(25)

ブルデューが大学について本を書いており、それは文化に関する理論的権威として目下とても人気があるので、少し時間をとって、文化資本の制度についての彼の分析が持つ問題点を辿ろうと思う。その分析は、二つの基本的な仮説に基づいている。第一に、たった一つのゲームしか存在しないということが想定されている。つまり、文化が相対的に自律的な社会的全体であるためには（二つの軸の上に地図化されうるためには）、すべての文化的ゲームは、文化資本という大きなゲームの一部でなくてはならない。第二に、出口はない。つまり、このシステムの境界線は厳密に引かれており、境界線のなかでは、異なる名声の比率という観点から文化資本の分配を図式化することができる。この単一の閉じたゲームは、国民文化というゲームであり、その境界線は、分析を進めるために無条件に受け入れられている。ここに、次のようないくぶん驚くべき事実の理由がある。つまり、ギロリーの『文化資本』は、ブルデューの影響を受けたと公言する、アメリカの大学制度についての一つの見解であるにもかかわらず、フランスの大学制度についてのブルデューの研究『ホモ・アカデミクス』については少しも論じていないのである。

『ホモ・アカデミクス』は、フランスの大学システムの内部における文化資本の配分を図式化している。しかし、文化資本が唯一地図化されるのは、絶対であると想定された国境線によって厳密に閉じられていると考えられている一つのシステムの内部においてである。ブルデューは、「この対象を構築する仕事から逃れることはできない」と認めており、システム内部の「有効変数」として機能することになる「関連財産の限定されたセット」を列挙している。しかし、ブルデューは、界を決定する国境線について決して疑問を持つことはなく、その界の内部でホモ・アカデミクス・ガリクスを研究するよう提案している。しかし一方で、他の国の国立大学制度出身の読者に対するその領域の適用性という問題を考えるのである（xv）。これらの固定された国境線の内部で、文化資本の不平等な分配が、一つの中心からの相対的距離という観点で地図化される。その中心は、制度的・社会的権威と知的・科学的権威という二つの軸の交差点に位置する。ブルデューはこう述べている。

大学界の構造は、いつの時代にも、行動主体間の、あるいはより正確には、行動主体が自分自身の権利において、とりわけ彼らが所属している制度＝機関を通して行使する権力同士の権力関係の状態であるに過ぎない。この構造のなかでとられる位置は、それを変形しようという目的をもって構造を動機づけるもの、あるいは、異なった権力の相対的力を、つまり別の表現をすれば、異なった種類の資本の間にできた等価性のシステムを変形するか維持するかによってこの構造を保持しようという目的をもって構造を動機づけるものである。（一二八ページ）

したがって、『ホモ・アカデミクス』におけるブルデューにとって、あるフランスの学者たちの国際的権威は、それがフランスにおいて何らかの効果がある限りにおいてのみ考慮に入れられるのである。そういった国内的効果はほとんどないと言っていいのだが。(26) だから、ブルデューの『ディスタンクシオン』のスローガンは「［国民］文化というゲームから抜け出すことはできない」と言い換えられるであろう。(27)

ブルデューが提案する文化資本のシステムは、時には収斂的であり、時には拡散的である貨幣資本の制度に類似しており、イデオロギー理論の見直しを許している。イデオロギーは、経済的利益を反映したり、それに役立つことはない。ブルデューにとって、イデオロギーは、経済的決定から相対的に自立している一つの制度の内部で文化形態を組織する。しかし、それにもかかわらず、イデオロギーは経済的論理に従って文化形態を組織するのである。このように考えることによって、権威が価値の単位として金銭形態の代わりとなるような相対的に独立した経済として、文化を社会学的に解釈することが可能になる。ギロリーが主張するように、このことは「経済主義」だとの非難をブルデューから免じるであろう――経済主義とはつまり、文化形態は決定因的経済基盤を反映する上部構造的要素だとする主張である。しかし、ブルデューの考えは文化についての経済学的分析と呼ぶほうがもっと正確であろう(28)。そこでは、文化が限定された経済モデルに従って表わされるという意味で、経済学的である。またこの限定は、国境線の固定を無自覚に受け入れたことに基づいているのだ。

　ブルデューは、貨幣資本と文化資本の間のアナロジーを強調することによって、また、それらの潜在的変換可能性を強調することによって、基盤と上部構造の間の決定関係という問題から抜け出そうとする。文化資本は、二つの意味で貨幣と類似していることによって、変換しうると想定されている。まず第一に、文化資本を所有することで、国家という社会全体のなかでよりよい経済的地位につける。第二に、国際的なレベルでは、文化資本は異なった国家的形態を持つが、すべての国家は文化資本の形態を持つ。このことは、文化資本の比較研究者の分析予測から起こってくるパラドクスである。それぞれの国家は、独自の権威という通貨を（貨幣のように）おそらく所有しなければならないであろう。その結果、国家の間での変換の可能性が生じる。普遍的分析の可能性は、いわば、世界文化銀行、あるいは少なくとも国際名声基金を意味するのである。

　しかし、名声と貨幣は直接には交換できない、たとえそれらが交換可能であると信じて、分析上からも財政上からも学者が多くのものを得るのだとしても。分析が国家の境界線の内側に完全に限られている時だけ、名声と貨幣は類似しているように思われるし、そこでは、限定されたコンテクストの文化資本が代替可能であるように思われる。なぜなら、翻訳可能性の問題は持ち出されないからである。もしその問題が持ち出されるなら、われわれは一つの問題に直面するであろう。文化資本を、一つの国家という社会全体の通貨として述べる代わりに、既製の答えを持つことなしに「誰にとっての名声なのか」をわれわれは尋ねなければならないであろう。なぜなら、文化はもはや一つのゲームではなく、異なった要素から成る複数のゲームであろうから。もし文化資本が分配できるものであるとすれば、その分配についての階級的分析は自民族中心主義《エスノセントリズム》＊4を覆い隠す。もしすべての文化が可変的に資本化されるのだとすれば、そこに含意されているのは変換可能性の形態であり、変換可能性の形態は文化についての文配的な定義を裏づけるであろう。

自民族中心主義《エスノセントリズム》が問題になっているのではないという幻想は、文化資本の分析が国民的レベルでなされる時にのみ生まれる。そのレベルでは、文化資本の共通通貨は、民族的特性を伴わずに、国家という抽象的な理念のなかにのみ存在する。このような視点からすると、文化資本の分配という観点で規範論争を言い直そうとするギロリーの裏面が現われる。つまりそれは、グローバルな融合（ウォラーステインの「地球文化」）や国家的分裂が国民国家の地位を脅かしている世界においてなお、文化分析の基本的単位として国民国家の形態を保持しようとする願いなのである。この状況が明らかにしているのは、超国家的企業に直面して、国民国家が衰えているということである。つまり、国民国家は、もはや資本の再生産の主要な審級ではないのである。(29)

したがって、ブルデュー（彼は客観性を自負したがっているが）とギロリーが、自分たちの分析に基づいて大学のために何らかの提案をする限りにおいて提案されているのは、大学システムの代案ではなくて、システム内部の資本のより平等な再分配なのである。それをギロリーは、文化商品に対する「アクセス」の増大とか、文化商品の「アクセス可能性」として主題化している。したがってギロリーは、著書の最後に次のような「思考実験」を提案している。文化資本に最大限にアクセスすることを許すために、文化のシステムが再組織化されるならばどうであろうか。「再考」を何度も奨励しながら、ギロリーの著書が果たしていないのはこのことである。(30) この再組織化を誰がどのように行うかという面倒な制度的問題を、ギロリーの本が避けているのは即座に見て取れるのだ。しかしこのことは、おそらく無作法な揚げ足取りであろう。より直接的には、この提案の下に横たわる分配の公正さというマルクス主義のモデルが確かに意味しているのは、「コンセンサスという夢」――これをギロリーは以前批判していた――がいまや頭をもたげているということである。第二に、文化資本のこのような再配分は、ギロリーがほのめかしているほどシステムに対する脅威にはならない。資本主義がその消費者の基盤を拡大しようとしているときに、ギロリーの提案は、専門技術官僚的文化と同じ方向に向かっていないだろうか。ギロリーの再配分は、「財産所有民主主義」という囲いの内部にすべての国民を入れようとするサッチャーリズムの信奉者の願望とどのように異なっているであろうか。文化へのアクセスは、収入と同様、明確に区別できるのであろうか。

　私が思うに、「アクセス」の政治学に関してギロリーが提供しているよりもずっと適切な考察を要求する資格がわれわれにはある。ところで、彼が提供するものは、次のような結論である。

> このような普遍的アクセスを有する文化のなかでは、規範的作品は、よくそうなってしまうように生命なき記念碑とか階級区分の証拠としては経験されないだろう。規範に関する論争が、審美的判断を信用しない傾向にあったり、形而上的装いや政治的偏見を伴ってある種の当惑を表わす傾向にあるかぎり、その論争はまったく要点を外しているのである。要点は、判断を消し去ることではなくて、判断の実践における条件を改善することである。もし、文化というゲームから抜け出す道がなく、しかも文化資本が資本の唯一の種類であるような時には、敗者にとってあまり悲惨な結果にならない別のゲーム、審美的ゲームが存在するであろう。生産と消費の手段を社会化することは、自由な唯美主義の条件であり、唯美主義の克服ではないだろう。しかしもちろん、これは、思考実験にすぎないのであるが。（三四〇ページ）

密度の濃い三四〇ページに及ぶ論の展開の後で、この締めくくりは、美学の救済力に対してかなり特殊な要求をしている。それが示唆しているのは、われわれがいまだにカントを受け入れる準備ができていないということ、さらに、マルクスがその仕事を完成し、生産手段と消費手段が社会化された後にだけ、われわれは本当にカント主義者になることができ、害のない方法で審美的判断という自由な遊びに参加することができるということである。唯一その時に、判断の競争から生じる特異性は、もはや社会経済的結果を持たず、単に文化的結果だけを持つのだ、とギロリーは主張する。

美学の相対的な自律に対するこの明らかな嘆願は、経済的基盤の特権をぐらつかせることになる。経済的基盤が問題ではなくなった時だけ、審美的判断は、それ自身の本質的に無害な性質を自由に発揮する。唯美主義は自由である、なぜなら、それがもたらす差異はもはや現実の悲惨な差異ではないからである。ここにフーリエ主義の声を聞く人もあろう。[*5] 国家をファランステール〔フーリエの主唱による社会主義的共同生活団体。一団約一八〇〇名〕にしよう。そうすれば、われわれは芸術家である。この種の構想は、文化が閉じた制度である、あるいは、固定した境界線、つまり国家という境界線を持つゲームであるという可能性に依存している。このことは、境界なしのゲームとして資本主義が現在グローバルに発展していることを忘れているように思われる。そのことはギロリーも別のところで特に言及している（三四五ページ注一一）。さらに、文化が本質的には害のない差異の領域であるという議論は、少なくとも、私には疑わしく思える。文化的差異は、それを何らかの価値のあるものにする社会経済的結果を持つというだけではない。そうでなければ、われわれはみんな同じ言語を話すであろうから。しかし、われわれがみんな同じ言語を話すわけではないという事実、「社会的全体性」は民族性と国民国家と国語の間の類推によっては定義されないという事実を真剣に受け止めるならば、文化資本という観点からの徹底した分析は不可能になろう。

ギロリーのような思想家や、カルチュラル・スタディーズをより綿密に研究している人たちにとってブルデューが魅力的であったのは、文化が何らかの特定の指示対象を喪失したこと——文化の脱指示化——を考慮することができる文化分析を提供し、また一方で、文化的中心への近さ、あるいはそこからの距離という観点から文化資本の分配を地図化することによって、文化についての積極的知識と思われるものを生み出せる文化分析を提供したからである。しかし、このことは、今日における権力の本質についての誤解であると、私は考える。ブルデューと彼の支持者は、中心がもはや現実的な場ではないということを理解しそこなっている。フーコーが知っていたように、一望監視方式は権力の一つのモデルであるにすぎない（多くの読者がこのことに気づいてはいないようだが）。文化は占領される城砦ではない。実際、誰も中心には座っていないのである。中心は、国民国家という制度＝機関によってかつては占領されていた。そして国民国家は、資本を具現し、社会という場を横切って放射する文化として資本を表現したのであった。しかし、国民国家の衰退は、この中心が実際には疑似餌《ルアー》であることを意味する。資本は、もはや中心から外へ向かって流れはしない。むしろ、資本は周辺部を循環し、中心部にしっかり目を見据えている人々の背後を流れているのである。周辺部では、資本のグローバルな移動が、多国籍企業あるいは超国家企業の掌中で起こっている。いわゆる中心、つまり国民国家はいまや単なる仮想的な点なのであり、その点が資本のグローバルな流動の内部で周辺的主体を組織するのである。国民国家は占領される場ではない。ゆえに、すべての人が文化的に排除されているようにみえると同時に、ほとんどすべての人が資本のグローバルな流れの内部に含まれているのである。

要約すれば、国民国家の衰退が意味するのは、文化がもはや文化的中心との関連で主体を内包するとか、あるいは排除するとかいう問題ではない。さらに、内包の度合の問題ですらないということである。ゆえに、参加の問題が生じる。なぜなら、われわれはもはや解放のストーリーを、周辺部から中心部への通行、あるいは主体性の門への入場というようには語ることができないからである。大学関係者たちがよく知っているように、発言の位置は周辺部にあり、中心は沈黙している。このことによって私が言いたいのは、今日の学会で発言するためには、周辺性という立場を想定することが強要されるということとである。だから、保守派の人々さえ、自分たちを弁護するためには、自分たちが文化の周辺部に位置しているというストーリーを語らなければならない。したがって、デイヴィッド・ホロウィッツやディネッシュ・ドスーザのような人々は、男性支配を支持し西洋文化の至高性に味方するにあたって、異端的な立場をとっていると主張する。中心的なものを弁護する人々が、周辺化されていると主張する必要があるというのは、何を意味するのであろうか。

合衆国の文化に関する議論が起こるべきところで、つまり大学で再び起こっているという健全な徴候として、ジェラルド・グラフが「文化戦争」と呼んでいるものを吟味することは強く関心をそそられる。(31)この夜明けに生きていることは無上の喜びであり、終身在職権を与えられ、中年に近づくとなればまさに天国である。それでもワーズワースがとらえた革命時のフランスのように、合衆国は、「空想物語の中の国であり、そこでは理性が最大限に権利を主張すると思われている」のであろうか。アメリカの文化戦争で私が気掛かりなことは、議論の両方の側から、国民的アイデンティティの名において処方と説明の混ざり合ったものを耳にすることである。つまり、合衆国の国民的アイデンティティは、選別された伝統か、それとも多文化的な虹を反映している、また反映すべきであるという主張である。(32)個人的には、私は開放的であることに賛成である。しかし、真のアメリカのアイデンティティを多様であると言うことで、「多様性」の擁護者が自分たちの議論を補強する傾向にあることについては、私はいささか懐疑的である。このことは、真にアメリカ的であるとは移民であるということを繰り返して言うことに等しいのであり、人間の文化と自然の間に対立を設けるという啓蒙主義のトリックを繰り返すリベラルな議論なのであり、それは、ネイティヴ・アメリカン、あるいは先住民を文化の側よりも自然の側に置くことである。

たとえば、ベッキー・W・トンプソンとサンギータ・ティアギは、『繰り延べられた夢の彼方に――多文化教育とエクセレンスの政治学』の序文のなかで、「われわれの計画は「アメリカ」を再考することに他ならない」[33]と論じている。彼らは人種差別主義を明らかに避けようとしていて、「ネイティヴ・ハワイアン」を、寄稿者となっている他の「有色人種」たちと並べて著者名簿に載せている。このように善意で寄稿者を集めているものの、それがかえって直接表明することのできない大学の地位に対する不安の程度を、寄稿者に関する注釈から見て取れることになるのである。そうした注釈は、人種、ジェンダー、性別などから寄稿者の周辺性を逆説的に強調している一方で、現実に対して付随的ではあるが妥当性をもったかたちで密着していることをも主張するのである[34]。したがって、寄稿者の制度＝機関への参加の機会は与えられている。しかし、教育政策に関する書物としては面白いことに、寄稿者についての注釈はほとんど、課外活動と文化的周辺化にあてられている。遺憾ながら、おそらくこのような焦点の合わせ方は、今日の大学市場における圧力に対する知的な対応なのである。そこでは、「現実の」こと、あるいは大学外のものは、貴重な大学の商品になっているのである[35]。文化的制度＝機関から寄稿者たちが周辺化されていること自体が、彼らが文化に参加するための基盤である。周辺と中心は、権力の力学の説明にはもはや役立たないのである。

差異を表わすために先住民の名を引き合いに出し、（排除することを恐れて）他の人たちと同じリストに載せるという論理は、先住民が数ある移民の一人でしかないという自己認識を代償として、つまり、次のようなリストが求めるまさに差異の質的均質化という代償を払わせる仕方で、先住民に声を与えることである。「進歩的な教育改革を率先して行った人々を紹介するというわれわれのコミットメントを保持するなかで、白人女性、ゲイやレズビアンの人々についての章に加えて、有色人――アフリカ系アメリカ人、ラテンアメリカ人、アジア系アメリカ人、インディアン、ネイティヴ・ハワイアン――によって章のほとんどが書かれた」[36]。私は、このようにリストアップすると、先住民が均質化のために犠牲となることを指摘しているのである。一般的には、多文化主義の効果は、規範から同等に逸脱したものとしての差異を、必然的に均質化することにある。そういうわけで、超国家企業の感性の訓練においてであろうが、グローバル経済に自分たちも仲間入りしようとしているカナダや欧州連合のような超国家の連邦政策においてであろうが、多文化主義がグローバル経済のために国家的文化政策に取って代わっている。このことを別の表現で言えば、多文化主義の議論は、「アメリカ化」のもう一つの形態になってしまうのであって、それは、アメリカを再考――すなわち、再記述――すべきだという、この序文の著者たちによる主張の口調を変更してしまうのである[37]。

多文化主義的立場を広範囲にわたって批評することは可能であるが、私は、さしあたって非難よりは診断に興味があり、合衆国における国民文化に関する議論がなぜ大学に戻ってきたのかを理解しようとするほうに興味がある。その議論は、一般に思われているよりも特にアメリカ的であるわけではない。何らかの特別な裏切りの結果であるというよりは、その議論は、今日の高等教育が置かれた特有の状況から、つまり文化的中心の欠如によって引き起こされた問題からそのエネルギーを引き出している[38]。文化戦争が起こるのは、この中心の欠落においてである。

しかし、このように言ったからといって、かつて中心的文化をコントロールする勢力であった集団が消えてしまったとか、この集団が文化的権力と自分たちの関係を意図的に偽ったのだとか言うつもりはない。この点に関して、ジェラルド・グラフが『文化戦争を超えて』のなかで、アラン・ブルーム、ウィリアム・ベネットやその他の論客を活気づけている、死せる白人男性の周辺化というストーリーを偽りだとして斥けたのは少し早すぎたと思う。右派の人々が行っていることは、徴候として理解されるべきなのだ。グラフが正しく指摘しているように、レーガンとブッシュ政権のもとで、右派の人々は実際に文化的権力のすべての地位を占めながら、同時に自分が排除されていることを悲しんでいるのである。このことは、単なるイデオロギー的トリックではないし、映画『ボブ・ロバーツ』で虚構の共和党候補がしたように、反逆的態度が持つ魅力を吸収する試みではない。文化的権力の所有者が、異端的反抗者として自分たちを描く必要があるということが何を意味するのかを、われわれは問う必要がある。保守派の人々の嘆きは、自分たちが持っている文化的権力の空虚さを彼らが感じているという事実によって駆り立てられていると、私には思われる。つまり、彼らは所有している文化的権力の無力さを認識しているのであり、文化的権力を強奪したとして左派の学者を責めているのである。彼らは中心を占めている、しかし、それが単なる仮想の点でしかないことを知っている。文化的右派は、中心から排除されたことに反対しているのではなく、中心を排除したことに、つまり、中心の欠落に反対しているのである。したがって、「文化戦争」は、文化的権力を持ってはいるがその権力がもはや重要ではないのではないかと危ぶむ人々と、文化的権力から排除されたがために自分たちが権力を握ったときにだけ権力は意義をもつと信じ込むようになった人々との間に起こってくるのである。

双方の激しい自己周辺化は、自己の目をくらますものである。つまり、ゲームの賭金が変化したこと、中心は実際に話さないこと、発話の特権的位置は文化に参加する主体の位置ではないということ、これらを認識するのを拒絶することである。主体の自己周辺化として現われているもの（そしてドスーザのような右派、ロバート・ヒューズのような自由主義者、サンデ・コーエンのような左派の人々からルサンチマンの文化としてしばしば非難されているもの[39]）は、国民国家（現実のものであれ理想のものであれ）が、語る主体がそこに自己の姿を権威をもって見出せるような一つの文化形態としてはもはや存在しないということを示唆する徴候なのである。主体の周辺化という主張は、文化形態としての国民国家の中身の空無化と相まって、発言はいまや、伝統的市民主体からよりもむしろ周辺的特異性[*6]と私が呼ぶものから起こっているという事実を被い隠しているのである。

感覚－印象の意識的統合の場として機能することが可能な主体位置などもはや存在しないということを示すために、私は、とりわけドゥルーズとガタリに依拠して「特異性」という語を使う[40]。私が提案しているシフトは、個人の存在を理解する方法として、主体という範疇から特異性という概念に移ることである。デカルトによれば、思考する個人は推論の活動の場として自分自身を位置づけることによって、他の主体の中の一つの主体となることができる。自身の思考について推論する（自分が考えていると思う）能力は、自意識である。すべての個人はこの能力を共有し、そのために原則的には交換可能である。ハーバーマスのような人にとっては、かくしてわれわれはみな同意したり、あるいは少なくとも意見の違いを認めて折り合うことができるのであり、そのことが意思伝達能力の基盤となる。したがって、主体は自意識の事実であり、ジェンダー、人種、その他によっては特色づけられていない。

特異性への方向転換は、主体の範疇と、主体が主張する中立性を問題視する結果として現われる[41]。特異性は、主体としてではなく、個人について語る方法を提供する。特異性は、個人の根本的な異質性、つまり、物質、歴史、経験、あるいはその他のものの塊状集積として、あなたは他の人ではないという絶対的な事実を認識する。すなわち、誰か他の人と共有するであろうと前もって考えられるものは何もないのである。だから、アメリカ中西部出身の白人のレズビアンの女性（差異のリストはもちろん増やすことができる）が、たとえばリベリア出身の異性愛の黒人男性と互いにやりとりし合う際には、議論するなかでお互いを透明な存在にし合う共通の主体性（あるいは共通の主体的抑圧）を基盤としてそうするのではない。むしろ特異性が交渉するのであり、しかも、特異性の構造は非常に奇妙である。なぜなら、それは繰り返すことができないからである。したがって、特異性は全体的な自意識を達成することができない。なぜなら、もし特異性が自分自身を知っているならば、それを知っている自身は、知るという行為を行った自己とは同じ自己ではないからである。

このことを別の表現で言えば、特異性は特殊性の最小の中心点であり、それは主体として構造的に均質化されることがない。これは、特異な個人を、物理学の言葉で言えば一種の「遊離基」にするということではない。特異性は、マス・カルチャーのなかで均質化される（マス・カルチャーは特異性を、公の領域あるいは市民社会の伝統的生産的主体の代わりに、消費者主体へと変える）。この点に関していえば、コンシューマリズムは、主体という概念の不十分さを示す主要な指標なのである。なぜなら、「主体」についての伝統的説明は、なぜわれわれが買い物をしたがるかの理由すら説明することができないからである。たとえ、買い物は自己犠牲の一様式であり、自由で自律的な行為ではないということをわれわれが知っていてもである。つまり、われわれは売られているものを買うのであり、欲しいものを買うのではない。そして買ってから欲しがるのを終わらせるのである。そのために、主体中心の理論はイデオロギーの概念を発達させたのだし、また、生存に必要なもの以外のものを買うことのすべてが、騙されやすい「カモ」に対して行われたイデオロギー的ごまかしの所産である——転落のもう一つの物語《ナラティヴ》である——と主張することが必要だったのである。

私がいま略述したことは、人によっては不必要に複雑な議論のように思われるかもしれないが、特異性という観点から話をする利点は、特異性が、矛盾する多様な状態を論じる一つの方法を提供してくれる点にあると、私は言いたい。なぜなら、その矛盾する多様な状態のなかでは、(商品や他の物に対する) 欲望、権力、知識の関係が個人のなかで流れているのだが、それらを論じる際、われわれのかつて失った、そこに立ち戻るべき関係という安定した自然で論理的な秩序の存在を仮定する必要がないからである。「周辺的特異性」を語ることは、全体的自己意識を達成する、つまり、他者と世界に対して調和するバランスのとれた関係を達成する理想的な個人など存在しないということを主張することである。周辺的特異性は、文化の中心には立っていないのである。

文化の概念は、かつてそのような中心的主体を提案した。その主体は、文化への参加の論理が経済的収奪を超越した平等という基盤を提供したことを示唆するために、実はイデオロギー上引き合いに出されたのである。現代の資本主義経済は、このイデオロギー的ヴェールを放棄してしまった。したがって、たとえ文化的表象からの排除がずっと続いていようとも、この排除を痕跡的なものとして今は考えることができる。文化的タブーを放棄することが、急速に進んでいる。処女のイコンであるマドンナは、映画のなかでゲイの黒人男性とベッドに入っており、観客は、このシーンがどれほどショッキングかという観点から文化的に自分を位置づける。これが、スペクタクルの社会という用語によってドゥボールが言わんとしたことである。つまり、制度の内部の一つの価値として、「衝撃値」として、制度の外にあるものを再循環させることである。マドンナが知っているように、文化は、さまざまな役割やそれらの組み合わせから成り立っているのであり、アイデンティティから成っているのではない。原則的には誰もが文化に参加でき、ウォーホール的一五分[*7]を持つことができる。そうすることができるのは、このような参加がもはや、以前あった社会に対する意味を持たないからであり、また、社会がもはや文化的アイデンティティを実現するために組織されていないからである。文化的アイデンティティは、資本の流れの媒体となっているよりもむしろ、いまやその障害となっているのである。

　隠された、あるいはいまだ実現されざるアイデンティティという観点からこの過程を非難するよりは、行為主体の問題をわれわれは再考する必要がある。つまり、自己同一的主体よりも新手の媒体あるいは役割のなかに出現する行為主体の種類がどのようなものであるかを尋ねる必要がある。そして、私が単にカルチュラル・スタディーズを非難していると思われるといけないので、カルチュラル・スタディーズにおける研究は、この緊張によって組織されている、つまり、イデオロギー批判に携わりながら一方でその限界を認識する全般的傾向によって組織されているということを明確にさせてほしい。このことは時には、背信のように見えるし（行動主体はやがて歴史の主体へと固定されるであろう、つまり「文化構造」の理論は新しい歴史的プロジェクトの基盤になるだろうというひそかな希望）、また時には、普通の仕事とは別の何かをする企てとして現れるのである。

　文化が重要だという考えは、政治的形成物としての国民国家が優勢であることと免れ難く結びついている。したがって、国民国家の衰退は、権力の問題が文化的参加のうちに主体を含むとか排除するとかという観点からはもはや組織的に論じられないということを意味している。主体の位置という代わりに、われわれは特異性について語るべきである。なぜなら、主体としての特異性に無関心な（ある意味では国民国家はそうではないが）仮想の文化的中心との関係においては、特異性は周辺的なものとして現われるからである。換言すれば、かつて「文化」があった図の中心に、われわれは「エクセレンス」と書くことができる。もろもろの位置は、エクセレンスの度合という観点から地図に書き込むことができる。そしてこのような地図作成は、大学のような官僚的制度＝機関の仕事である。しかし、その機関との関係におけるわれわれの位置が意味の決定因なのではないという理由で、これらの機関は断固とした意味で文化的ではないのである。なぜなら、第2章で考察したように、「エクセレンス」は指示的ではなくて、システムの内部にある価値の単位、架空の物差しの基本単位だからである。

したがって、これが私の言わんとすることである。文化が大学の活動原理であることをやめたときに、カルチュラル・スタディーズが疑似学問分野として現われ、数あるなかの一つの研究対象になった。参加するということがどんな意味なのかもはや分からなくなり、占領すべき明確な城砦がもはや存在しなくなったときに、参加の問題が省察の最も明確な対象になった。それは、カルチュラル・スタディーズがばかげていて、それを実践する人が要点を捉えそこなっているということではない。むしろ、もしも文化がすべてであるなら、文化には中心がなく、それ自身の外側に指示対象を持たないのであり、この脱指示化に直面することこそ、カルチュラル・スタディーズの義務的課題であるように私には思えるのだ。

この問題に直面する好機が訪れている。なぜなら、カルチュラル・スタディーズの努力は、大学のなかにいることが何を意味するのかという問題を思索するための今日的方法であり、ドイツ観念論者とは違って、思索そのものがすでにその問題に対する答えなのではないというさらなる複雑さを持つからである。ポスト歴史的大学、理念なき大学の状況とはこのようなものである。したがって、カルチュラル・スタディーズの仕事をどのように理解するか、かつての大学に対するノスタルジアのような魅力的な徴候とは別のものとして、さまざまな分析をどのように概念化するか、という問題が残る。つまり、カルチュラル・スタディーズがエクセレントに文化を批評するのとは別のことをどのようにできるか、という問題である。

第8章　ポスト歴史的大学

文化の中心的概念がその本質的な機能を喪失した現在、われわれは再び大学をどのようにイメージしたらよいのだろうか。本書の最後では、大学を国境をこえて比較・分析することが可能となるための枠組みについて検討することになる。この議論を進めるとすれば、当然次のような事実を考慮しなければならないだろう。すなわち、大学は存続するにしても、それを文化との関連のみで理解しようとするのはもはや不可能なのだということである。いったん、資本主義が国をこえて文化の意味を侵食してしまった以上、また、いったん制度＝機関のシステムがそのような言葉〔文化〕と関連させなくとも機能することが可能だということが分かった以上、教育の役割を、第一義的に文化の習得、あるいは文化の拒否という観点から考察することはできない。このことは、必ずしも、大学に関わっている者が批判的判断をやめるとか、受け身の観察者になるとか、まして資本の熱心な僕《しもべ》になるべきだと言っているわけではない。後述するように、価値の問題は、さらにもっと意義あるものとなろうし、また、価値を判定の問題として提示することによって初めてエクセレンスの言説を拒否できるのである。価値評価は、ものを測る手段というよりも、むしろ社会的問題となりうる。しかし、そうしたとしても、真の価値の構成要素についての概念や、教育を真に権威づけているものの概念をとらえることにはもはや適しないだろう。というのも、今日問題となっているのは、もはや価値の性質ではなく、その機能なのだから。

エクセレンスが、ものを測る方法を優先させて、価値の問題を括弧にくくる、つまり、説明責任や説明義務の問題を計算による解決に置き換えるのに対して、価値の問題をオープンにしておくことは、社会的な事柄を別の形で想像しうる能力をオープンにしておくための一方法である、と私は主張したい。重要なことは、このことが大学を基準にしたり、大学のなかで発展した真の社会的モデルを提示することと同じではないという点である。かくして大学は、文化的価値を検証するための中心的制度＝機関というよりも、とりわけ、ものごとの判定を一つの問題としてオープンにし、さまざまな試みがなされる場となる。しかし、少々先を行き過ぎた感があるので、まず批評の問題に戻って、カルチュラル・スタディーズという学問分野のプロジェクトと結びついたさまざまな問題と、文化の後に考えるべき問題とをもっと一般的に関連させてみたい。

国民国家の衰退、および国家的イデオロギーとしての文化の衰退は、大学の伝統的な役割をシフトさせるだけでなく、そのようなシフトを分析する際の用語の理解をも難しくする。私はすでに今日の大学、あるいはポスト歴史的大学、つまりエクセレンスの大学の運命について論じた。そういった大学では、エクセレンスが、妨害されることもなく学校行政を内部で最大限行うことを可能にする非指示的原理を提唱する。私は、そのような行き方は拒否されるべきだと提案した。しかし、批判によってそれを拒否すること、つまり再び大学の批判的機能を動員することによって拒否することは、残念だがラッダイト[*1]

の方法と言わぬまでも、カント的方法から先に進まないことを意味しよう。

システム強化策としての批判＝批評の問題は、テオドール・アドルノの「文化批判と社会」(1)のなかで、見事にむだを省いた文体と刺激的な論理で略述されている。彼の複雑な議論は、現代の文化がイデオロギー的口実を放棄したことによって、伝統的な批評形態が崩壊したことを歴史的に跡づけている。全体を代表する「ブルジョワ」のハイ・カルチャーに対する反排他的攻撃も、収奪の真の性質を隠してしまう「パンとサーカス」としての大衆文化への攻撃も効果はない。この文脈では、イデオロギーとしての文化批判は旧式なものとなる。なぜなら、文化のイデオロギーにはその外側にあたるものがないからである。文化は、もはや何も隠さない。文化の背後には、イデオロギー批判が見出すべきものが何もないのだ。「文化が孕む唯物論的透明性のために、文化は一層誠実なものになったのではなく、ただ一層俗悪なものになったにすぎない」（三四ページ）のだが。ということは、文化の分析は、もはや確固とした根拠を想定できないし、文化の所産を、権利を付与された特定の利害団体の企みに帰することももはやできない、ということを意味する。アドルノの言葉を借りるなら、こう言えようか。「今日、イデオロギーとは、みせかけとしての社会を意味する。イデオロギーは、部分性の規則を背後に備えている全体性の仲介を受けてはいるが、ある特定の部分的な利害団体に容易に還元できないものになっている。いわば、イデオロギーは、断片となって中心近くに平等に存在しているのだ」（三二ページ）。

アドルノも認識しているように、文化批評家は、次のいずれかの立場をとる。一つは、文化を、偽りの、または不自然なもの（「自然なもの」の概念それ自体が、批判されている文化によって生み出されたことに気づかずに）とする超越的な立場。もう一つは、文化に、すでに保有している自意識をさらに与え、誠実さよりも俗悪さを増大させる内在的立場。「みせかけの意識という本来的意味でのイデオロギーはもはやなく、あるのは、世界の写しと、信念を求めるのではなく沈黙を要求する挑発的な虚偽を通して示された、その世界の広告だけである」（三四ページ）。文化批評＝批判は、文化が上首尾か不首尾かという観点からよりも、真実か虚偽かという観点から組織化されているという前提に立っている。さらに言えば、文化のイコンに対しては疑似宗教的信仰があり、一度その組織が文化的イコンを経済的利益の場にする姿勢をとると、その活力は失われてしまうという考えに批評は左右される。だから、イギリスの王室一家は、大衆への迎合に対するイデオロギー上の口実の対象というより、むしろソープオペラの対象となり、その一方、ミュージック・テレビに登場するビービスとバットヘッドという〔滑稽な〕人物たち[*2]は、文化批判が無知で騙されやすい人々とみなしている視聴者たちを楽しませるために、ビデオ・クリップのなかでジェンダーの役割などについて記号学的分析を演じることができるのだ。

こうして、カルチュラル・スタディーズの問題が生じるのである。その文化の分析は、確かにある種の効果をあげるが、それはもはや伝統的な意味での文化的とはいえないシステムによる、さらなる投資の場としてである。カルチュラル・スタディーズによってなされる分析は、システムに脅威をもたらすよりもむしろ、このシステムのための新たな市場的機会を提供しかねない。パンク・ミュージックやドレス・スタイルなどの実践は、アカデミックな論文のなかで自意識を与えられているが、それらが得る権威は本来のものではなく、経済市場的なものである。それは映画においてであれミュージック・テレビにおいてであれ、あるいはロンドンの観光客にとっての関心の場においてであれ同じである。旅行ガイドは、文化的特殊性がもはや市場のシステムに本来の選択肢を提供せず、いまや商品価値へアクセスするための一形態になっていることを示すには好例であろう。文化の特殊性は、それが流通するシステムの外では指示対象を持たない。率直な言い方をするなら、パンク・ファッションの衝撃値は、文化的意味からいうと永続性がない。なぜなら、それはまもなく「エクセレントなパンク」となる可能性があるからである。しかし、永続しないといっても、新たなことを試みる価値がないというのではない。ただ、試みることによってシステムの外の真の文化に近づけるとか、我有化の回路を絶対的に断つことができると考えるのは、素朴だと言いたいのである。

だからといって、文化の理念に代えて理性の理念に戻ろうとすること、つまり、文化にその理性を戻し、歴史を合理的分析の場にすることがわれわれにできるとは思えない。アンソニー・イーストホープが、カルチュラル・スタディーズを新たなより科学的なパラダイム――審美的イデオロギーという迷信的なヴェールを剝がし、もっぱら理性の厳しい光のもとで裸にした状態で文化を分析すること――として歓迎するとき、私はカルチュラル・スタディーズの批判的能力が、カント的ノスタルジアによって活気を得ることになるのではないかと恐れるのである。さらに、その懸念は、ケアリー・ネルソンらが学問分野に関してとる強攻策にはっきり見て取れる。たとえば、彼らにとってカルチュラル・スタディーズにおける学問分野上の問題は、結果的には境界紛争的議論となってしまう。つまり、教授集団の対立のなかでの勝利を確実にするという問題となってしまうのだ(2)。

私が提案したいのは――またこの提案は、私の長い論考の最初に来るべきものだが――われわれは、ポスト歴史的大学の特徴である脱指示化をうまく利用すべきだということである。つまり、われわれは、理念を持たない大学〔university〕、統一〔unity〕と普遍性〔universality〕という語源学的混同から名称を得ているのではない大学を目指す意味を考えるべきだということである。フンボルトにとって、大学は、原則として独自の学問上の統一と、理想としての究極的普遍性、陶冶によるその伝播とを融合する全体的な理念を表わすべきものだった[3]。私としては、文化が提示する共同体とコミュニケーションの交差を省察する際に、そのようなヴィジョンから離れた考えがまず来なければならないと思っている。

　文化の大学について、第5章で点描した議論をここで要約すれば、文化の大学は、コミュニケーションの透明性という概念に立脚しているということである。ドイツ観念論者たちにとって、この透明性は、民族的共同体と絶対的な理念との融合をもたらすものであった。この融合はさまざまなレベルで起こる。教育の点から言えば、フィヒテは、授業そのものを学生の教師への自己提示であり、同時に教師の学生への自己提示ととらえている。自己提示といっても、教室での裸[*3]と何ら関係なく、それは教師と学生をいわば単一の法人的団体へと融合させるような対話と関わる。「〔そこには〕早くから相互に深く知り合う方法を学び、あらゆる省察はすべての者が確認できるものを基盤とし、また議論しあう問題もない、そういった共通の精神的存在がある[4]」。フンボルトとシュライエルマッハーが際限なく語り合っている大学という共同体が、これである。それは、議論の対象となる問題がないという意味で、対話がない共同体である。そこには、相違点がない、根本的に対立する相違点もない、あるのは、同意する事柄についての正確な本性に関する議論があるだけである。

　シュライエルマッハーは、「権威の座からの《エクス・カシードラ》」尊大な講義でさえ、一つの対話の形態であり、大学共同体の基盤を支えるサンクチュアリであるという奇妙な論を展開している[5]。そのような講座は、たとえ外面的な形はとらないにしても対話の精神を表わしている、と彼は主張する。シュライエルマッハーにとって、「権威の座からの」講義は、聞き手に知的共同体の理念を呼び起こし、所産としての知識を伝達するというより、知識を得るプロセスを演じることを意味した。コミュニケーションはしたがって、建設的な知識の伝達手段ではなく、陶冶のプロセスを演じることとなる。大学という共同体の基盤は、知識伝達のプロセスを共有する能力にある。コミュニケーションは、理念を明確にするプロセスのなかで話し手と聞き手とを結びつける。それは、単に両者を結びつける手段や橋というだけではない。その意味で、コミュニケーションは、相互交流的というよりも、表現的である。なぜなら、理念は（知識習得のプロセスを演じる）話し手によって、科学として客観的に明らかにされ、（知覚への願望を呼び起こされるなかで）聞き手によって、陶冶として主体的に明らかにされるからである。

　ハーバーマス、レペニース、フィッシュらの大学に対する姿勢は、表現的な解明を目指すのではなく、コミュニケーションの相互交流的モデルへの回帰を示している。統一は、はっきりと表現されるのではなく、コンセンサスの地平に置かれる必要があるという意味から、消極的に暗示される。このコンセンサスが、経験的に実現しないとしても、コミュニケーションのあらゆる行為の前提条件である。コンセンサスは、文化の統一的理念の基盤である民族的アイデンティティに取って代わる。カルチュラル・スタディーズにおいては、政治的コンセンサスの地平が時折この役目を果たすと思われる。

　これらの代わりに何をすべきかを考察するには、さらに多くの問題が控えている。私としては、ロバート・ヤングの意見に惹かれていることを告白しなければならない。大学は、市場経済の内と外の両方において、「経済が包含しきれない余剰として機能する」[6]必要がある、というのが彼の主張である。そこには二項対立があるが、大学は単に有益でもなければ、単に無益でもないことによって、その対立を脱構築するだろう。すべてが大変よい、まさにそれこそフンボルトが願ったことである。つまり、国家にとっての間接的有効性と直接的な無効性。もちろん、ここで次のように問われなければならない。その脱構築が、なぜフンボルトの言葉の言い換えで終わるのか、と。もしこのような言い方が、ニューマンやベンサムの大学論を研究したヤングの優れた論文の結論であるにもかかわらず、私がそれに不満を感じるとすれば、それはヤングが大学の理念を救う方法を相変わらず模索しているからであろう。彼は、文化の理念に代わって機能する脱構築的理念――代補の理念――を提案することによってその方法を提示しようとする。文化がこれまで何らかの形で危険な代補物であり続けた、と国家に申し出ることによってこの理念を売り込むこともできるだろう。しかし、私は、危険な代補物といった、トラブルを起こしそうな新たな指示物を示すことによって、大学の理念を救いたいとは思わない。技術系大学は、すばらしく代補的であること、つまり、代補物を余剰価値へと転換することによって応えるだろうが。

われわれが、民族の精髄としてであれ、共和国的意思であれ、もはや国民のアイデンティティを実現する努力をする必要はないと認識したなら、大学の存在理由とは一体何なのであろうか。このような問いかけは、必ずしも大学を崩壊させるとか、私自身が大学を辞めたがっているということではない。私は、厭世主義者でもなければ、楽観主義者でもない。そのような言葉が暗示する気休めが適当とは思えないからである。その意味で、私は、レオ・ベルサーニが『救済の文化』のなかで論じた、文化は人生を救うという議論への批判を全面的に支持する。(7) 文学的モダニズムの主張に対するベルサーニの批判は、近代の大学にアイデンティティを与えた文化の理念への批判である。われわれは、新たな大学のアイデンティティを必要としないし、代補物でさえわれわれを救いはしないだろう。むしろわれわれは、大学の機能の脱指示化が、共同体とコミュニケーションの概念を別々に考察することができる空間を提供するという事実を認識する必要がある。

大学の真の指示物、つまり大学を救済するものを知るという敬虔な主張を立脚点としないテクノクラート的大学に対してどう抵抗すべきかは、なかなか難しい問題である。大学について云々する多くの人々は、次の二つの立場のいずれかをとる。一つは、規格化された共同体と社会的機能というフンボルト的理念へのノスタルジックな回帰、もう一つは、大学は法人的アイデンティティを受け入れ、より生産的で効率的であるべきだとするテクノクラート的要求を持つというものである。単に「エクセレンス」に対して軽蔑を込めながら訴えても何の意味もないだろう。今日の地政学的状況は、冷戦時代の西欧の大学を特徴づけていた、国家による資金提供のレベルに戻ることを拒否しているように思える。当時の文化（人文科学と自然科学の両方における）は、強大な力を競い合う場であった。その後に起こった経済的圧力のために、たとえ国家的文化という物語《ナラティヴ》がその指示物として機能しうる主体を保持しているとしても、われわれはもはやフンボルト的理想がより十全に実現する方向へ向かって発展することを期待できないだろう。

今日の局面に挑戦することは、困難ではある。しかし、われわれに求められているのは、よりよい制度＝機関の確立であるとか、効率的なもう一つのモデルの創出であるとか、もう一つの統一された、または統一する力のあるプロジェクトを作り上げることだとは思えない。現状において賢明であるためには、まったく別な思考、つまり、大学のなかで統一されたイデオロギーを決して機能させないことである。本書の最後で、私は今日の大学を理解するための方法について論じるつもりである。それは、国民文化の旗艦としての役割を放棄したものである。さもないと、大学はエクセレントな官僚的法人となり、後戻りできなくなる道を進むことになろう。大学は、高等教育の場としての役割——これまで歴史上でも語られなかったが、ぜひとも必要な役割——を主張できる新たな言語を模索しなければならない。

今日の大学でも相変わらず求められているのは、研究、教育、管理運営の三つの機能である。もちろん、これらのうちの最後のものは、財源の割り当てという観点から最も急速に伸張しているものである。すでに論じたように、その拡大は、研究と教育のあいだでなされたドイツ観念論的契約の崩壊の徴候である。事実、エクセレンスの大学では、管理運営の一般原理が研究と教育の論理に取って代わっており、そのため専門職としての教育と研究は、この管理運営に吸収されてしまうことになると考えたいくらいである。

大学に対する最近の非難は、たいてい研究にのみ焦点を合わせた結果、教育に害をもたらすというものである。人文科学に対するものとしては、この批判は、近代の大学の出現と同じくらい古くからある[8]。しかし、今度現われた非難の条件は、すでに指摘したように、もっと根本的な崩壊の前兆であるという意味で、以前とは様変わりしている。それは、大学を国民主体生産の中心に据えるというメタ物語《ナラティヴ》の崩壊である。大学はもはやその壮大な物語のためのヒーローを持たず、その結果として「専門化」への退行が生まれた。専門化は、教育と研究を、閉じられたシステムの全体的管理運営の側面として統合することによって、教育体験における主体‐指示物の関係の喪失に対処する。教育は、教授たちによる学生たちの管理運営となり、研究は、同僚たちによる教授たちの管理運営となり、管理運営は、全体を管理運営する官僚たちの階層に与えられた名称となる。いずれのケースでも、管理運営には、システムに内在するエクセレンスの基準に従って、情報の選別と評価が含まれる。つまり、研究の価値は同僚の評価により、教育の価値は、教授たちが学生に与える評点と学生の授業評価により、管理運営の価値は、同僚の間でのランク付けによる。興味深いことは、総合的評価が、管理運営のレベルで起こるという点である。

こういった関係のなかでしばしば繰り返される主張は、大学はあまりに研究に重きを置き、教育がなおざりにされているというものである。しかし、それは実際には、大学全体に印象を与え統合するのに一役買った可能性のある「経験」を持った主体――つまり、高等教育を体現し、それを統一できた履歴を持つ学生――に対するノスタルジアなのだ。私は、このような学生はかつて存在しなかったこと、一九六八年にはその非存在が宣告されたことを論じるつもりである（とりわけ、柔軟性を具えたとおぼしき学生が誕生したことが、その思いを強くさせる）。資本主義的官僚制が持つ脱指示化のプロセスの方向を変えて、大学をより興味深い場にするための議論を展開するにあたり、私は、評価に対する一般的な管理運営的論理が、大学の機能の中心としての教育と研究の相互関係にいかに取って代わるかに焦点を合わせて論じるつもりである。このことは、エクセレンスの評価的論理を単に否定するというものではない。エクセレンスの言説には、それなりの利点があるからである。たとえば、フェミニズムやアフリカ系アメリカ人研究が、そのために急速に進歩し、学問的に確固とした地位を占めたのはその例であろう。

古い学問分野の組織が崩壊したとしても、それが大きな損失だとは私には思えない。要は、誰のための変化かという問題である。教師集団の一メンバーとして、私は、古い職務区分の抹消によって生まれた剰余価値が教師と学生の間で分配されるべきであり、単に管理運営部門に吸収されないように注意すべきだと思う。たとえば、「カルチュラル・スタディーズ」の題目のもとに人文科学を統合する（補助教員、教職単位、施設など）ことによって多額の資金を節約できるだろうし、さらに、その節約分を再投資して教育的プロジェクト（たとえば、短期の集中的教育と研究とか、ミニ人文科学センターなど）を起こし、興味深い仕事がなされるよう当局に要求すべきであろう。

　われわれは研究に対して救済的要求ができなくなった以上、つまり、思い描かれた研究者たちの共同体が国民国家の潜在的な共同体を縮図の形で反映するのだということをもはや信じられなくなった以上、われわれは共同体それ自体の概念を考え直すべきだと思う。したがって、共同体が統一とアイデンティティの中心であるどころか、大学における思索家たちの親近性という問題は、コミュニケーションの透明性という統制的理念を放棄した上で、アイデンティティや統一を断念した不同意の共同体〔dissensual community〕という面から理解されるべきだと思う。私は、大学を不同意の中心地と捉え直すアイデンティティなき思考を想定した、知の生産と伝達について概略を述べるつもりである。こういった関係から、大学は、理想的な共同体というより、「ともにあること」についての問題が提出される場となる。「対立を教える」とするジェラルド・グラフの要求よりも、私はもっと過激で、居心地の悪い不同意を要求する。というのも、学問分野についての言説がおびる独善的権威を追い払いたいとするグラフの賞賛すべき願望の背後には、究極的なコンセンサス、すなわち、教授側における言説の統一的対象として、「対立」の決着と伝達を許容するコンセンサスが見え隠れするからである。

　第二に、私が求めるのは教育実践の再評価、つまり、教育に関する価値の問題、特に時間に関して再考すべきだということである。教育における時間は、いまでも一般に、足がかりを失ったモダニスト的メタ物語の観点で語られている、つまり一定時間内での無知から覚醒への流れという観点で。教育の実践が計算の論理に還元されるのは、時間、「〔履修〕単位時間」を通してである。「終りのある分析と終りのない分析」のなかでフロイトは、教育とは、精神分析や政府と同じように不可能な職業、つまり組織的に閉じることのできない職業だ、と指摘している。しかし、教育的時間を最後まで計算できるものとして扱うことは、エクセレンスが求められる時の主要な動機の一つである。「完成に向かっての時間」は今日、教育における質と効率のための普遍的基準である。アメリカやカナダで推し進められた時間内完成の基となったメロン・リポートは信用を失ってはいるが〔「規模縮小」によって補われるだろうと予想された以上に、退職によって教授数が大幅に不足した〕、四年間で博士号を取らせようとする動きは、大学やその他に職がないにもかかわらず、相変わらず続いている。

『マクリーンズ』誌のリポートを論じるにあたって、私は大げさな言い方で次のように問いを発した——教育にはどのくらいの時間がかかるのか、と。この問題は、学生の年齢が一様でなくなくなるほど、また、再び大学に戻ってくる学生が大学の重要な供給源になればなるほど、差し迫った問題となる。後者の入学に関しては、われわれが教育実践を一つのプロセスとみなす際の時間的構造を再考しなければならないだろう。一定期間内に博士号を与えるには、〔少なくとも私の大学では〕教師たちに対して、大学院生に必ず単位を与え、履修の完了したことを知らせ、それ以上の思考を停止させることを指示する必要があろう。このようにスピードと効率を狙うことを批判するからと言って、私は生涯学習というロマン主義的な理想を提唱しようとは思わない〔そうするとしたら、大学の制度的要素などを無視できると仮定することになろう）。私はただ、思考の複雑な時間は、完全に説明しきれるものではないし、構造的に「不完全」であると言いたいだけである。そこで第9章および第10章で、私は、束縛からの解放というメタ物語によって大学を正当化するのを拒絶する教育実践、つまり、思考することとはわれわれを摑まえて放さない一つの耽溺であることを認めさせる教育実践について論じようと思う。

　思うに、大学の機能について提起しようとすれば、最も緊急に再考を要するのは、「制度＝機関《インスティチューション》」という言葉に関してである。特に、今日われわれが知っている大学は、歴史的に特殊な制度＝機関であるという認識は、大学人がなかなか持てないものである。歴史は、今日の研究大学に本質的な、あるいは恒久的な役割を許していない。したがって、そのような大学の消滅の地平について省察する必要がある。その消滅の予想を喜んで受け入れるためでなく、今日のような構成の大学が、将来に対していかなる先取特権も保有しないという可能性について真剣に考えるためである。すでに指摘したように、現在のモデルはもはや黄昏時に来ており、われわれは文化の拠点としての大学の役割に救済的要求をこれ以上求めることはできないと思っている。その文化が人文科学系であろうと、自然科学系であろうと、あるいは社会科学系であろうと。救済という新たな立派な夢や、大学の統一を目指す新たな理念、あるいは新たな意味を提出するのではなく、私はむしろ制度上のプラグマティズムを要求しようと思う。このプラグマティズムは、思考がわれわれのいる場所から始まり、アリバイなどのないところから始まることを認めている。アリバイなしで思考するとは、「どこか他所《よそ》から」の理念、つまり、現在の行動に対する責任からわれわれを解放する理念という名のもとに、われわれの実践を正当化するのをやめることである。われわれの行動が実現しようとするのは、理性でもないし、文化でもない。エクセレンスでもなければ、超越性へのアピールでもない。たとえ、われわれが自分たちの行動を正当化し、自分たちを無罪放免しようと努めるとしても。

そのようなプラグマティズムを唱えるには、今日の大学が廃墟と化した制度＝機関であることを受け入れる必要がある。この廃墟は、失われた完璧さへのロマン主義的なノスタルジアの対象であってはならず、大学はもはや持続的な進歩や統一的理念の発展的啓示の歴史のなかには存在しないのだという事実を、別な形で再評価する場でなければならない。廃墟と化した大学のなかに住むというのは、その空間の現在の複雑さに注意を注ぐことを意味している。そしてそれは、もはやわれわれが時間的にも住まなくなった歴史から遺贈された空間の方向転換という、終りのない仕事に着手することなのだ。イタリアのさる都市の住民のように、われわれはルネッサンスの都市国家を再建することもできないし、その遺跡を破壊して、代わりに合理的に計画された高層ビルを打ち建てることもできない。われわれができるのは、ただその不格好なものや曲がりくねった道を新たな用途に変えることである。そのためには、〔イタリアの〕囲い込まれた広場の回廊や意味を表わさない鐘楼が引き起こす認識論的な不協和音から学んだり、それらを楽しむことである。

このプラグマティズムには、したがって、二種類の認識が含まれる。第一は、われわれが置かれている世界の複雑さと歴史的に特異な現状に対する認識であり、同時に、われわれがその世界に住むことができず、疎外されており、したがってノスタルジアも、蘇った有機体説も選択可能とはならないという認識である。第二は、何らかの新たな理論的根拠がその複雑さを解消したり、未来の明快さの名のもとに現在の複雑さを忘れさせてくれたりはしないことを認識することである。もはや存立しえない制度＝

機関の残骸のなかに存在するプラグマティズムは、第11章で扱われる問題である。

そのような考察へと移る前に、評価一般について述べておこう。エクセレンスの基準は、ずっと私の軽蔑の対象であったが、それは、大学人はそのようなことに煩う必要はないとか、評価などは体面に関わる、といった意味ではない。『マクリーンズ』誌が提唱したようなランク付けは公にされ続けるであろうし、大学における統合と生産性の要求に回答を与えなければならないだろう。それはまた、次の二つの恐ろしい予想――公的資金の減少と、投資の対象として大学内でますます大きく超国家企業の関心の的になっていること――に直面して、資金をどう調達するかの問題でもある。大学の経営者はすでに、評価の問題に対して、エクセレントだと彼らが考えている解答を得ている。したがって、それを無視したのでは問題解決にはならない。イギリス生まれの私は、すでに人文科学系が、単に「レジャー」と「教養を得た人間」についてたわごとを言う以上になにもしないとして、骨抜きにされたありさまを実地に見聞している。このことは、かつては資金的に保証されていた自然科学系にも当てはまる。超伝導体超大型加速器計画の取り消しは、アメリカ政府が最大のおもちゃに対して超大型の文化的競争相手になろうとすることにもはや関心を払わなくなったことを、同じように示唆している。そして、それは自然科学がもはや自ら研究の将来計画の達成手段を持てないこと、つまり、科学的知識の生産に国家的関心を無限に投入できなくなっていることを意味するのだ。

大学人たちは判断を要求されているが、もしそれに反応しなければ、それは行政側が代わりにするだろう。しかし、反応するというのは、新たな基準を提案するのではなく、評価の問題をオープンにしておく、つまり、論議の対象にしておく方法を見出すことを意味する――リオタールなら「意見の対立の場〔differend〕」と呼ぶであろう。(9) 学生による授業評価の例を見てみよう。いまやそれは、北米の大学でますます一般的になりつつあるし、学生をサービスの消費者と位置づけし直すことと明白に関連している。価値の共通指標のもとに標準化と統合を容認するために、大学当局は、全面的に標準化された多項式回答方式の導入を推し進めている。この回答方式は、どちらかというと、消費者調査に範をとった、消費者の満足度指数による計算を可能にするものである。

そのような標準化された形式を用いることに反対するからといって、評価の問題を拒否するわけではない。ただ、教育における質の問題が、統計的な計算に引きずられることに拒否の姿勢を示したいのである。つまりそれは、説明責任と計算とを同等のものとするのを拒否することである。私が所属する学科の例をあげよう。質問形式は、数多くの設問に、一から四の等級で答えるものであった。そして、すべての回答は一緒にされ、同じ等級基準のもとできちんと平均点が出るよう工夫されていた。三以下の評点は問題とされた。もちろん、この方法は、授業評価の仕事を非常に容易にするので、北米の大学で俸給委員会の一員となったことのある者なら誰でも歓迎する。そこでは、「授業の質」の優劣で報酬が一部決められるのである。そのような評価基準は、授業の質に関する終りのない議論に終止符を打つだろうし、また、三以上の点数の各々に対して何ドルかの割合で現金化、あるいはその等価物へと変えるのはたやすいことだろう。そのようなデータを昇進や生涯在職権に利用することは言うまでもない。このことは、査定評価の慣習がまだない大学へも波及するだろう。

私には、そのような形式の価値評価は、その不合理性が二つの理由で問題になるのではないかと思われる。第一は、価値評価が、記述式によって直接引き出しうる、とする論理的な過ちを犯している、質問の性質に関してである。論理的な言い方をすれば、これは事実の記述と価値の記述を混同しているのだ。たとえば、「教授はシラバスを尊重していたか」という質問があった。この質問は、そのような状況が自動的に（契約上）よいことであるということが前提となっている。それに対して、もしそのシラバスが学生のレベルに合わないとなれば、教授はそれを破棄して、新たに作り直すのが適当だと考えてもよいだろう。こういった問題は、学生の授業評価における質問項目についてまわるものだが、それらがいかに簡単に無視されてしまっているかは、想像以上である。したがって、回答はただ次のような問いかけに答えるだけのものになりかねない――「あなたは、この科目がよかったと思いますか」。しかし、それでは問題の解決にならないことは明らかであろう。というのは、学生の満足度が絶対的な価値基準であってよいのか、という問題がすぐ起きるからである。しょせん、学習は苦痛を伴う体験なのだから。

　第二の問題点は、学生を教育の質に対する唯一の判定者とすることと、そのような判定は、量的に量りうるという仮説の両方に関わっている。この論理は、まさしくコンシューマリズムの論理である。学生評価の問題にどう答えるかは、評価の問題全体にアプローチする上で一つのモデルになると思われる。まず第一に、要求されているのが判定の行為であるということ、つまり、推論的ないしはプラグマティズム的コンテクスト――判定がなされたら、その判定自体が今度は判定を受ける時に認められなければならないコンテクスト――に深く根づいていることをまず認識すべきである。第二に、そのような評価がなされるための問いは、たとえどのように理解されるにせよ、さらに続く判定の対象となることを認めなければならない。判定は最終的であってはならない――つねに連鎖の輪がなければならない。価値に関する質問は、システム上閉じることはできないのである。第三に、判定の各過程において、判定者は、統計が帯びる客観性の背後に隠れることなく、下した判定に対して責任をとることを覚悟しなければならない。

それでは、評価を進める上でのこの質問形式の実際的意味とはどのようなものであろうか。まず、大学人は、自分たち自身と他者に対して、質の問題の複雑さを認める観点から語る必要がある。短絡的な考えがもたらす害の例の一つは、多くの教授たちが週六時間しか働かないという現在の認識である。野球選手が、打者としてバッターボックスに立つ時間によって報酬が決まるとは誰も考えない。そして価値判断が多様で複雑なものであることを人は容易に認識する。他の選手が走るのに、キャッチャーはしゃがんでいるからといって報酬が他より少なくて当然とは誰も思わない。これは、大学内でワールド・シリーズが必要だなどと言っているのではなく、ただ価値の問題は、理解が自然と失われていない場合でもより複雑なものになりうる、と言いたいだけなのだ。スポーツの世界からもう一つ例をとれば、たとえば、冬季オリンピックのフィギュア・スケートの相対的人気は、勝者が異論の余地なく時間的計算によって決まる他の種目とは違った意味を持っており、このことは、利点《メリット》の計算の単純さはさして障害にならないことを示唆している。

したがって、必要なことは、評価の問題が結局のところ解答不可能であり、かつ本質的なものだという同時的な認識である。つまり、答えられないからといって、決して質問を無視する言いわけにはならないのである。故ポール・ド・マンは、作品の読みは必要でもあり、かつ不可能でもある、という認識を示す分析の仕方の例を提出している。同じことは、大学の評価にも当てはまるだろう。学生は、四角い枡にチェックマークを入れたり、成績の点数の合計などをする代わりに、それ自体読まれる可能性のある、またさらなる解釈の必要な評価についての論文を書くよう求められてしかるべきだ。そのような評価をさらに解釈したり、判定を加えるには時間はかかろうが、「大学の真のビジネス」（知識を普及し、生み出すという）とまったく無関係ではないだろう。なぜなら、そのような評価、判定そして自らへの問いかけこそ、大学の真の任務であるのだから。こうして、大学は、いわば評価の論文を書くよう求められてしかるべきなのだ。平凡で退屈な使命感（どこの大学でもまったく同じの）を表明し、期待にどれほど応えたかを示す必要などは少しもないのだ。これは、学長などにとっては大きな負担となろう。しかし、私としては、彼らにはエクセレンスの指標をいじくったり、「目標達成」の図表の穴埋めをしたりするよりも、評価の問題について考えてほしいのだ。学生から学長に至るまで、あらゆる階層で評価にかかわる者たちは、価値と質についての基本的な問いに直面する可能性があると言っても言い過ぎではないだろうし、そのような事柄に費やす時間がむだだとも思えない。

「論文を書く」とは、ここではむろん比喩であり、それは推論的行為としてそれ自身と取り組み、責任をとろうと努める価値判断を生み出すことの比喩なのだ。この責任をとるということは、明快な会計の論理とは根本的に合致しない一つの説明責任を生み出す。というのも、自己の行動に責任をとることのうちには、主体の計算能力を超えた義務が含まれるからである。したがって、責任とは主体だけの問題、つまり、自意識のいっそう強い主体によって理解できるような問題ではないのだ（この説明できない義務の論理に関しては、第10章で詳しく論じるつもりである）。そのようなことを書く行為は、判定を取り巻くさまざまな事柄とのつながりを意味する――判定者の位置とか、判定を受ける者とか、判定が行われ、判定が下されるための基準等々。このつながりは、多くの重要な問いかけへと進むべきであろう——判定者の私とは誰か、判定は誰に対してなのか、下された判定はどのような違いを生じるのだろうか、判定者が判定するために要求するのは何か、その判定によって暗示される基準が意味するものは何か等々。

これらの問いの性質が示唆するように、私が論じているのは、判定はそれ自身がまるごと事実の陳述としてでなく、後に他者によって判定されるような、まさに一つの判定として下されるのだということである。このことは、判定が効果的でないというのではない。むしろ、これらの判定の効果それ自体が、議論の対象となる。判定は最終的な結論としてよりも、継続する議論との関係でより深く理解される。大学が誰に対して、また何に対して説明の義務があるのかは、今後とも考察し続けるべき問題である。計算に訴えることは——数字的に計算された教育評価という形にせよ、効率の評価にせよ、あるいはその他の官僚的統計という形にせよ——エクセレンスの大学を支配するコンシューマリズムの論理を支えるだけであろう。価値は、判定の問題であり、その答えはたえず議論される必要のある問題なのだ。

第9章　研究の時節——一九六八年

大学が、評価について真剣に考える必要のあることが最も明らかになったのは、一九六八年の学生紛争の時であった。この時、大学は官僚的システムであるという認識とともに、価値の問題が生じた。学生紛争は、ある意味で大学が意図したものを変えた。それは、エクセレンスの言説によって導入されたシフトとはまた異なってはいるが、同時にパラレルの関係でもあった。これは、特にフランスに当てはまる。本章ではこの点に焦点を合わせて論じるつもりである。なぜなら、ここでは、一九六八年に起こった大学紛争の大部分が、「近代化」の問題に関わったからである。扱われたのは、管理的約定（学生生活や試験の統制）に関しての変更や、新たな科目（心理学と社会科学）の導入の問題などであった。[1]

事件がフランスで始まったということは、それ自体フランスの大学と構造的に関連がある。なぜなら、フランスの大学は、真のドイツ的意味からすれば、決して近代化されていなかったからである。[2]フランスの大学は、伝統を啓蒙時代ではなく、中世に求めていた。[3]したがって、合衆国のＳＤＳ〔左翼学生団体〕の学生たちが、大学に学ぶ彼らにふさわしい国家を不可欠のものとして要求した、つまり国家がフンボルト的契約の条件に応えることを要求したのに対して、フランスの学生たちは、一つの条件としての国民国家を受け入れなかった。そのため、彼らは大学（制度＝機関としての、または管理的システムとしての）と、大学の社会的発言の可能性の両方を疑問視したのであった。

一九六八年に実際起きたことは、もちろん、解釈の対象とすべき問題である。多くのエネルギーが、学生の暴動を矮小化したり、神話化するために費やされた。やれ首尾一貫しない、やれ幼なすぎる、やれ絶望的なほど理想に走っている、あるいは、フランス国家をひざまずかせたが、既製左翼の政治体制に裏切られ、革命に失望したというように、さまざまな解釈がなされた。パリ大学ナンテール・キャンパスにおける抗議行動は、一九六七年十一月に、一九六六年に出されたフーシェ・プランへの反発から始まった。同プランは、大学教育の再編成を目論んだもので、選択入学基準の導入とともに、二年と四年にそれぞれ別々の学位を設けようとするものであった。ダニエル・コーン＝ベンディットに率いられた抗議集団の関心は、最初このプランの次の三つの主要な問題に主として向けられていた――一、高等教育への資格制限、二、社会科学科目の拡充と職業志向の学位両方の導入による、社会工学（導入）の可能性、三、大学のシステム内での社会学系の学科目の問題。この第三の問題が起こったのは、講義用教室や学生用施設の不足を解消するとの理由で、フーシェによって資格制限が提案されていたからであった。ヴェトナム戦争との関わりが、コロンビア大学に見られたように、ここでも非常に重要であった。最初に占拠の口火が切られたのは、一九六八年三月二十二日であった。この日、全国ヴェトナム反戦委員会の六名のメンバーが逮捕され、その抗議のために学生活動家がナンテール・キャンパスの本部棟を占拠したのである。ナンテール・キャンパスは当局によって三月二十八日に閉鎖されたが、ちょうど同じ頃、学生の抗議に遭ったローマ大学やマドリード大学が閉鎖された。四月末から五月初めにかけて、激しい学生闘争がパリ中に広がり、五月十日、警官たちはソルボンヌ大学を急襲した。同様に、コロンビア大学での学生占拠も、警官の激しい突撃に遭って、強制的に解散させられた。

しかし、とりわけフランス的だったのは、この学生運動が、自然発生的にストライキへと広がって行ったことである（五月二十二日までに、九〇〇万人の労働者がストライキに参加した）。そのストライキは、共産党の中央委員会や共産党員主導の主要なフランス労働総同盟（ＣＧＴ）とは関係なく起きたのであった。ドゴールは、五月二十四日国民投票を要求して、それに応じようとした。そして、一般に「バリケードの夜」と呼ばれる日に、非公式な実行委員会に率いられた革命家たちによって、パリ証券取引所が焼き討ちに遭った。ドゴール政府は、組合指導者たちと話し合いを持ち、給料の引き上げと、組合の権利拡大に合意した。しかし、ストライキを行った者たちは、このプランをきっぱり拒否した。フランスの国全体が揺れ動き、ドゴールは、五月二十九日ドイツのフランス軍基地へと逃れた。彼は、後にフランスへ戻ると、軍の後押しを得て、四〇日以内に総選挙を実施することを宣言した。この行為は、ストライキを行った者たちを再び政治機構から遠ざけることになった。というのは、左翼集団は、この革命の波は選挙される政府にまで及ぶだろうと踏んだのだったが、結果は彼らの読み違いということになったからだ。二カ月後、ストライキは解散させられ（あるいは解散し）、選挙はドゴール派が圧勝した。

この簡単な要約は、明らかにチェコスロバキアその他の地域を無視しているが、学生と労働者のつながりが非常に問題になったことを強調するために、学生を前面に出してある。学生たちは、労働者による「真の」ストライキにとってどうでもよい雑兵ではなかったし、労働者もまた、大学の理論家たちによって組織され、命令される無知な軍隊ではなかった。両者を結びつけたものは何だったのかについて、一般に認められた見解さえ一つもなかった。闘争は、階級的に組織されたというよりも、次々と連鎖的に組織されたものだった。そして、それらの間の類似性の性格についても、奇妙なことに一度も決着がつけられなかった。

この紛争の原因に関しては、多くの診断が試みられたが、私の関心は、歴史家が示すものではない。私は、大学が一つの制度の問題としてどのように登場したかに焦点を合わせ、さらにこれがフランスではカタルシス的な意味で起こったことを指摘したい。というのも、フランスの大学は、主として封建時代の構造を保持したまま、逆説的な立場を維持していたからである。そういうわけで学生は、現存する封建的な構造と、それを近代化しようとする国家の試みの両方に抵抗したのである。このことは、国民国家に対する全体的な批判を生むこととなった。しかし、その批判は、「第三の道」を組織的に示唆するまでには至らなかった。というのは、特殊な歴史的状況ゆえに、「進歩する」左翼政党が国家との契約に連署する姿勢を明らかにしたからである。それは、国民国家が抱える問題の解決というよりも、その一部になったことを意味した。問題は、大学をいかにして適当な国家の制度＝機関にすべきかというより、古い封建的構造が機能不全をきたしていることを認める一方で、国民国家によって提示された条件の外にある大学をどのように考えるかにあった。

ある意味で、革命として一九六八年に起こったことは、いま学生のアパシーとして一部現われている。それはまた、コンシューマリズムの別の名称でもある。というのは、それは、大学という制度＝機関から生まれた不満であり、大学と国民国家との間の近代的な契約から生じた不満だったからである。W・B・カーノカンが指摘しているように、長いスパンでみれば、学生の受動性は常習的というよりも例外であろうから、今日の学生がなぜかくも受動的なのかを問うべきであろう。[4] 一九六八年当時の学生たちは、紛争によって脱カテクシス[*1]を経験した。今日学生たちはまずもってそういうエネルギーを失っている。私はいまここで、中途退学者のことを言おうとしているのではなく、北米の学部卒業生の間で広がっている意識、大学で「しばらく腰を落ち着ける」――科目を勉強し、単位を取り、卒業を待つ――という意識について語ろうと思うのである。ある意味で、このような態度は、大学教育の刺激を受けて、彼らが高等普通教育《リベラル・エデュケーション》という物語《ナラティヴ》の主人公として、永い自己発見の旅へ出かけようという気を起こさせるものが何もないという事実への反発である。彼らが関心を抱いているのは、職探しの準備のための自己認定である――そのために、「プレ職業」的専攻学科にしだいに人気が高まっているのである。このような大学の状況に応えるにあたり、ブルジョワ社会が閉鎖的で繁栄を誇っていた時代、大学がエリートのものであった時代へのノスタルジアを言ったところで無意味である。むしろ問題は、それなりに革命的なものである現今のコンテクストのなかで、大学空間において教育をどう考えるかということである。結局、一九六八年の学生紛争が攻撃対象にしたものの一つは、社会学とマーケティングの共謀であった。今日、多くの大学でマーケティングの専攻学科を置いている。

　ピエール・ブルデューは、もちろん、一九六八年の事件がシステム内の見かけの変化以上の意味を持つということを否定している。なぜなら、第7章ですでに検証したように、ブルデューにとって、システムの分析のためには、あらゆる行動をシステムの条件内で、その動機づけへと戻さねばならないからだ。彼にとって、あらゆることは文化資本への欲望から生ずる。そこで彼は、あらゆるシステムの批判を、システム内の駒として表わす。『ホモ・アカデミクス』で述べた、一九六八年の事件に対する批判でも同じことが言える。彼はこの事件を、「感情的な興奮」によって起こったものであり、そのため教師たちは「〔本来〕代表の資格のない」学生や学生のリーダーたちの言い分を聞いてしまったのだとして、これを退けている[5]。そのような規則違反の行動に対するブルデューの軽蔑はほとんど疑いのないものである。しかし、もっと根本的には、この一見「危機」と思えることも、本当はアカデミックなシステムによる「社会全体」への挑戦ではなく、単にシステム内の権力のシフトを可能にするべく企てられた「象徴生産」にすぎないものだった、と彼は論じている。ブルデューによれば、危機が生まれたのは、次のような事実によるものだという。すなわち、学生も若い教師たちもみな、基本的にエリート主義のシステムのもとで学生数が増えていったために、教育対象者に十分な文化資本を与えることができなくなったシステムによって「不適切な期待」を持たされてしまったのだ、と[6]。ブルデューは、こう結論を下している。社会秩序や教育実践におけるどんな変動も、社会全体のなかにおける権力の位置のネットワークをわずかに再調整することを副次的にほのめかすにすぎない、と。

ジョン・ギロリーの『文化資本』も、脱構築と、大学院の英語研究のための補足的基準としての文学理論の導入に関して、同様の議論を展開している。理論の名のもとになされる過激な主張をすべて拒否しながら、ギロリーは、文学理論は、北米の大学で特殊な制度＝機関の要求に応えた、専門的に込み入っているが再生産しうる読みの実践のための手引きとして理解されるべきだ、と論じている。すなわち、文学理論は、おそらくますます特殊な専門的言説の発展したものとなり、その訓練は著名な知識人の役割のためというより、特殊で専門的な管理技術の役割のための準備なのだと大学院生には理解されるだろうと言う[7]。ブルデューにとってと同様、ギロリーにとってもしたがって、システムと無関係な他者は考慮外の存在である。所定の行動は、システム内の一つの駒に過ぎず、その意義は、そのシステムのルール内での効果いかんによって生じる。

この説明の問題点は、そのシニシズムにあるというより、文化は閉ざされた境界を持つ単一のシステムであるとする、アプリオリ的仮説にある。私は、社会的知識人の役割が下落していると診断するギロリーの意見は正しいと思う。ライオネル・トリリングのような人たちはもはや存在しないだろう。しかし、このことは、〔ジュリアン・〕バンダ風な知識人の裏切りの結果であるというより、そのような役割の可能性を疑問視する社会的変化の結果である[8]。ギロリーが、ド・マンとその弟子たちに人身攻撃的になるのは、大きな問題だと思う。というのも、ギロリーは、個人が個人ではなく、システムの道具であるという事実に盲目となっているのは、その個人の個人的責任であると言っているからである。ギロリーにとって、知的生産に意味を与えるのは、システムだけなのだ。もし、文学理論の分野で活躍している者たちが、伝統的にシステムの問題に注意を払っていた点を考慮すれば（デリダやサミュエル・ウェーバーらがその代表である）、そのことは、単に彼らに厳しいというだけでなく、不正確でもあろう。文学理論の標題のもとで生み出されるテクストに多く共通するのは、官僚的権力システム内部での知識人の役割を問題視する傾向である、と主張するほうが正確であろう。デリダ、ド・マン、ウェーバー、バーバラ・ジョンソンその他の批評家たちは、批評内容の遂行的側面が、現在の資本主義社会における公共圏の空疎化によってどのような影響を受けるかについて考えている点で、共通している[9]。

公共圏に関する問題、つまり、公衆といったものが存在しないかもしれないという意識は、『幻の公衆』と題された論集のなかで、複数の論者によって提起されている。[10] 一般大衆存在の可能性を否定しながら、ブルース・ロビンズは序論で、「過去を振り返らない会話」を求めている。それは、多様性に満ち、より複雑で同じ基準で測れない公共圏の再定義を可能にさせるかもしれない。しかし、私はそれが可能とはあまり思っていない。むしろ、この論集に寄稿しているアルジュン・アパジュライとマイケル・ウォーナーが別々に提起しているグローバル化と情報大衆化の問題こそ、断片的ではあるが、大衆の概念についての基本的な問題を提出していると思う。[11]

もっと正確に言えば、公共圏の概念は、そこに参加する自由な個人という概念に錨を下ろしている。その自由な人物は、テレンティウスとともに、こう言える人である。一人の人間として、人間に関わるいかなるものも自分と無縁ではない、[12]と。そのような主体は、公的に理性を実践することができる。「啓蒙とは何か」のカントの用語では、公的な理性の実践は、個と普遍の会話である――公的なものとは、一つの抽象概念である。カントは、次のように言っている。「理性の公的な使用というとき、私は、一般読者を前にした学者としての利用と理解する。個人的利用というとき、私は、人に託された特定の市民的ポスト、ないしは職務で使うものを指す[13]」。公的なものに対するカントの記述は、多かれ少なかれ、われわれが今日理性の個人的実践と呼ぶものである。一方、彼のいう個人的なものには、仕事――われわれが公的生活と考えるもの――も含まれる。これは、混同しがちだが、カントにとって公的なものとは、体験的現実（全体としての社会）ではなく、理性のルールのみに支配される、普遍的言説の合理的可能性であることを理解して初めて、われわれは納得する。ハーバーマスが大まかに描いたポスト・カント的な公共圏の概念――今日では彼の理念の方が優勢である――は、人類学的比較の一般原則を導入している。かつてそこでは、カントが絶対理性の論理を展開したものだった(14)。ハーバーマスにとって、人は全体としての世界と対話するのであり、普遍的世界と対話するのではない。公的生活はオープンな民主的議論の可能性を生み、また、主体の間でのコンセンサスの確立の可能性を生む場となる。

今日の資本主義と大衆宣伝媒体のグローバルな発達は、この公的生活の概念と真っ向から対立しているように私には思える。というのも、それらは、一般化したコンシューマリズムと「ナローキャスティング」〔限定された地域・視聴者を対象とするラジオ・テレビ放送〕の論理とを結びつけているからである。システムの一貫性の問題は、個々の主体、いわば「一般読者」の文化レベルでは、もはや提出できない。大学におけるのと同様、個々の主体は、「大衆」を換喩的に表わすことができない。ジェンダーや民族を省察する際に生まれる差異の問題は、この事実を見事に想起させてくれる。男性のワスプ〔White Anglo Saxon Protestant. 白人でアングロサクソン系の新教徒たち＝典型的アメリカ人〕は、差異のしるしによって有標化されていないものと自分を見ている。つまり、自分を白人の神話的文化の中心と見ているのだ。彼から見れば、他のすべての者は自分とは違っている。さらに、彼はそのような白紙状態を公共圏へ入るための条件にする。すでに論じたように、総体的な文化の主体はもはや存在せず、単極のシステム内に周辺的特異性があるだけである。そこで、干渉の問題がシフトする。なぜなら、かつて国民国家によって提供された、個々人の参加のための文化的メタファーは、世界的広がりを持った国民国家になるわけではないグローバルな社会にフィットするように拡大されることは決してないからである。一方、ブルジョワの公共圏は、活字メディアにおいてもはや有効性をもたない、共同性を喪失した声に立脚していると主張するマイケル・ウォーナーは、次のように論じている。

さまざまな大衆宣伝媒体のそれぞれの状況において、われわれは大衆的主体となるが、それは、古典的なブルジョワジーの公共圏内では予想されなかった新しい形である。さらに、もし大衆的主体が一種の特異性を持つとすれば、無制限な数の個人、つまり、大衆的主体である「われわれ」なるものを作り上げている個人の一様な広がりは、非常に異なる関係をそれに対して持つ可能性がある。たとえば、われわれが自らを少数派の主体であると認識するのは、自らを大衆的主体と認識した瞬間である……。大衆的主体が抱く自己疎外の政治的意味は、現代文化における最も重要な闘争の場の一つということにある。(15)

大衆的主体の特異性に関するウォーナーの議論、個人を特異な存在ととらえる方法は、正しいように思える。個々人の特異性は、大衆の一メンバーであると同時に少数派であるという点にあるとする彼の認識も同様である。この二重の所在は、人口統計的な有線テレビ放送《ナローキャスティング》の市場テクニックを優先して、公共圏の大多数の多数決主義者を除外したり、括弧にくくったりする形で生じる。国営テレビ放送（ＰＢＳ、ＲＡＩ、ＣＢＣ、ＢＢＣ）の他に、有線テレビ放送（ＭＴＶ、ＢＥＴ）があり、それらは一つの共同体や社会としてというよりもむしろ、人口統計的に一時的に人を集合させる。さらに、現在国営テレビ局は、他のすべての局を統一して一つの全体的な国営テレビ局へと統合するというよりも、小規模な一つの有線テレビ局になる傾向にある。

この傾向は、アメリカ合衆国でいっそう進んでいるようであるが、ヨーロッパでもケーブルや人工衛星などの出現に伴い、民間のテレビ局がそのような道を辿りつつあるようである。国民国家は、あらゆるテレビ製作において、組織的アナロジーとして役立つことがもはやなくなっている。というのも、有線テレビ放送のチャンネル（たとえばイギリスのＩＴＶ）はもはや視聴者獲得のために、国営放送チャンネルと争うことはなくなったからである。むしろ、テレビが全体的イデオロギーの対象（ドナ・リード・ショーにみる市民権についての万人用レッスン等）[*2]として育てようとした、国家的視聴者という概念は消えつつあるようである。広告・宣伝に携わる人々は――テレビは広告の時間を創り出し、それをパッケージ化する機械として存在する――実際に商品を買い求める、統計に現われる特定の集団をターゲットにするのにいっそう強い関心を払うようになっている。一般の放送局も相変わらず存在して、一定の商品の宣伝をしている。しかし、それらの放送局は、他のもろもろのチャンネルのうちの一つになっている。ヨーロッパでは、国民国家が（言葉の障壁もあって）伝統的にもっと強く統制していた。しかし、ヨーロッパ統合の将来は、人工衛星やケーブルによって、独立したチャンネルのための自由市場を約束している。

国民国家が情報提供の中心から撤退した結果がもたらす影響のなかで、おそらく最も驚くべき例は、ＢＢＣラジオの世界向け放送の場合であろう。比類ない世界的名声を誇った、イギリスの巨大なイデオロギーの武器としての世界向け放送は、伝統的に英語中心であったが、並行して他の言語で番組を放送するとともに、ある地域には地方番組も加えて放送していた。北米で暮らしているわれわれは、たとえば、アフリカで起こった出来事を情報豊かに番組化するための数少ない情報源の一つとしてそれに頼ってきたわけだが、これまで比較的少ない費用で、英国という国民国家にイデオロギー上の利益（文化資本？）をもたらしていたこのサービスを、まもなくわれわれは受けられなくなるだろう。中央放送番組は解体されることになっており、そうなれば、世界向けの放送は、世界各地の地方局へ売るための番組をもっぱら作ることになるだろう。かくして、利益主義《キャッシュ・ネクサス》がまかり通り、世界向けの放送は、地方の市場へ番組を売ることになろう。このようなシフトは、われわれをとまどわせる。ナショナリズムでは人後に落ちない英国という国民国家が、自分の方から、目先の利益のために巨大なイデオロギーの武器を放棄しつつある。なぜそうするのか。理由は、国家のイデオロギーという長期の利益が、もはや前もって計算できないからであり、また、そのようなイデオロギーを差し向けることができる、国民国家の（アナロジーで言えば、世界の）政治的主体という、是認できるフィクションはもはや存在しないからである。利益主義《キャッシュ・ネクサス》が、冷戦におけるイデオロギー上の対立に取って代わるのだ。人口統計的集合体が、公共圏に取って代わるのだ。アフリカの情報を求めるわれわれは、どこか他に求めることになろう。専門雑誌のマーケティングや販売リスト、デジタル化したニュースのネットワーク、さらにはインターネット・サーフィンなどに。

そのような集合体は、一時的なものである。なぜなら、個人は自己実現という物語《ナラティヴ》の主体としてより、記憶を失った消費者、いわば、ぽかんと口を開けた存在なのだから。いまや、その「同じ」個人は、一般化した公共圏のなかで、おそらく一貫した位置を占めるよりは、多様な人口統計的集団のなかに次々と集められるだろう。大量生産物は、消費者に均質性と特殊性を同時に提供する。だから、これら二つの対立する力を統合できる市民に、大衆宣伝が訴える必要はもはやない。したがってたとえば、無差別化と個別化という二つの相対立する動きが生まれる。それらは、「ベネトンの統合色」[*3]の広告に見られるような、衝撃値とマスマーケティングの結びつきである。このような文脈で政治的行動をうまく処理するには、一つの領域としての政治的なものへの伝統的なアピールという早発性のノスタルジア、つまり、由緒ある人間的主体が真のアイデンティティを実現し、教育ある者として、プロレタリアとして、あるいは豊かにする能力を持つ者として自らを解放する世界へのノスタルジアよりも、もっと柔軟性をもった思考が要求される(16)。

肉体的差異のしるしを持つ者は、公共圏における仮想的な政治に最終的に同化されえないという主張は、特に大学と関連がある。というのも、文化の理念の衰退が、国民国家における公共圏の共同体の主たるモデルとしての大学の衰退に通じるとするなら、エクセレンスを引き合いに出すことは、すでに見たように、政治的用語よりも経済的用語によって仮想的な公共圏を言い直す試みだからである。言い換えれば、エクセレンスは、それが評価する性差や肉体を特徴づける他の形態には無関心をきめ込む。しかも、社会的な説明責任（共同社会的つながりに対する）の縮図的モデルにではなく、会計の内的な論理に訴えることによってそうするのだ。

一九六八年は、学生の集団《ボディ》が大学の領域に入り込んだ年として記録される。つまり、大学を、もはや個々の主体が通過する物語という観点から理解することはできなくなったということである。私が使う「ボディ〔body〕」の地口《パン》[*4]も、偶然ではない。学生間のジェンダー、階級、民族差別の問題はすべて、彼らの基本的課題のなかでも繰り返し、緊急を要する問題であった。学生たちは、実体のない、仮想の存在としての「学生」という神話を拒否することから始めた。それは、性的慣習についての旧来の規律の拒否、部屋を飾る権利、マグレブ系移民に教育を施す権利などの実践的な形をとった。一九六八年のフランスにおける学生の不満を、デイヴィッド・コートは「ささいなフラストレーション」として片付けているが、「科学技術の権威主義に対するより大きな不平」[*5]に比べて、それは彼が思うほど周辺的なものではない。[(17)]しかし、クリストファー・フィンスクも指摘しているように、一九六八年五月の事件は同時に、拒絶の政治学のための生産的神話として、やすやすと一役買うことになった。というのもそれは、左翼の知識人たちが教育制度＝機関のなかに住むのを容易にした事実を覆い隠しているからである。[(18)]一九六八年の事件を理解するには、仮想の学生が無知から知識へ、依存から自律と能力へと移行するなかで各々解放の体験を持つという、大学教育のある種の物語《ナラティヴ》との関係をこの「事件」がいかにして絶ったかを認識する必要がある。一九六八年の事件は、学生たちが、将来の教授としてでなく、学生として紛争を起こした限りにおいて、その物語《ナラティヴ》と関係を絶ったことを示している。

学生たちの突然の暴発は、彼らが自律を求めなかった限りにおいて、一定の大学の理念に終止符を打ったと思う。もっと率直に言うなら、彼らは、自律と自由とを同一視しなかった。彼らは、何人かの教授たち同様、教育的関係はわれわれの始末におえるものではないことを知っている。私は、「学ぶのをやめてはならない」などといった陳腐なことを言うつもりはない。もちろん、それはたぶん本当のことであろうが。むしろ私が言いたいのは、教育的関係は均衡を欠くものであり、終りのないものだということである。関係者たちは思考の義務という対話の網の目のなかに巻き込まれる。思考は、「文化」のような第三の用語では決して弁証法的に解決しえない、〈他者〉の声として現われるのだ。

透明な文化の大学は、ドイツ観念論者たちに学問の時間は単一の瞬間であり、永遠でもあると言わしめた。つまり、意識の覚醒という単一の瞬間と絶対的な知の永遠性（救済の時の意識の覚醒）である。私が論じているのは、一九六八年の学生たちが救済のない大学を想像したという可能性についてである。大学についてのそのようなヴィジョンは、学生が知識人とか、管理の専門家とかになるのを待つ存在ばかりではないことを示唆している。むしろ、そのような大学は教育の時間を暗に含んでいる。つまり、主体を超えた思考ないしは研究を意味し、それは、救済のメタ物語《ナラティヴ》を拒絶する。

　私が概略示した問題には、最大の注意を払う必要がある。大学の政治を考察するにあたって、この制度＝機関が他の目的に変えられる道具や手段にすぎないと考えることはもはやできない。大学の政治をキャンパス急進主義によって解決しうると考えるのは、誤った判断を故意の勘違いという最悪のもので折り合いをつけようとすることである[19]。一九六八年の事件は、大学の機能、すなわち大学の役割の問題は、決して自明のものではないということを示している。大学を、肯定的であれ否定的であれ、批判活動の枠組みとして前もって想定することはできないし、また、そのような活動は、大学が一つの制度＝機関であるという考えから自由であると仮定すべきでもない。機関としての大学には歴史がある。しかもそれは、機関を創設する際にはつきものの矛盾からなる歴史である。機関の歴史は、その創設にあたり、構造的な矛盾がたえずつきまとう。機関は、それが存在するためには、根本的に新しいものとして呼び入れられることによって創設され、そこに基盤をもつものである。以前はなかった場所に存在するので、その基盤は決して自然な、あるいは安定したものではない。それは、急に立ち現われたものではなかった。その意味で、創設されたすべての機関は、基盤を持たないのだ[20]。一九六八年のキャンパス急進主義者たちがすでに認識していたのは、大学は一つの官僚組織として分析されるべきだということであった。学生たちは、このことを繰り返し要求した。彼らに共通する議論は、商品の生産、分配、消費と、知識の生産、分配、消費との間のアナロジーを強要されることへの反発であった。

私はここで、共通の議論という言い方をしたが、これには十分注意が必要である。学生紛争は極端に一貫性に欠けたものであった。それぞれが異質な、両立しえない目的を持ったさまざまな見解から成っていた。このことは、フランスや合衆国の学生紛争だけでなく、世界中のさまざまな出来事にもあてはまるものである。「学生」の位置を論じるにあたって、私は、最も根本的なものになんとかアクセスする方法を主張しようとしているわけではない。ただ、ある特定の歴史的な一時期に学生であり、またある時期に教師である一人の人間として論じているのである。つまり、学生に定期的に語るが、彼らが自分たちを理解する以上には（またはそれ以下には）、彼らを理解するとは主張しない者として語っているのだ。だから、私が「学生」と括弧に入れて語る際は、大学という制度＝機関の中の学生たちの構造的な位置に付随する、ある種のトラブルを示唆するに過ぎない。同様に、私は三月二十二日の運動に関して、ダニエルおよびガブリエル・コーン＝ベンディットその他の人々の著作物に依っているが、それはこれらの著作が、学生の性格について永遠の真理を表わしているからではなく、特に抵抗のある一点を際立たせて分析しているからである。それは、「学生たち」が〈大学〉のシステムと歩調が合わない一つの審級を名ざすことになった点である。

学生としてもまた教師としても、われわれは、自分たちのいる状況に対して感じる居心地の悪さを大切にすべきである。われわれは、大学の問題は解決したという主張とか、制度＝機関の問題を解決するとか、われわれが働く政治的－機関的組織の問題を忘れさせる万能薬とかに対して、不審を抱くべきである。一九六八年五月、学生たちは教育問題のなかに新たな社会的方向性の基盤を求めた。ソクラテスは、教育がロゴスの記号においてより、エロスの記号の下に起こることを知っていた（もちろん、セクハラはエロスとロゴスを統一しようとする非合法な試みの例である）。学生たちはロゴス中心の教育を拒絶し、学習活動を情報の伝達の問題（国家内部の官僚的役割のための訓練過程）とか、無時間的で没政治的な活動とかに還元することを拒絶した。そして、同時に、彼らはロゴスを体現すると称する知識人になることも拒絶した。すなわち、他者が彼ら自身を理解していないということを知っているほど十分他者を理解しているからというので、その他者の代弁をする知識人になるのを拒絶した。一九六八年に、何人かの学生たちが知っていたと思われるのは、彼らが自分たちのためにさえ語らないという点である。

『時代遅れの共産主義――左翼のもう一つの選択肢』における、学生反乱に関するコーン＝ベンディット兄弟の記述は、とても重要である。なぜなら、それは制度上のプラグマティズムを支持して、フランスの学生運動を前衛的運動とみなすことを一貫して意識的に拒否する点に注意を向けているからである。「われわれがつくり上げなければならない組織のタイプは、前衛でも、後衛でもない。それは、まさに闘いの真っ只中になければならない」[21]。コーン＝ベンディット兄弟は、さらなる研究の必要性を認識している。学生たちは、単に英雄的闘士なのではない。彼らの闘志は、民主主義という代議制的主張、つまり、リベラルな民主主義はあますところなく代議制を達成し、それ自身を反映させるものだという主張に挑戦した。一九六八年の学生たちは、社会自身が選んだ代議員たちに対して、民主主義的に選ばれた政府に対して、社会が反乱を企てるよう促した。それだけでなく、彼らは自分たちが誰なのかは不確定であると認めながらそうしたのであって、闘士的な確信をもってそうしたわけではない。コーン＝ベンディット兄弟が述べているように、「彼らは一つの階級ではない。また、守るべき具体的な利害を持っているわけではない」（五四ページ）。彼らは、論争的な記述にしては驚くほど誠実に、自分たちの不確実性について次のように要約している。「われわれは六〇万人いる。時には単なる子供として、時には大人として扱われる。われわれは働くが、何も生産しない。しばしばわれわれには金がないが、本当に貧困な者は少ない。われわれの多くはブルジョワジー出身だが、必ずしもブルジョワ的態度をとらない。われわれの仲間の少女たちは少年のようだが、彼女たちが本当にそうなりたがっているのかどうかは分からない。われわれは、教授たちをいくぶんかは父親として、いくぶんかは上司として、いくぶんかは教師と見なす。彼らについて完全に決めることはできない」（四一ページ）。

学生たちは、大人でも子供でもない。一九六八年の事件について問題なのは、陶冶という物語《ナラティヴ》、幼児から大人までの物語《ナラティヴ》、依存からの解放の物語《ナラティヴ》（近代における知識獲得の過程それ自体を特徴づける、啓蒙運動についてのカントの物語《ナラティヴ》）が、不確実性――成熟に対する、労働に対する、富に対する、階級に対する、ジェンダーに対する不確実性――という名のもとに、学生たちに拒絶された点である。このアンビバレンスは、ラディカルなプラグマティズムに付随する。つまり、物事の真っ最中に、「即座に」闘いを欲する前衛思想の拒否である。すなわち、学生たちは知識人であることを拒否する、あるいは歴史の主体を予期して、それを体現することを拒否するのである。

一九六八年の事件は、このように「学生」は近代的主体ではないし、またそうではなかったという認識を指し示している。(22)この意味において、学生の立場は、つねに公共圏に対して問題含みの立場であった。公共圏は、市民の生得権として提示される。しかし学生は、その生得権に応じるために、訓練期間を経なければならない。訓練が必要であることそのものが、生得権の取得が困難であることを表わしている。それゆえに学生たちは、もう終わったものとして、教育を忘れるという犠牲を払って参加することになる。

教育という奇妙な時間によって社会的に追放された学生たちは、社会が自己自身を代表する可能性、つまり自己の意思の自律的行使を通して自己を定義する可能性を批判する立場に置かれているのだ。(現代の代表制民主主義によってなされる主張の基盤となっているのが、この仮説である)。一九六八年の反乱は、学生たちが、われわれは社会の一員であって一員でないという意味を演じることができるものとして位置づけられるような構造をもっていたこと、また、そうすることが何を意味するかを理解する前に、われわれは社会のなかでつねに機能していること、しかも、われわれは死ぬまでそうするのだということを、私は主張したい。学生たちがさらけ出した現代の社会的窮状とは、差異の状況(他者が存在するという事実)であり、時間的不等性(繰り延べ)の状況である。知識を得ないまま早く生まれすぎた一方で、伝統を除けばどこかよそからしか得られない知識を生きるには遅すぎる生まれ方をした学生たちは、近代性というやっかいな時間を指名する。一方で彼らは早すぎ、他方では遅すぎる。つまり、彼らは文化のなかに生まれるが、文化の言語を話すことを学ばねばならない。もう一方では、彼らは遅すぎる。つまり、彼らが生まれたときの文化は、彼らよりも先行しており、その先行性を自分たちのものにはできない。彼らは、文化の言語の断片をいじることができるだけである。

だから、学生たちの立場を考えて分かるのは、ノスタルジアも教育も、非観念論者的意味では文化との貸し借りを清算できないということである。文化は、伝統的でもあり、裏切るものでもある。われわれは、文化がわれわれに手渡される通りに、文化に引き渡される。モダニズムは、二つの方法でこの窮状を忘れようとする。一つは、われわれは伝統を生きることができる（遅すぎはしない）と語る保守主義によって、もう一つは、われわれはまったく新しいスタートを切ることができ、伝統を忘れ、輝かしい新しい世界を作るために進むことができる（早すぎはしない、われわれは自分たちを教育することができる）という、進歩的モダニズムによってである。保守派と進歩派のいずれの場合も、まるで文化が社会と同義語であるべきであり、また現にそうであるかのように文化について語っている。文化は、社会のためにモデルを提供すべきであり、われわれはハイ・カルチャーの社会か有機的な村に住むべきである、と保守派は言う。要するに彼らは、文化が社会を決定すべきであると信じているのだ。進歩派の人々は、文化こそ社会である、さもなければ文化は単なるイデオロギー的幻想になってしまう、そして人間的共同体の自己定義は、われわれがともにあることのモデルを定義すべきである、と主張する傾向にある。

学生は、自分たちがまだ文化の一部ではないことを知っているし、文化はすでに終わっている、つまり、文化が自分たちよりも先行しているということも知っている。ノスタルジアも教育も、学生の不安感を払拭しえない。彼らは、失われた文化を単に嘆くこと（保守主義）もできなければ、伝統を忘れ、明るく新しい世界を作るために進むこと（進歩的モダニズム）もできない。伝統は、文化としては生きられないし、迷信として忘れられもしない。つまり、シュライエルマッハーでもカントでもないのだ。「われわれは」自らを救済することができない。表現的啓示（ドイツ観念論者）としてであろうが、情報の伝達（テクノクラート）としてであろうが、専門的なコンセンサスをつくること（フィッシュやハーバーマス）としてであろうが、教育的関係は透明ではない。一九六八年の事件は、保守的ノスタルジアでもなければ、進歩的モダニズムでもない教育という観点を提供する。この事件は、コミュニケーションのイデオロギーと関係を断ち、教育に関して特殊な時間を主張する。それは、根本的には、説明のつかない時間である。したがって、われわれの目の前にある課題は、国民文化に対するノスタルジアやコンシューマリズムの言説に頼らずに、今日の大学の状況を理解することである。これが、最後の三章の課題であり、そこで私は、教育実践の問題、制度＝機関の問題、共同体の問題を取り上げるつもりである。

文化の代わりにエクセレンスの言説を主張したのが、一九六八年の事件に対する大学の反応である。文化の守護者を任じる大学と、しだいに官僚制との関わりを強める大学の姿勢との矛盾を突く学生からの批判に直面した大学は、文化に対する主張をだんだんと弱めていった。官僚的・経営者的制度＝機関か、ドイツ観念論者的制度＝機関かの選択を迫られた大学は、前者を選んだ。その結果、一九六八年へ戻る道は閉ざされた。一九六〇年代後半にみられた過激な姿勢を繰り返したところで、エクセレンスの言説を拒絶するには適切ではない。なぜかと言うと、それはキャンパス・ライフのエクセレンス、あるいは学生参加のエクセレンスを証明するものとして、キャンパス急進主義を組み込んでしまう可能性があるからである――エクセレンスの言説は、『マクリーンズ』誌ですら、大学評価のなかに取り入れているることでもある。

しかし、だからといって、エクセレンスの言説を拒絶できないと言っているのではない。むしろわれわれは、拒絶するにも別な形を考える必要があると言っているのだ。一九六八年の出来事からわれわれが学ぶべきことは、近代性を疑問視する学生の出現が抵抗の素因となっているという事実である。その源は、本章で焦点を合わせる教育実践の場で見出せる。問題となる点は、すでに示唆したように、教育実践における価値についてである。教師、学生それに大学それぞれは、いったい誰に、また何に対して説明責任があるのだろうか。そして、どのような観点からであろうか。エクセレンスの大学では、価値の問題は括弧に括られてしまう。そして、（エクセレンスの尺度である）統計的な評価は、資金、財源、そして俸給の決定などと深く関わり、決定的な解答を提供するものと考えられている。本章では、教育と関連して、評価の問題をどうしたらオープンにしておけるのかについて論じようと思う。このことは、官僚的計算の論理を受け入れるのでもなければ、超然とした教育の価値の名の下に、それを無視することでもない。教育は、特殊な時間意識を持つものであり、資本家的官僚主義の管理運営や帳簿付けの基本である計算可能な時間の概念とは根本的に異質なものである。そのような教育は、教育的責任、つまり、説明責任についての一つの概念を提出することが可能であり、それは、エクセレンスの大学を支配する計算の論理とは明確に異なるものである。

　これが事実でありうることを理解するためには、教育実践の場を、教育それ自体の理解のための、より大きな設計図の一部として位置づけることが必要である。一般に、人々が教育の問題に言及する場合、三つの視点からアプローチする傾向がある。一つは、管理者が教育を、知識の生産と配分にかかった費用および資本の代価となるプロセスとして理解しようとする視点である。二つ目は、教授者が、費用と利益という観点から見た時にはほとんど個人的利益分配を生み出さないようにみえる目標追求のために費やされた時間を正当化したいと望むものだという点である。そのために教授者は、学生という主体

（批判的な、多彩な才能、あるいは能力を持った）を訓練する権限を声高に要求する傾向にある。第三に、学生は、はじめ理由も分からずに大学の制度や実践を強要される気がするという不満を持つ。学生の立場に立てば、このヒエラルキーは、自己正当化のために（製品としての）学生の権利を認めていないと思われるだろう。このような不満は、消費者社会ではますます無視できないものになってはいるのだが。

教育に関する以上の三つの記述は、それぞれ中心を求めるための最初の意思表示である。というのも、それぞれの視点は、教育プロセスの中心にこだわっているからである。たとえば、評価の問題は、中心的なものとされる主体的立場からつねに提出されている――大学当局、教師、それに学生それぞれにとって、教育実践をどう評価すべきかというように。この論をさらに進めるなら、大学の管理運営は通常、統合されたメタ主体的視点を生み出す、メタ評価者として二度介在すると言えるであろう。さまざまな費用と利益を勘案しながら、このメタ評価者は、他の不利益を、別の利益で相殺するよう努める。そこでの最終目標は、たとえ相互に矛盾していたり対立しているように見えても、三者（管理者・教師・学生）の利益の統合を目指すことである。

このような方法で教育評価にアプローチするのがどんなに平凡であれ、責任、つまり説明責任の構造は、予想以上に複雑にからみあっている。後で私は、そのような統合が不可能であることを証明するつもりである。教育実践に焦点を合わせる私の目的は――また、その点と本書が注目する制度＝機関に注ぐ視線とを関連させる私の目的は――教育実践を「中心に戻す」ことではない。すでに分析したように、近代の大学を構成するモーメントは、理念を中心に置き、教育と研究とをこの理念に依存させることにあった。しかし、ポスト歴史的大学では、官僚的な管理運営が中心となる。なぜなら、エクセレンスの理念の空虚さこそが、諸々の活動を純粋に管理運営的機能へと統合するからである。教育実践は、確かに三重の管理機能を持つようになった。第一に、教師による学生の単純な管理（キャンパス内に留めておくこと）。第二に、管理運営ないし経営の階層の養成（管理的システムの自己再生産）。第三が、知識の管理（学生に対する機能的プログラミング）である。考えようによっては、第四の機能さえもある。教育実践は後に、評価のプロセスを通して管理されるからである。

知識の管理は、もちろん内容の問題――いかなる知識が教師によって管理され、学生に「施される」かといった問題――といえるものが入り込む唯一の場である。知識とは何かという問題は、教師によってマネージされ、学生に対して管理運営されるのである。しかし、内容の問題は短命である。なぜなら、学生に施されるには、知識は飲みやすい薬に変えられる必要があるからである。したがって、エクセレンスの大学では、教科書が新たな形式をおびることになる。教科書は、より薄くなり、学生の負担を少なくする。事実、教科書は、文学的基準の問題に関連してすでに第6章で見たように、仮想的な電子媒体へと向かう傾向にある。教育実践は学生を管理する。それは学生を管理者と認め、情報処理の面で彼らを訓練する。教育実践はこれらの事柄をかなりうまくやりとげるだろう。

したがって、教育実践がエクセレンスの大学においては問題にならないとするのは誤りであろう。というのも、教育実践は、管理運営の論理と密接に結びついているからである。ちょうど、以前は文化の再生産（文化の主体の再生産）の論理と密接に関連していたように。それゆえ、教育の問題を広げるためには、それを再び中心に据えることではなく、そこから外すことがまず必要となる。教育的状況を中心から外すのは、教育実践が、支配的主体という観点からは必ずしもベストに理解されないからである。この支配的主体は、それが学生であれ教師であれ、または管理者であれ、教育実践のプロセスの意味の唯一の保証人だとうそぶいてはいるのだが。教育実践を中心から外すことは、まず教育実践のプラグマティズム的な場への注視から始まる。このことは、教育の実践を、自律的主体の自己再生産とは異なるものとするために、特権的な視点の可能性を拒否することである。システムの管理を引き受ける管理者も、学生に対して責任を持つ教授も、自らを管理する学生も、そうやすやすと目的を達成するわけにはゆかないだろう。

教育実践において、価値の根拠についての問題を、それに関わる義務の複雑さを重視するという観点から提起するためには、私自身が自己の自律性を信じたいという誘惑を克服する必要があろう。それは、知的主体が、特異な声に普遍性という肉体を与えるといった姿勢で語る誘惑を拒絶することでもある。そうではなく、教育は制度＝機関というコンテクストへの省察を抜きにしては理解不可能だ、と私は強調したい。そのような省察を進めるなら、より広い社会的慣行との関係のなかで教育をそれから切り離すことも、あらかじめ決定しているか、外部からもたらされた高圧的な社会的規範に教育を従属させることも拒絶することになる(1)。教育実践の場では、さまざまな形態の教育制度＝機関がつねに活動している――〔セミナー、ディスカッションなどの〕教育的対話の形式、〔特定の目的のために設置される〕教室、教育の可能性の条件など。しかし、制度＝機関の問題を考えることは、教育のプラグマティズムと制度＝機関の形態とが、本質的に関連のないものだとすることへの警告となろう(2)。教育の場のプラグマティズムに注目する時、制度＝機関の形態も視野におくことが重要である。なぜなら、そうすれば、教育の問題を管理運営に関する知識の対象にしてしまうのを避けられるからである。教育実践を理解することは、知識、権力あるいは欲望の動きを探り、それらを管理下におくフロー・チャート〔生産工程の一覧表〕を描くことではない。そのような図表を描くことは、たとえ悪気がなくとも、唯一の権威をひけらかした視点を導入し、教育実践を、警官の役割を演じる支配的主体のための知識の対象に還元してしまいがちなのだ。

このように、教育実践の目標を支配的主体の問題へと還元するのは、何も新しいことではない。それは、長い間にさまざまな形をとってきた。啓蒙主義は、教育を解放の場、あらゆる義務（教師に対する義務でさえ）から学生を自由にする場とした。現代の官僚主義国家は、その関係を教育の伝達を通して、テクノクラートの育成と訓練の場に還元することを提案している。これらの試みは、自律性のイデオロギーという標題のもとに要約することができよう。しかし、私は、教育の実践はそれらとは別なふうに理解できる、と言いたい――人間の本来的な自律性の教化や啓発、あるいは支配的主体の育成などとは異なるものとして理解できる、と。

教育をそのように考えるためには、自律性と普遍的な伝達性というモダニストのプロジェクトは、条件付きで不完全なのだというのではなく、根本的に不完全だということをまず認識することから始めなければならない。どんな権威も、教育の問題に終止符を打つことはできないし、どんな知識も、われわれから思考という任務を免れさせることはない。この意味においてこそ、ポスト歴史的大学は、一つの理念――合理性の理念であろうと、文化、あるいはコミュニケーション、さらには専門的なエクセレンスそれぞれの理念であろうと――で統一された共同体において、権威と自律性を統合できるなどという考えを放棄できるのである。したがって、私の目的は、教授と学習が科学的な知識の伝達手段ではなく、義務の場、倫理的実践の場と言い換える反モダニストの立場をとることである。したがって、教育実践は、真理の基準に対するよりも、むしろ公正さの問題に対して責任を持つものとなる。教育実践がいかなるものかを知ることより、むしろ、教育実践を正当に扱うことに努めなければならない。教育実践がいかなるものか、あるいはどうあるべきかについての知識があると信じていることが、実は正しい教育実践にとって大きな障害になっているのだ。教育実践は、単に情報の伝達であるとか、自律的な主体の解放についてのものであるなどと言うのはやめるべきである。代わりに、それは個々の学生がもつ公正さの意識を超える義務感の養成の場であるべきである。私が、倫理的重みを持つ対話の教育現場を強調するのは、結局会計《アカウンティング》と対立する説明責任《アカウンタビリティ》を強調するための一方法なのだ。

これは、単純な議論ではないので、少しゆっくり進め、もっと分かりやすく説明したいと思う。まず第一に、授業の場は徹底的な対話の形式からなるという認識を、まず持つべきである。これは、教師と学生の対話が実際には別々のモノローグであるとする、コミュニケーションにおける合理性というハーバーマスの主張を言うのではない。私が言いたいのは、教師と学生の対話は、最終的な合意（合意しないという合意ですら）によって収斂するものではないということである。そのような合意は、見聞が広く合理的な学生なら問題の裏表をともに深く考える能力を持っていることを証明するであろうが。言い換えれば、授業における対話は、単一の結論に到達するための弁証法的な有機的統一を持たない。単一の結論は、一つの立場を擁護したり強要したりする（ソクラテスの相手は、いつの間にかソクラテスに同意してしまう）、あるいは二つの立場を融合させてしまう（ジョイスの「ユダヤギリシア人は、ギリシアユダヤ人だ」[3]のように）。対話は、モノローグへと溶解したり、融解したりしないし、マラルメのページ上の語の配置法のように、[*1]書き手の掌中にある形式的手段として、送り手によって一方的にコントロールされるものでもない。この点に関して言えば、私が対話形式を持ち出したのは、対話の受け手に対する送り手の優位性を主張するモダニストの方法を拒否するためであり、合理的な理解や意志というロマン主義的な力によって現実を統合する孤高の芸術家の姿を拒否するためでもある。

　このように受け手を注視することは、一つの言説を受け入れる条件を決定しようという試みでは決してない。もしそうするなら、結局モノローグを生むもう一つの方法になってしまう。聞き手は、ソシュールがコミュニケーション論で描いている線画のように、空の頭ではない。[*2]ソシュールなら、コミュニケーションを、送り手から、受け入れる容器としてのみ存在する沈黙したままの受け手へと送られるメッセージの通路としたいであろう。その時、メッセージは、送り手（空となる満杯の容器）から受け手（満たされることになる空の容器）へと伝達される。対話はしたがって、二人のそれぞれの役割の交換となり、最初の送り手が今度は空の受け手となるという具合である。この考えに対して、M・バフチンの次の意見は私には正しいと思える。「発話の受け手は、もの言わぬ、言葉のない人間ではなく、内なる言葉に満ちた人間なのだ。彼のすべての経験——いわゆる統覚的背景——は、内なる言葉に記号化されて存在し、その範囲においてのみ外部からの言葉と関わりを持つ。言葉と言葉とは結びついてゆくのである」[4]。

　このように、私としては、ソシュールのコミュニケーション・モデル論よりも、バフチンが対話式討論法《ダイアロジズム》と呼んだものを採り上げたい。これは、しばしば誤解され、誤った使い方をされている。

バフチンが意図しているのは、逆転したモノローグ、あるいは連続したモノローグに対する能力、つまり対話者が交互に（ソクラテスの場合のように）モノローグの送り手になることを言っているのではない。受け手の頭の中は言葉で一杯なので、コミュニケーションによって伝達される内容は、言葉の相互作用のなかで起こる事柄を正しく伝えない。相互主体的というより、相互言説的な受け手は、意識の実質的な中心（デカルトなら、聞き入る松果腺のタブラ・ラサとでも呼ぶかもしれない）ではない。あらゆる意識は、異質な複合性をもった言語意識である。理解と誤解とは、言語的相互作用の状態のなかで、いわば相互に絡まりあっている。コミュニケーションとは、あらかじめ作られた意味の伝達ではありえない。というのも、言葉の意味は一つの発話――もっと明確に言えば、一つの個人言語――から次の発話へと進む時、同じものではないからだ。送り手が言ったことは、聞き手の個人言語の群れのなかでその位置を占める。そして、二人の会話は、どちらも支配者ではない散漫な行為のなかで意味を持つことになる。したがって、受け手を認めることは、会話のなかで根本的なアポリア〔解けない難問〕を刻みつけることである。それは、他者による読みという深く測り知れない空間――われわれの言葉が語りかける相手をわれわれは決して知らないという事実――と呼びうるものを重んじるように語ることである。したがって、第一義的に授業は、交互に送り手と受け手として機能する自律的主体どうしのコミュニケーションの問題ではないのだ。

　ソシュールが唱えるコミュニケーションのモノローグ的モデルとバフチンのダイアロジズムの違いは、教育に関する議論ではそれほど意義はないと思われるかもしれない。しかし、実際にはそれは、自律性に対する見当違いの教育的関与についていろいろなことを教えてくれるものであり、教育との関わりに付随する三つの落とし穴を理解――あるいは回避――するのに一役買っているのだ。落とし穴の第一は、教授者を絶対的な権威者とし、学生たちを、既成の、疑いなき知識の伝達を受け入れる数多くの容器としてしまうヒエラルキー。次に、教育実践は、教師と学生の間に何らの違いも生み出さないとする主張、つまり、学ぶべきものは何もないことを示唆するいわばデマゴギー。第三は、教育をテクノクラートの育成と訓練――訓練の目的とか機能に少しも疑問を差し挟まず――に還元してしまうこと。これら三つの落とし穴はすべて、疑問を差し挟むことに終止符を打とうとする。とりわけ、第一と第三のものにそれがきわめて明白である。しかし、もっと油断がならないのは、第二である。そこでは思考が問題視されるというよりも、犠牲にされている――というのも、まさに思考は、不偏不党の平等主義という仮説を疑問視する可能性があるからである。

教育におけるこれらの見当違いな関わり合いに共通するのは、「自律性」への方向性である。つまり、知識は倫理的義務のネットワークの放棄を伴うという主張である。言い換えると、知識を得ることは、自己充足したモノローグ的な声を獲得するというものである。第一の落とし穴は、ソシュールが言うコミュニケーション・モデルに関するあらゆる問題を大写しにする。権威者の権威を振りかざした声は、知識の意味に対する権威者の特権的な関係に基づいている。この関係は、受け手の極からの攻撃に対して保護されている――権威を振りかざす言説とは、話しかけている相手によって違いが生じないことを意味する。受け手の極は、空の容器である。そして、このプロセスの最後は、その自律性の写しとなるだろう。というのも、学生が今度は教授者になるからである。こうして、学生の自律性が、教育実践のプロセスの最終的な産物となる。そして、それは権威者の自律性の模写以外の何ものでもないのだ。

第二のデマゴギー的様態においては、学生の自律性は、既定のアプリオリとみなされている。つまり、それは、正式に認められてはいないが、最初から教育の可能性の条件とみなされている。学生は、自分が知るのは何か、何を学ぶべきであり、何を学ぶべきでないかを決定する自律性を持っている。つまり、教授者に対して特別な関係を持たないのである。これは一見、学生の受け手という性格を認めるべきだと言っているように思える。しかし、それは、実際にはソシュールへと戻ることである。そのような受け手は、つねにすでにメッセージの送り手であると言い改められるにすぎない。というのも、すでに実際には（あるいは潜在的には）自分自身にメッセージを送った限りにおいてのみ、メッセージを聴くことができるからである。

第三のテクノクラート訓練の様態においては、自律性は指示物——教化の特殊性とは無関係な技術的知識——に対して与えられる。この場合、教育的関係は再び、単なるソシュール的模写へと還元される。この時、その写しは主体者を課題に適合させるという意味で、官僚的色合いをおびている。その教育の主体はシステムであり、学生が教育によって得る自律性は、そのシステムのなかで前もって構成されている場所を占める自由であり、それをわれわれは通常「自ら学習する」と錯覚している。

教育の機能に関する以上の三種類の様態の底流には、教育の最終目標は学生によるある種の模倣的アイデンティティの獲得——教授者の写しとしてであれ、システム内の場の写しとしてであれ——であるという考えが共通して存在する。そして、このアイデンティティとともに自律性——もっとはっきり言えば「独立性」、言い換えれば、依存の終り、他者への義務的関係の終り——がくる。そのような学生は、ある種の自由、つまり、自足的アイデンティティの位置を確保している。彼あるいは彼女は、教授者によって、対等な仲間のコンセンサスによって、あるいは使用者によって、すでにそれを与えられている。彼は、もはや耳を傾ける必要はないだろう——事実、それ以上聴くべきではないだろう。なぜなら、耳を傾けるということは疑問を発することと同等であり、捻ったロジックで言えば、それは依存を暗示するからである。

以上が、とりわけフランスの中等学校において、啓蒙的教化——知識が人間を自由にする、あるいは教育は子供を大人に変える——がもたらした教育という長い物語の一部である。すなわち、教育は、定義からして大人に依存している子供を独立した人間——近代の国家が必要とする自由な市民——に変える。彼らは自ら判断し、内密に個々別々に他者との関係を断つ小さな箱の中に投票用紙を入れるだろう。したがって、フランスの教育制度は、大学教育よりも初等教育をつねに重視してきた。なぜなら、国家の教育的関心は、とりわけ市民という主体を生み出すことにあったからである。こういった主体の「自由」は、国家に従属する自由である。従属は、次のようなフィクションのおかげで束縛とは決してみなされていない。つまり、国家の存立と性格は、国家が主体の自由選択の対象である限りにおいて維持されるというフィクション——人々が「でも、私はそれに投票しなかった」と語る瞬間に限界があらわとなる代議制度というフィクション——によって[5]。もしわれわれが、この自由は、近代国家という抽象的な存在に従属するという犠牲のもとに得られるものと認識するなら、われわれは教育を理解するために、それが内包する意味をじっくり考えねばならないだろう。

自律性、つまり、あらゆる義務からの独立という誘惑の代わりに、私は、教育は関係であり義務のネットワークであると主張したい。その意味で、教師を権威者というより修辞学教師と呼びたいくらいである。つまり、その言説で自らを権威づけるよりも、修辞的コンテクストにおいて話をする者、それが教師である。その長所は、教師の言説の正当性は必ずしも内在するものではなく、つねにその受容のコンテクストに依存することである。少なくとも、部分的にそうである。修辞学教師は、聞き手を考慮に入れるのに対して、権威者は、受け手の特異性に対して無関心である。

しかし、「レトリック」を引き合いに出すにあたっては、ソフィスト的レトリックを教育の場のモデルとするには少々留保しなければならないだろう。説得に訴えようとすれば、教育の問題が主体の計算の場へと逆戻りする危険がある。これがスタンリー・フィッシュの認識論である。そこでは、修辞学的説得の行為は、言語を道具として使い続ける主体の意志の争いとなる。つまり、それらは説得の効果を生み、受け手が自ら送り手に代わるのだ。フィッシュのいう修辞学は、受け手の極に対してそれなりの尊敬を払わず、むしろそれを抹消して、送り手と同じ極にしようとする。つまり、聞き手が語り手と同じ「位置」を占めるようにされるのである。受け手の極は、送り手には計算の対象としてのみ認識される。

もし、教授者の修辞的語用論が強い信念に向けられないとすれば、教育実践が生み出そうと努める倫理的義務というものをどのように位置づけるべきであろうか。さらに、教育実践を相互主体的関係とのみみなすことをどのようにしたら避けられるだろうか。ここで、教育実践は、相互主体的なコミュニケーションの習得に限定されないことを強調することが重要となる。学生と教師の関係は、高圧的で支配的なものではないし、相互理解がそれ自体目的となる二者の融合的関係でもない（教師と学生が相互に自分たちの姿を明らかにすることについては、フィヒテがその大学論のなかで言及している）[6]。教育実践とは、精神分析同様、学生を説得するのでもないし、彼らと融合することでもない。それは、終りのないプロセスなのだ。

教師と学生の融合を妨げ、教育実践を終りのないもの（構造的に不完全なもの）にするのは、義務のネットワークが、実際的な言語学的シチュエーションの四つの極（送り手、受け手、指示物、意義）すべてに拡大されるという事実である[7]。教育実践の指示物、つまり教育実践が指すものは、〈思考〉の名称である[*3]。それは、疑似宗教的献身ではないことを強調しておきたい。私が「名称」と言い、〈思考〉を特に強調するのは、神秘に満ちた超絶性を指摘するためではなく、指示物とある一つの意味との混同を避けたいがためである。〈思考〉の名称とはまさしく、それが固有の意味を持たないという点で名称なのである[8]。その意味で、エクセレンスに似ている。しかし、〈思考〉がエクセレンスと違うのは、価値の問題を括弧に括るようなことはしない点である。

私が提唱したいのは、国民国家の衰退とともに、大学が開かれた、柔軟性のあるシステムになったという認識、空虚なエクセレンスの理念を、空虚な〈思考〉の名称に置き換えるように努めるべきだという認識を持つことである。二つの空虚さの第一の相違点は、〈思考〉はエクセレンスと違い、一つの理念という装いをしない点である。そこには、理念というまやかしの代わりに、公認された名称の空虚さ——アドルノの言葉を言い直せば、俗悪さを誠実さに置き換える思考の空虚さの意識的露出——がある。第一の相違点に続く第二の相違点は、〈思考〉が一つの解答としてでなく、疑問として機能する点である。エクセレンスは、それが何を意味するかを問う必要がないために機能する。〈思考〉は、それが何を意味するかをわれわれに問わせる。なぜなら、単なる名称という地位——真実とは根本的にかけ離れた――がその問いかけを強要するからである。〈思考〉が何を名指しするかの問題を開かれたものにしておくには、〈思考〉の名称が理念へといつの間にか戻ってしまわないように、真実という不可思議なイデオロギーをつくりあげないようにつねに監視する必要がある。われわれにできることは、名称に対して公正を期すことであって、その真実を探り当てることではない。名称は、意味を表わす力は持っておらず、単に指示的機能だけを持つので、真実を中に含むことはできない。名称の意味効果は、構造的に最終決定はできず、つねに議論の場に開かれているのだ。

一つの地平としての〈思考〉の名称に、意識と融合するかもしれない内容、あるいは議論を閉ざすかもしれない意味を与えることはできない。その意味についての議論は起こるかもしれないが、それはつねに〈思考〉はどうあるべきかについての規範に関する対立的な議論となろう。単なる名称である以上、〈思考〉の性質をおびたいかなるものも、これらの記述のいずれをも正当化しはしない。言い換えるなら、〈思考〉がどうあるべきかと言う試みはどんなものであれ、これこれの試みとしてその責任を負わなければならない。〈思考〉の名称は、内容を持たないゆえに、何を、いつ、どこから述べているのかに関して釈明可能なアリバイとしては機能しない。[9] したがって、たとえばこれらの考察は、教師という名称の真の意味は知らないが、専門的な教師である何者かの視点から書かれているということを、私は認める。〈思考〉は、教育実践の場で機能する多くの行為の一つであり、それに何らかの意味を付与することは、一定の修辞的倫理的重要性を持つものと理解されるべき行為である。

教室では、〈思考〉が、発話者および受け手とともに第三の関係者として介入する。そして、教授者の自律性であれ、学生の自律性であれ、あるいは知識の組織体（一つの伝統とか、一つの科学）の自律性であれ、思考は、自律性という仮説を無効にする。〈思考〉は、意見の対立を指示するのだ。つまり、〈思考〉は議論が闘わされるための行為なのだ。それらは、異質なイディオムのなかで起こる議論である。最も重要なことは、この三番目の関係者は、議論を解決しないという点である。それは、論争を解決し、それぞれの要求を均一化し、価値評価を与えうるように、他のあらゆるイディオムを自己のイディオムへと翻訳できるメタ言語を提供しない。また、一つの名称である以上、〈思考〉は循環しない。それは、われわれの反応に応対する。教育において引き出されるものは、〈思考〉の隠された意味ではないし、学生の真のアイデンティティでもないし、（学生に模写される）教授の真のアイデンティティでもない。むしろ、引き出されるものは、〈思考〉の名称が何を意味するかについての対立的な懐疑性、つまり、議論が闘わされる時の共通語が欠落しているにもかかわらず、議論がなされる必然性と不可能性である。この意味では、思考は、空虚な超越性を持つが、それは尊敬されたり、信じられたりするものではなく、教育に参加した人々に、自分たちの立場がいかに根拠の薄いものであったかを思い知らせるものである。つまり、それらの人々が思考する前に存在する、互いへの義務、そして自分たちを受け手として迎える名称への義務を思い知らせるのだ。

　したがって、〈思考〉を意味づけすること、つまり、思考するとはどのような意味を持つのかを言う行為は、対立の瞬間には、必然的に最小の意味での政治的な問いかけとなる。なぜなら、そこでは、会話の本質についての相違点が露呈されるからである。言い換えると、「思考するとは何を意味するか」〔ハイデガーの著作名〕という問いは、単に論理的な問い、つまり、十分な根拠を持つ認識論に解答を求めうる問いかけでは決してない(10)。実践としての教育に関するわれわれの考察は、非対称的な語用論に基づく教育現場を強調しなければならないし、さらにこの不平等な関係は、倫理的認識という観点で扱われる必要がある。教育現場は、真実の領域に属するというより、公正さの領域に属するものである。学生の教師に対する関係、さらに教師に対する学生の関係は、対称性を欠いた義務の関係であり、それは、両者にとって問題の多い、さらに研究の余地のある問題として立ち現われる。

教育実践の状況は、ブランショの言葉を借りれば、「他者への無限の注視[11]」ということになる。それは、個々の主体による個々の客体への注視ではない。なぜなら、自律性という啓蒙主義的特権へと逆戻りしようというわけではないのだから。いかなる者も公正であることはできない。というのも、公正を期すということは、公正の問題が個々の意識を超えるものであり、個々の道徳的姿勢では応えることができないのだ、という認識を持つことなのだから。なぜなら、公正は、絶対的〈他者〉への敬意、他者への知識よりも先行すべき敬意を含むからである[12]。他者が話す場合、われわれはその他者に敬意を払う。受け手として声をかけられることは、聴くように要請されることである。しかし、この関係の倫理的本性は、正当化されるようなものではない。われわれは、聴くことがどういうことか知る前に、理由も知らずに聴かなければならない[13]。語りかけられることは、義務を押し付けられることであり、語りの語用論のなかに置かれることである。議論が行われるための枠組みについての予備的議論においてさえ、まずこの最初の敬意――述定的内容を持たないゆえに意味を持たない敬意――を必要とする。この「敬意」は、尊敬の問題でもない。それは、他者性への注視であり、敬意と警告、ドイツ語の Achtung が意味するものである。「注視せよ！　他者を〔Achtung! Ein andere〕」は、おそらくこの倫理の（ポスト・カント的）規律――〈法則〉より〈他者〉への敬意――であろう。言い換えるなら、これは国家の諸制度に対する敬意を示す主体的姿勢ではない。というのも、主体は敬意を払う他者のうちに、自己の姿の反映を見出さないからである。

教室では、他者は受け手を消去するよう機能してはならない——他者が占める語用論的審級というのは、哲学者先生と〈西洋思想〉の伝統（あるいは無意識）との間のコミュニケーションのためのたんなる言い訳ではない。教室にはそれ以外の他者が存在し、それは次のようなさまざまな名称を持つ——文化、思想、願望、エネルギー、伝統、事件、太古のもの、崇高なもの等々。教育制度＝機関はその他者をうまくさばこうと努める、つまり、システムに与えるショックを和らげようとする。一つの制度として、教育は何らかの形で利益が得られるように、この他者性をうまく導き、循環させる。しかし、ショックは起きてしまうものだ。なぜなら、それは教育の最低条件だから。こうして、それは測りえない一連の相違点を生むが、その探究が教育の任務というわけである。引き出すものとしての教育は、学生の産婆術的自己啓発、つまり、学生が実際すでに知っていることを明確に思い出すプロセスではない。むしろ、教育はこのように、自己存在の主張を無効にし、さらなる研究をつねに要求する思考の他者性を引き出すことである。(14) たとえ非対称的な仕方であっても、学生と教師両方に対して、それは機能する。

受け手の側に敬意を払うべきだという要求は、煽動行為ではない。学生を、教授者であれ、システムが要求する忠実な召使であれ、単純な再生産の場へと追いやるのを拒否するからといって、学生が自律的ないし本来的な位置を占めるというわけではないし、また教育を受けるために、学生は自分たちがすでに何者であるかをただ主張するだけでよいというわけでもない。パウロ・フレイレには失礼だが、ラディカルな教育は、教育をマルクス主義者の壮大な物語に従わせるのを避けなければならない。学生は、類比的にプロレタリアートではない。彼らは、教育的プロセスにおける抑圧された意味を具体化しはしない[15]。教授者の権威に、つまり教育的プロセスの超越的主体としての教授者に攻撃を仕掛けることが、単に教授者を学生で置き換えることであってはならない。一九六八年の煽動行為的な例がこれであろう。それは、学生が真の大学を体現するという理由による、ヒエラルキーの逆転であったのだから。

　大学の問題は、知識をより効果的に生み出したり、より効率的な知識を生み出したりする改革的プログラムを提出することによって解決できるものではない。むしろ、生産との類比それ自体が問題とされなければならないし、大学を知の生産、流通、消費のための官僚的制度＝機関とする考え方が問題とされるべきだ。なぜなら、ここで問題となっているのは、機関としての大学が資本主義的－官僚的システムにどの程度参加すべきか、その範囲なのだから[16]。そうでないと主張するのは、私には不誠実に思える。機関としての大学は、対立するものも含めて、あらゆる知識を扱うことができる。そうすれば、システム全体の利益につながるであろう。このことはわれわれがよく知っていることでもある。たとえば、ラディカリズムは大学市場ではたいそう売れるものである。こうして、より過激な知識、より過激な学生、より過激なものを生み出す大学を求める、ラディカリズムの不毛さが生まれる。そのようなものに依存すれば、資本主義的官僚制としての大学の機関という地位を考慮に入れないために、結局は反対するシステムそのものを承認することになるのだ。大学で生み出される知識のイデオロギー的内容は、官僚的企業としての大学の機能とはしだいに無縁なものとなる――唯一の条件は、そのようなラディカルな知識が、生産、交換、消費のサイクルに合致することである。好みの知識を生み出せ、ただより多く生み出せ、そうすればこのシステムはさまざまな知識の投機ができるし、知的資本の集積による利益が得られるのだというように。

　ここで再び、ブルデューの「文化資本」の概念と私の分析の違いをはっきりさせておこう。彼のそれは、『文化資本』のなかで展開されたジョン・ギロリーの大学の分析を生み出すきっかけになっている。[17]ギロリーにとって、文化資本は、ブルデューにおけるのと同じように、その概念が文化的生産のイデオロギー的内容と相対的に関連がないにもかかわらず、第一義的にはイデオロギー的機能を保持している。すでに見たように、それは、文化資本がそれぞれの国境線によって制限される文化的システムのなかで流布するものと考えられているからである。象徴的状態を計量可能なものとするために、また経済的価値の類似物として分析するために、それが分配されるシステムは閉じられる必要があるのだ。したがって、ブルデューとその追随者たちは、しばしば文脈上の特殊性の必要をアピールしながら、研究分野を狭めているのだ。そのような狭い視野からでは、大学は、潜在的能力を保持する超国家的な官僚的資本主義的プロジェクトというより、国民国家のイデオロギー的制度＝機関と映らざるをえないだろう。

　大学は超国家的企業体の地位を目指しつつある、とするのが私の主張である。大学の問題を論議するにあたって、超国家的枠組みを認識するということは、教育実践が一般的な交換システムから構造的に独立したもの、あるいは閉じた交換システムのなかに完全に含まれているもの、というふうに理解しえないことを認める必要があるということである。制限と開放の両方にわれわれは直面しているというのが現状であると私には思える。教育実践に関してわれわれは以前よりも自由だが、その自由が何からの自由なのかはもはや分からない。会計の論理に従わずに、説明責任の問いを発することがどうしてできようか。ある意味でそれはできない。われわれは報酬を受けたり、奨学資金を受けたりするなどの必要がある。したがって問題は、会計の論理を超えるものとして説明責任の問題をどのように提出できるかなのだ。技術革新のおかげで情報自体の商品化は急激に発達したが、それは今日の事態をより深刻なものにしてしまった。

もし教育が、全体として大学の官僚化の進行を阻止しようというのなら、教育実践において対立の姿勢をとるというだけでなく、教育的プロセスに対するわれわれのヴィジョンを脱中心化する必要があろう。この方法によってのみ、教育の可能性を開くことが期待できるだろう。そして商品化に対抗する力をそれに与えることも望みうるであろう。そのためには、〈思考〉に耳を傾けることが、自律的主体（対立的な主体も含めて）や知識の自律的体系の生産のために時間を浪費することではないことを明らかにしなくてはならない。否むしろ、〈思考〉に耳を傾けること、つまり、他者のそばで思考することは、意味の問題を議論の中心点として開かれたものにしておく、責任と義務の開かれたネットワークを探究することに他ならない。〈思考〉の行為を公正に扱うこと、つまり、対話者に耳を傾けることは、言い表わされえないが聴いてもらおうとしているものを聴こうと努めることを意味する。そして、これは（相対的ではあるが）安定した、交換可能な知識の生産とは両立しえないプロセスである。価値の問題を研究するということは、単一の価値の尺度を生むために、教育現場のすべての極を結合させる同質的な評価基準など存在しないことを認識することである。

そのような探究は、驚くべき結果を生むだろう。世間でよく言われるのと違い、聴衆は出来事より以前に存在していない。出来事は聴衆の前で起こるより、むしろ出来事が聴衆を生むのだ。この種の教育のための聴衆を「生み出す」ことは、今日の大学に身をおく者（教師であれ、学生であれ）が直面する課題である。そのような聴衆は、一般大衆ではなく、さまざまな年齢、階級、ジェンダー、セクシュアリティ、少数民族等々の集団からなる。それは、学生だけの集団ではないのだ。そこには、資金提供者——公共であれ、個人であれ——も含まれざるをえないだろう。このような聴衆を生み出し、それらに語りかけるだけでは、大学を活性化し、さまざまな問題を解決することにはつながらないだろう。しかしそれは、あらかじめ仮説として何も決めない範囲において、さまざまな差異を自由に探究するのを可能にするだろう。

第11章　廃墟に住んで

今日の状況に関するこれまでの私の記述は、大学一般、特に人文科学系にとって暗い結論に聞こえるかもしれない。しかし、実際は決してそうではないのである。水晶球による占いなら、次のようなことも言いたくなろう。人文科学は二〇年後、もはや国民文学研究の中心に置かれることはないであろう、と。おそらく、この予言は、多かれ少なかれ当たっていることだろう。しかし、私の議論は、二十一世紀の大学がとるかもしれない具体的な学問分野の形ではなく、その形がどんな意味を持つのか、つまり、それが一つの制度＝機関のシステムとしてどんなふうに意味を与えられるのかという点に関心を払っている。それはまた、これまでの私の分析が、均等でない、複合的な発展を無視しがちだった理由でもある。そのような発展こそが、私が抜き出そうと努めた現実の趨勢の姿なのだが。さらにそれは、大学の機能に関する分析において、体験的研究よりも（大学便覧のような）自己解説書的なものを優先させる私の性癖を表わすものでもある。将来、教授や学生の日常生活は、おそらく人が予想する以上には変化しないだろう、と私は嬉しい気持ちで認めよう。しかし、意義深いシフトは、日常的な実践が組織化され、意味が付与されるような形で起きつつある。これらのシフトは、著しく強烈なリズムの形（直線的でなく断続しがちなので、スピードというよりはリズム）で起きつつある。純粋に発見法的な目的で、私はこれらのシフトを脱指示化という名で一括したい。それは、大学内部での方法論としてのイデオロギー批判の高まりの徴候と密接に結びついた、大学のイデオロギー的機能の衰退を暗示するものである。

しかし、この脱指示化のプロセスは、〈思考〉にとって歴史的必然ではない。つまり、私は大学を退職するためのアリバイとして脱指示化に訴えようというのではない。そうではなく、私には、このようなシフトと関わったりそれを再評価することによって、新しい創造的な思考法が可能なように思えるのである。もっとも、そのような新しいものが出現するには、次の二つの問題と取り組む必要がある。一つは、社会全体における大学の位置であり、もう一つは、制度＝機関としての大学の内的形態である。近代から現代にかけて、大学は、人々の国民国家への帰属の問題を操作するイデオロギーの生成（文化）とともに、国民国家の主体形成において中心的位置を占めた。一方、共同体としての大学の内部組織は、国民の帰属の構造を反映したり、会話という一般的文化がさまざまな専門分野を有機的に（フィヒテの場合）、社会的に（ニューマンの場合）、あるいは相互交流の形で（ハーバーマスの場合）、統一する共同体の構造を反映するよう意図されていた。

これらの記述はすべて、大学は国民国家の縮図であるという約束を守っていた。本書の最後の二章で私は、国民国家とともに、共同生活の問題に関してももはや中心的な位置を占めなくなった大学について、またその大学のなかでいったい何ができるのかを問いたいと思う。そこには、二つの問題が含まれる——制度＝機関としての機能の問題と、その機関に含まれる共同体の問題である。しかし、私は新たな機関とか、新たな共同体を推奨するのではなく、それら二つの用語を再考しようと思う。もし私の好みが、同意よりも不同意の思考――これについては次章で論じる――へと向かいがちだとすれば、それは、不同意は制度化されえないからである。そのような制度化がなされるための前提条件は、不同意はよいことである――実際ハーバーマスなら賛成すると思われる――という二次的な同意であろう。この傾向を支持する事例が、ジェラルド・グラフの『文化戦争を超えて――対立を教えることがいかにアメリカの教育を再活性化するか』[1]のなかで説得力あふれる形で論じられている。

私としては、一種のプラグマティズムを提唱したい。それは、(『自由な言論のようなものは存在しない』のなかで、スタンリー・フィッシュが論じているように)制度＝機関が外的指示物とそこにおける光輝を欠落させていることを受け容れるだけでなく、脱指示化を、方向転換と抜本的な横へのシフトのための好機にしようとさえするプラグマティズムである。[2]そのようなやり方は、危機的《クリティカル》になるかもしれない。しかし、自らの行動の外に立ち、それを批判することができる、超然としておさまりかえっている人間にはアピールしないだろう。また、すでに言及したもう一つの用語に戻っていえば、制度＝機関に関わるそのような語用論にはアリバイ、「どこか他の場所」、つまり、その名称によってわれわれが行動の責任を免れるべく発動される類の真実といったものはないであろう。この点でも、私はフィッシュやローティらと意見を異にする。これは、結果として自らのアリバイとなることを信じないプラグマティズムのことであり、また壮大な物語《ナラティヴ》を拒否すること自体がプロジェクトにはならないようなプラグマティズムである。別な言い方をするなら、よきプラグマティストだからといって、それ自体ではつねに正しいということの保証にはならないということである。プラグマティズムを放棄することが、プラグマティズム的であるといえるかもしれない。だから、プラグマティズムは、モダニスト的意味ではプロジェクトとして機能しえないのである。したがって、制度＝機関の実践――プラトン的幻影をはぎ取られた機関においてさえ――はうまみのあるものとはなりえない。もし私が一定の原則（もっと正確に言うなら、一定の習慣なり、思考の癖）を持っているとしても、その原則は、それらを他者に興味深く見えるようにする私の能力以上に根本的なものに立脚しているわけではない。それは、他者に他者自身の「正しさ」を納得させるのと同じことではない。

このように、私にとって、制度上のプラグマティズムは今日の大学のありよう――機能という点ではもはや限度を超えた要求ができなくなりつつある機関――を容認することを意味する。大学は、機能するにあたって文化という壮大な物語《ナラティヴ》をもはや必要としなくなったという限りにおいては、決して近代的ではなくなっている。エクセレンスの官僚的機関としての大学は、イデオロギーとして統合されるために必要なさまざまなイディオムがなくても、内部的には、多分に多様性を持つことができる。それらの統一性は、もはやイデオロギーの問題ではなく、拡大された市場内部における交換価値の問題なのだ。したがって、運営上の問題があったとしても、それを解決すべきものと考える必要はない。たとえば、冷戦がそのよい例を示したと言えよう。大学の非イデオロギー的役割は、崩壊に際してもラディカリズムが勝手に動くことを許さない。というのも、その役割は、新たな統一へのラディカルな要求が、エクセレンスという空虚な統一によって飲み込まれるように機能するからである。

私のように、大学がかつて批判的機能を果たし得た場であったことを知っている者は、現在得られつつある批評上の自由（新たな計画などに直面した機関における想像を超えるシフト等々）は、同時に一般的な社会的意義が失われることと正比例しているという事実に立ち向かわざるをえない。しかし、このこと自体は、変化や革新のためのプロジェクトを放棄する理由にはならない。決してそうではなく、現在求められているのは、その意義に関して自分たちを欺かないこと、つまり、ゴースト・タウンを再建するだけで満足しないということである。大学改革に一心不乱になろうとすると、直面する課題——過去二百年以上の間、知的生活を支配してきたカテゴリーを再考するという課題（人文科学、社会科学、自然科学等々における）——の大きさにわれわれは判断力を失う危険性がある。[3]

われわれは、大学が廃墟と化した制度＝機関であることを認識し、他方、ロマン主義的なノスタルジアに頼ることなく、そのような廃墟のなかにとどまっていることにどんな意味があるのかを考える必要がある。廃墟の比喩には、知的生活の長い歴史がある。バッファローのニューヨーク州立大学のキャンパスは、ギリシア・ローマの寺院建築をほのめかす人工的なコンクリートの瓦礫で飾られているが、それは、もし私がすでに点描した歴史と符合しなかったなら、北米では調和に欠けたものと思われるであろう。その歴史というのは、近代性と文化との出会いの歴史であり、そこでは文化がさまざまな知を再統合する仲介者として位置づけられ、失われた起源がもつ原初的な統一と直接性へとわれわれを引き戻すのである——たとえそれが人工的な遺跡が放つ翳りのない陽光と眩い白さであろうと、シェイクスピアのグローブ座が暗示する純朴な社会的統一であろうと。[4]この物語は、少なくともルネッサンス以来、われわれとともにあったものだが、実際には、ブルクハルト、ペーター、ミシュレらによって、文化的再統一のための原初的な瞬間へのノスタルジアとして、十九世紀に語られたものである。この点については、別の箇所ですでに具体的に論じた。[5]

デュ・ベレーのソネット・サイクル〔同一テーマを扱うソネット〕『ローマの廃墟』は、言語学的に統一された国民国家としてのフランスのルネッサンスを示す最初の事例だと言われてはいるが、それは、彼が『フランス語の擁護と顕揚』のなかで要求している再生である。その論調が主にスペローニによるイタリア語の対話を借りたもののため、オリジナリティや民族的独自性に対する彼の主張は少々迫力をそがれてはいるが。フランスは、国語に新たな生命と不可欠な品性を加えるなら、近代国民国家として立ち上がることができるだろう、と彼は言う。それが、ローマの廃墟によって提供された基礎計画をもとに、彼が手掛けようという仕事である。失われた光輝が、新たに生まれた地方語という建築物を覆うであろう。ちょうど、ローマの記念碑の石がルネッサンスの宮殿を建てるために運ばれ、利用されたように。

デュ・ベレーがローマの廃墟のなかに近代の源を見たのに対して、ロマン派の人たちは廃墟を廃墟として評価し、壮麗な屋敷内に人工的な廃墟を造りさえした。ちょうどメアリ・シェリーの『フランケンシュタイン』の怪物[*1]が、その主体性をヴォルネーの『帝国の廃墟』を小耳に挟んだことから一部つくりあげたように。このロマン主義的な物語によると、ばらばらになった主体は（怪物自身は、有機的生命を失った過去の肉体の断片を技術でつなぎ合わせてできたものである）、いまや破壊され生命を失った伝統の断片を審美的に利用する。彼は、生きることができないことを審美的には理解しており、したがって、伝統（審美的鑑賞の対象としての）と自分自身の主体性（審美的鑑賞の主体としての）の両方の二次的統合を目指している。ばらばらになった、単に科学技術によって生きている生命を芸術が取り戻す。つまり、もはや生きることを許されない生命が一体化し、再び芸術品として統合されるのである。

廃墟を、再生した過去の遺跡としてよりも廃墟として鑑賞するロマン派の人たちは、ノスタルジアという主体的な態度を通して、審美的感動として伝統を再生させる。バッファローの北米州立大学の礎石として造られたギリシア・ローマ文化を暗示する疑似廃墟は、二つのものの不安定な混交を提示しているようである——特定の伝統（決してアメリカ独自のものでない）に立脚した芸術と科学。これらの疑似廃墟は、過去に対するロマン派の審美的鑑賞と結びつくし、また、廃墟を新しい大学のコンクリート建物のそばに置くのは、伝統との相互作用的出会いとして、解釈学的な知識への要求に基づいている。いずれの場合でも、廃墟は、認識論的にせよ美学的にせよ、主体の専有と支配の対象となっている。

無意識をローマの廃墟にたとえたフロイトの真意は、ひたすら現在であること、つまり、過去を現在にする（再生する）とか完全な忘却へと追いやるとかいったモダニストの課題を、現在が達成することは決してないことを言わんとした点にある。(6) やがて彼は、『文化の中の居心地悪さ』のなかでこの説の限界を強調して、言及に修正を加えている。廃墟をもとに構築された建造物というたとえは不適切である、なぜならこのたとえは、無意識の中では歴史上の異質な時期に属する二つの建造物がありえない形で共存していることの意味を伝えることができないからだ、というのが彼の理由である。(7) 過去は消去されず、現在にまとわりつく。したがって、抑圧された記憶がトラウマとして戻ることは、消えない脅迫観念である。大学の廃墟のなかに居住するということは、審美的感覚を満足させること（ノスタルジア）によって認識論的不安定さを修復したり、認識論的理解（進歩としての知識）を求めたりすることではなく、むしろこの脅迫観念を認識する制度上のプラグマティズムを実践することでなければならない。文化の制度＝機関の廃墟は、われわれがいる場所にただあるだけである。したがって、われわれはそのなかにあって問題をうまく処理しなければならないのだ。

これは、われわれと伝統との関連を考える方法としては、ドイツ観念論者たちが提示した方法（解釈学的な改訂を加えることによって伝統に新たな統一と活力を付与する、つまり、再生をはかる）(8)とは異なっている。われわれは、大学の再生とか復活を求めるのではなく、廃墟の大学を、〈思考〉は自然に生まれえないことを想い起こさせる、歴史上の差異の堆積と考えるべきなのだ。われわれは、一つの制度＝機関のなかに住むと同時に、その外でも住んでいる。われわれは、そこで働き、手近にあるものを使って働く。大学は、世界をより真実なものにすることによって世界を救うわけでもないし、世界もまた、大学をより現実的なものにすることによって救おうともしない。大学の問題は、内と外、象牙の塔とストリートの間に確固とした、完全な関係をいかに確立するかということではない。だから、われわれはさまざまな制度＝機関を扱うように、大学を扱うことにしよう。結局、〈人間〉（歴史の普遍的主体）が光を点すために自然を飼い馴らし、自分の意思にそわせるという物語を私は信じる必要もないし、その明かりが消えてしまうと考えるほど猜疑心が強いわけでもない。また、たとえ私が電気代を払えないとしても、この物語を信じ続ければ明かりを点し続けることになるわけでもない。明かり《エンライテンメント》を点じるにも代価が必要なのだ。

このような主張は、諸々の制度＝機関を軽視しているように聞こえるかもしれないが、実際には、制度＝機関というものは、その顧客の考えを超える重みを持っているのだ、という政治的認識がそれには含まれている。廃墟のなかに住むということは、なにも諦めやシニシズムを意味しない。それは、潔い行動の延期や放棄を含めて、政治的行動に対する信仰的姿勢を放棄することでしかない。レナード・コーエンの重みのある言葉を思い出そう——「彼らは、内側からシステムを変えようとした罪で、私に二

○年の倦怠の刑を宣告した」(9)。変化は、内側からも、外側からもやってこない。――内側でも外側でもなく、われわれが居る、困難な空間からやってくるのだ。大学を再生できないとか、再建不可能だとか言うのは、力がないからだと言っているのではない。大学に携わる人々は、アリバイ〔口実、弁解〕なしで仕事をしなければならないのだという点――これこそ、これまで彼らのうちの最良の人々が行おうとしてきたことだが――を強調したいのだ。

イタリアの都市のアナロジーに戻って言えば、このことは、古いものを完全に破壊して、グリッドの上に合理的な町を建設するとか、失われた起源に戻れば古い都市を再生させることができると信じている、というのでもない。構造的にいうなら、これらのいずれを選択するとしても、次のようなことが前提となろう。すなわち、都市はわれわれの住む場所ではなく、われわれはどこか郊外に住んでおり、人が住まなくなった廃墟をどうするか思案しているといった状況である。しかし、現実にはその都市は、われわれが住んでいる町である。廃墟は、すでに機能性が失われている別の時代からのものではあるが、そこにはたえず人々が住んでいる。たとえ大学が文化の理念の残骸としてしか読み取れないとしても、そのことが、われわれがその場所を去ったとか、それを外部から眺めていることを意味しない。このアナロジーから引き出される問題は、われわれが観光事業――文化的マニキュアとしての人文科学、旅行談としての社会科学、現実の知識と大きなおもちゃが持つスリルとしての自然科学等々――に没頭するのとは別の何かをどのようにできるか、ということである。もしコンシューマリズムが人文科学の領域で一層進展しているようにみえるとすれば、それは、資金提供によって誘導された展望の問題にすぎないであろう。科学教育が達成するものへのわれわれの未来像は、いったいどのくらいディズニーのおかげをこうむっているだろうか。自然科学に対するわれわれの認識は、ＮＡＳＡやエプコット・センターなどの機構を通して、マス・メディアによってすでに深く根づいている。その結果、科学的知識の生産は、大衆文化の再生産システムのなかに深く定着している。(10)

超伝導加速器製造の取消しは、冷戦の終結によって、各国が人文科学文化の領域において国をあげての競争に資金を提供しようとする姿勢に影響を与えるだけではないことを示唆している。実際、自然科学はいかなる教育から成り立つのがよいのか、またそれはどのような種類の主体に向けられるのかといった問題もしだいに大きくなりつつある。職業技術学校の方がより多くの需要に応じられるのに対して、情報科学部門は、資金が枯渇したことと関連して、純粋科学の分野で教育を受けた大学院卒業生への潤沢な需要がもはやないかもしれないことを示唆している。したがって、物理や化学の教育をいったい誰に向ければよいのか、といった問題には明らかな答えが出ないかもしれない。特にアメリカにおける物理学の諸分野は、人文科学系と同じように、無尽蔵とも思える防衛予算がつかなくなってからは、「二次的有効性」あるいは「市場効果」の審査結果のために、予算獲得戦争で苦しい立場に追いやられる危険にさらされている。ちなみに、カナダで大学院卒業生の失業率が最も高いのは、人文科学系ではなく、物理が専門の者たちにおいてである。これらのことは、二十世紀の大学において最も明らかな構造上の現実であった、人文科学と自然科学の間の二元論的な亀裂が、かつてのように確定的なものではなくなっていることを暗示している。英語は、もともと合衆国では、古典文学に対する実践的で実務的な言語と受けとめられていた。(11) もちろん、グラフが指摘しているように、英文学研究はほどなくドイツの精神科学〔Geisteswissenschaft〕をモデルに、自律的な研究分野として専門化された。そこには、英文学教育

が「科学」、つまり知識の一分野としての権威をもてるだろうという意図があったからである。(12)

本書の前半で、かつて確固とした哲学科をもたない大学は考えられないとする倫理規制令が市場の強い要請のために失効して以来、哲学部門は古典文学がすでに経験した道を辿る運命にある、と私は悲観的な指摘をした。このこと自体は悪くないかもしれない。なぜならこのことは、思考の性質や限界について、あるいは優れた人生について等々、かつて「哲学」の名のもとに問いかけられたさまざまな問題が問いかけられなくなった、あるいは問いかけられなくなるだろうということを必ずしも意味しないからである。それは、現代社会においては、個人がそのような問いかけをするように訓練を受けるべきであると誰も言わないことを意味するにすぎない。代わりに、哲学部門は応用の学問分野へと移行しつつあり、そこでは、専門家が問いかけを洗練されたものにするよりも解答を提出している——なかでも医療倫理が最も明らかな例である。というのも、医療倫理が注目を浴びているのは、とりわけバイオ医療技術と合衆国の医療保険「システム」の経済学との間にある相互作用の結果だからである。

代わりに、問いかけへの責任は、文学部門自体が国民文学研究の計画を放棄する限りにおいて、この部門へと移行したように思える。「英文学および比較文学」は、合衆国では人文科学系全体に通じる用語として機能する傾向にあるが、またそのためにもっと軽い響きをもつ「カルチュラル・スタディーズ」というタイトルに取って代わられつつあるようだ。なぜカルチュラル・スタディーズが「思想史」とか「インテレクチュアル・ヒストリー」といった伝統的な名称に取って代わって使われているのか、という問題は考察に値するであろう。これは、次の二つのことと関係がある。一つは、「カルチュラル・スタディーズ」が歴史部門の現存している研究計画と関係があること。もう一つは、「スタディーズ」

という用語が、今日、アカデミズムの専門化の時代にあって、中心的概念への研究まで踏み込む必要がないことを認めていることと関係している。言い換えるなら、すでに第7章で論じたように、カルチュラル・スタディーズにおける文化の概念は、現実には近代の大学で提唱された深い意味での概念ではない。つまり、カルチュラル・スタディーズは、文化を研究と教育を統一する理想とはせず、文化はもはやそのような概念として機能しえないことを認識しているのである。

私には、はっきり言って、自然科学と社会科学に生じるパラレルなプロセスを辿るだけの用意は今ない。しかし、北米の大学においては明らかに文芸部門に属する領域が、一群の専門学校のなかで、しだいに学際的になりつつある総合的な人文科学系の部門として発展していく様子を概略示すことはできるだろう。そこでは、メディア論やコミュニケーション論といった、伝統的に人文科学の中枢をなしていたが、今はその地位を譲った専門分野が含まれるのである。そのような専門学校は、伝統的に人文科学の研究分野を成り立たせていた社会科学を、さらに拡充する方向に向かうだろう。それは、人文科学（審美的な対象に対する批評）と社会科学（社会学、コミュニケーション論等）両方にまたがる学問分野としてのカルチュラル・スタディーズという名称が、必ずある役割を演じることになるプロセスである。しかし、それはまた、歴史のアイロニーでもある。なぜなら、そのような展望には、国から無償の土地を提供された多くの大学が名声を高め、それに付随した資金提供を受ける方法として研究大学のモデルとなる前の、大学の当初の計画と際立った類似点が見出せるからである。そのような期待感の地平は、すでに「エクセレンスの大学内の自由学芸教養学部《リベラル・アーツカレッジ》」というスローガンのもとにわれわれに提示されている。言うまでもなく、自由学芸教養学部は、ここではその教育の伝統という観点からではなく、消費者にとっての潜在的魅力という観点から引合いに出されている。

以上が、エクセレンスの大学で人文科学が演じるよう求められている役割である。それはまた、消費者サービス（支払う学生たち一人一人に対するケア意識）と文化的マニキュアとの間で揺れ動いている。また、人文科学における科学的研究への要求、つまり、「精神科学」への要求は、近代の大学の歴史のなかで人文科学に一種の名誉を与えていたが、いまや大学全体にとって、指導的な文化の理念のなかに反映されることもなければ、それによって保証されることもなくなっている。したがって、それは人文科学（実際、自然科学も）を救う研究モデルではない。なぜなら、研究プロジェクトによってつくられた分野としての人文科学の組織は（そのような組織にとっての起源かつ目的として機能していた審級である国民国家の退潮に伴い）、もはや自明のものとは映らなくなっているからである。エクセレンスという一般的な経済的組織のなかでは、研究活動は市場内部での交換価値としてのみ重要性を持つ。それは、国民国家にとって本質的な利用価値をもはや持たなくなっているからだ。

第10章で述べたような意味で、大学内部でどのように〈思考〉が扱われるのか、という問題が残っている。われわれは、一つのことについて明らかにしておくべきであろう。それは、制度＝機関という性質をおびたものは、経済的要求から〈思考〉を保護するとか、あるいはそれをかくまって大切に保存するようなことは決してしない、ということである。そのような保護は、実際、〈思考〉にとっても決して望ましいものでもないし、むしろ障害となろう。しかし、同時に、思考行為は、〈思考〉を生む可能性に開かれているというなら、つまり問いかけの形をとるなら、実利的なことを求めてはならない。それは、会計という制限された経済よりも、浪費の経済に属するものである。(13) 〈思考〉は、非生産的労働であり、したがって、浪費として以外、貸借対照表上に姿を見せない。大学に突き付けられた問題は、このように制度＝機関を〈思考〉の聖域へと変えることではなく、その制度＝機関のなかでどのように思考するかである。しかし、この制度＝機関は、発展すると〈思考〉をますます困難にし、ますます不必要にする傾向にある。もしわれわれが教授の位置を、聖職の衰退する力——一方で不信心によって、他方でテレビ福音主義に直面したため——になぞらえるべきではないとしても、制度＝機関に対するわれわれの関係を明らかにする必要があろう。つまり、聖職者となることをすっかり諦めるということである。言い換えれば、大学という廃墟は、学生および教授にとって、ギリシア・ローマの寺院の廃墟であってはならないのだ。観光客の活動を促したり、無節操な遺跡の管理者たちのポケットを膨らませるといった祭式の役割に気づかないかのように、われわれは自分たちの祭式を執り行ってはならないのだ。

信念といったものはないが、〈思考〉との関わりから大学という廃墟のなかに住むことの意味を概略説明するにあたって、私は評価の問題に戻りたいと思う。思考するという課題を一つの問題としてこれに挑もうとする人々にとって、それは、そう簡単に答えの出る問題ではない。それは、聖域を提供する限界効用[*2]の割合を確固としたものにしながら、市場と折り合いをつけるといった問題ではないのだ。そのような方法では、合衆国の老木に見るように、その聖域がたえず減少する結果をもたらすだけだろう。博物館の標本用に、[*3]いったいどのくらいの数の哲学者たちが、あるいは赤色木材〔良質の木材〕が必要なのであろうか。もし壮大な研究プロジェクトとか、種の保存に関する最小限の議論といったものが結果として成功しそうもないなら、〈思考〉と教育に関する一定の実践についてのわれわれの議論こそがいまの状況に適合する必要があろうし、今日の人文科学系の学問分野のモデルが消滅への道を辿っているという事実を受け容れる必要があるだろう。

　このような文脈のなかでも、ある種の楽観主義を認めることはできるかもしれない。大学という廃墟のなかに住むことは、いかなることが生じるか予測しがたい空間を残しつつ、われわれができる限りのことをすることを意味する。たとえば、一部の学問分野——人文科学であれ、カルチュラル・スタディーズであれ——を開発することによって得られる財源を、教育と研究（一般的な言い方だが）の短期共同計画の補助金に回すことを当局に申し入れるなど。もっとも、そのプロジェクトが成功した場合でも、一定の期間が過ぎたら、それは解散する。「成功した場合でも」と言ったのは、そのような共同プロジェクトには、ある種の半減期があるからである。その期間が過ぎると、それは予算を獲得した疑似科目となり、ついには小帝国をつくることになりかねない。言い換えるなら、そういったものは、きちんと考えずに官僚的制度＝機関の仲間入りをしてしまうことになるのである。

　したがって、私が求めるのは、一般化した学際的空間ではなく、結合と離反を繰り返す、学問上の一種のリズムなのだ。そのためには、教科に関する問題がないがしろにされたり、月並みで退屈なものにならないように工夫が凝らされねばならない。むしろ、学問の体系が〈思考〉の名に反応すること、つまり、学問の体系は、どのような種類の思考を可能にし、どのような思考を排斥するかを考えることが要求されるのである。学問分野のプロジェクトに直面した際、それを位置づけるための決定的な方法は、それが何でないか、何を排斥するかを考察することによってなされるとするのは、おそらく構造主義の教訓であろう。かくして、たとえば、ヨーロッパの哲学を集中して研究するには——私が提案する中断しがちな思考様式の性質上——非ヨーロッパ的哲学とヨーロッパの非哲学をも取り込む必要が生じるであろう。
そのような組織的構造が持つ知的利点は、北米では、選択の条件をコンシューマリズムと切り離しながら、「自由選択」への傾向がもつエネルギーに頼ることができるという事実にある。チャールズ・エリオットがハーバード大学で導入した科目選択のシステムには、二つの問題点があったが、そのどちらも選択権が学生の側にのみあったことから生じた。そのシステムは、学生が情報を得る際にきちんと選択できることを前提としており、また、専門知識は、学生が方向を間違わずに進めるような有機的体系を持っていることを前提としていた。事実、エリオットの反対者たちはただちに、核となるカリキュラムないしは選択必修科目を課し、学生の自由選択に制限を加え、単に需要供給の関係からのみ専門知識の体系が左右されるのを防ごうと、すばやく反応した[14]。その結果、折衷的となって、自由選択と選択必修との間の綱引きはその後も続き、合衆国の諸大学でカリキュラムに関する議論は一段と強まることになった。

　私の議論は、ポスト歴史的大学がおびる市場的構造が、消費者としての学生の姿をますます現実的なものにしていること、さらに、学問体系が市場の要求の圧力のために崩壊しつつあるというものである。専門知識の体系の問題を、そのような状況下で問題として残しうる手段、つまり、専門知識が市場の情報に左右される以上のものとなりうるための手段は、固定化した学問体系を権威ずくで命令的に再び主張することではない。保守的なウィリアム・ベネット[*4]たちをたいそう怒らせているのは、そのような解決はもはや競争によっては計れないという点である。そこで、私が提案したいのは、学科目市場を、学生の希望に任せるだけにするというより、教師と経営陣の側におくことによって、〈思考〉とディスカッションの問題にするというものである——教師たちが学生の希望を満たすべく努力するだろうし、また官僚機構がそれをうまく調整するよう努力するだろうから。

このように、私は学問分野の基盤を放棄することを提案する。しかし、その放棄は、構造的に本質的なものとして、専門知識に与えられる学問形態の問題を失わずに残してある。なぜそうするかというと、大学は厳格で旧式の学問分野を捨てて、その代わりに（あたかも「人間」についての専門知識をまだ体系化できるかのように）人文科学系のなかにいたずらに無定形で学際的な空間を持つべきではないからである。むしろ、学問分野の構造を緩めることによって、永続的な問題として新たな学問分野設置のための機会を設ける必要がある。私が提案した短期プロジェクトは、一定の方法で専門知識をグループ分けすることの意味、また過去においてグループ分けされていた意味は何であったかなどの問題を考える機会を与えてくれる。そして、これは「現代美術史」とか「アメリカ黒人文学」等、きらびやかな専門知識のグループ分けを提唱する際に、その底流にある学問分野の問題を考える機会を提供する。そのようなグループ分けが、その生産と再生産の条件を注視し続けるためには、一定の間隔をおいて強制的にそれを繰り返すしかない。しかし、大学の学問分野の構造を緩めようと努めるには、まずその前に、現在のように「学問分野の適用範囲中心」の見せかけのやり方に基づくのではなく、生涯在職権をもつ教授陣が全体的割合を占めることを基盤にして、有望な人材を採用することを学生に明確に約束することが必要であろう。たとえば、英語学科のなかで、現実に多くの中世研究者を「必要とする」ことになったところがいかに少ないかという事実は注目に値する。(15)

しかし、私はこのような計画に関して少々違った意見を持っている。なぜなら、それらの計画には一般的なモデルもないし、〈将来〉の展望を持った大学もない。あるのは一連の特殊で局部的な事情のみなので、それらには、つねに誤ったユートピア主義というおもむきがあるからである。私がこれらの提案をするのも、大学に見られる、現在の（たぶん消し難い）ブルジョワ的経済革命のなかにあって、〈思考〉の一助となる可能性が見出せれば、という気持ちからである。また、これは「大きな目的」のための方策、つまり、別な結果へと進む方向を変える試みでもないし、別の目的のためでもないのだ、という点を理解しておくことが大切である。むしろ、大学を廃墟と化した存在と認識することは、そのような目的論を放棄することを意味し、また一つのシステムのなかで物事を起こさせようと試みることを意味するが、同時にそのような物事がシステムの真の、本当の意味だとは主張しないことである。このシステムは全体として、〈思考〉と対立するであろう。しかし、他方で、脱指示化のプロセスが、新たな空間を切り開き、〈思考〉に対する現在の防御の構造を破壊する。一方でまさに、〈あらゆるブルジョワ革命のように〉〈思考〉を交換価値という排他的な規則に従属させようとするのだが。そのような可能性を新たに求めることは、救世主的な任務ではないし、またそのような努力は、救済的なメタ物語で構成されているわけでもないから、そのためには最大級の用心や柔軟性、あるいは機知を必要とするだろう。

そのような一般化した学問分野の再配置といった展望が与えられて初めて、われわれは、大学が思索者たちの集団の住む場所としていかに機能するかを真剣に考えることが必要だと思えるのだ。その時には、有機体論的伝統や封建時代のギルド制と切り離すために、共同体の概念を批判的に再考するという条件が伴う。このような基盤に立てば、制度＝機関の進むべき道についてのヒントを提供できるようになるだろう。そうすれば、脱指示化のプロセスを別の形で評価できるだろうし、自由市場の侵略による現存の文化形態の破壊を告発や嘆きの機会とするより、〈思考〉の機会とすることができるだろう。

第12章　不同意の共同体

これまで私は、大学における学者たちの共同体が、ドイツ観念論者たちをはじめ近代の多くの思想家によって、全体として合理的で政治的な共同体のモデルと想定されていたことについて論じてきた。このモデルにはバリエーションがないわけではない。たとえば、フィヒテが言う学生と教授の集団は、ロールズの言うヴェールで隠された裁きの場とは違う。しかし、現代においても、大学を理性的で正しい、そして国を代表する共同体のモデルであり、そこでは無私の理念を探求するなかで、社会との純粋な絆を体現すると考える傾向が根強く残っている。でも実際は、アルフォンソ・ボレロ・カバルがユネスコへ提出したリポートのなかで主張した、今日的制度＝機関としての大学、市場の強い要請を超えた存在としての大学という期待を唯一持たせるのは、まわりの社会に対して「モデルや模範」になるという「主たるコミットメント」によって、大学が「文化に寄与できる」とする曖昧な主張――ドイツ観念論者の主張をオーム返しにしたもの――のみである。(1) そのような議論は、大学がグローバルな機関として「国際化」すべきであるとする、彼の要求によってすでに力を失っているとしても、気にする必要はない。なぜなら、このことは、一定の大学とそれを取り巻く社会との間には、そのような結びつきは失われていることを意味するからである。

いやしくも大学で少しでも過ごしたことのある者なら、大学が模範的共同体ではなく、大学の教授集団ほどケチで、悪意のはびこっている社会はそうざらにないことを知っている（郊外の「モデルコミュニティ」は別にして）。にもかかわらず、大学についての物語は執拗に続く。大学は自由で合理的な議論の場としての潜在的可能性をもったモデルである、つまり、一つの抽象的概念――それが伝統を対象にしようと、合理的契約を対象にしようと――を共有することを立脚点にしている共同体であると想定されているのだ。中世のギルド（ガラス吹き工、ペンキ工、食料品屋）は、とりわけ実践的な共同体であった。知識習得のための社会としての中世の大学は、ギルドのように、中世的な意味で法人組織的共同体であった。近代において大学は、国民国家の理念に対して共通の関係にあるとして各個人を結びつける社会的つながりのモデルとなった。もちろんこの変化は、平坦ではないし、変化に富んだプロセスを経ており、大学間でも、より近代化されたものもそうでないものもある。大学評議員の役割と同じように、大学の設立基盤に関して宗教がどの程度機能し続けているかという点は、ここでは重要な一つの変数《ヴァリアント》である。特に、ニューマンが闘ったケースでは。

しかし、近代のモデル大学における共同体思想の中心にあるのは、コミュニケーションの概念である。つまり、カントの言う判定者の行政的行動とともに、フィヒテの言う教授と学生との契約的結びつきを可能にする、相互の透明性である。コミュニケーションという観点による共同体の解釈は、大学に限定されるわけでもない。近代の大学がいかにして社会のモデルとなりうるのかを理解するためには、近代の人々が――国家を通して――どのように共同体にアプローチしたのか、そのありさまを見る必要がある。国家の概念は、共同体が無私で自律性を持つと仮定する、抽象的な基盤の上に立っている。近代の共同体の基盤は、国家の一員として相互にコミュニケートしようとする、個々の自律的な決断にある。共同体は、君主、部族、国といったものに対する個々人の他律的義務を理由として生まれるわけではない。近代の仮説、たとえばアメリカ的であるとは何を意味するかという問題は、アメリカ人の自由な同意によって決定される問題であって、民族や気風に刻まれたエッセンス、あるいは原初の忠誠心を強要する君主によって決定されるものではない。したがって、近代の国家の一員として生まれた者は、投票などのプロセスによってそのような社会的契約を変える力を有していると考えられている。

国家というこの虚構に内在する支配力は、その主体＝臣民が持つとされる自律性、つまりこのようなコミュニケーションに参加できる自由が国家の理念に従うかどうかという条件にいかに左右されるかについていったん考えさえすれば明白となる。主体＝臣民は、まず第一に国家に対して従順である限りにおいてのみ「自由」なのだ。国家は、個々人を、共同体の審級として国家の理念に従う臣民と位置づける。臣民とは、つまりまず国家の理念に忠誠心を抱く人々のことである。このように、個人は国家に従うので、他の人々との関係は、今度は互いに国家の従者という関係になる。要するに、あらゆる相互関係は、抽象的な国家の理念が媒体となる。他者の独自性や相違点などは軽んじられる。なぜなら、他者とのコミュニケーションは、自己と同じく従順な市民である限りにおいてのみ成立するからである。近代においては、国家という抽象的な理念がこのように、コミュニケーションと市民社会成立の可能性を保証していた。

その意味で、現代の共同体は本来的に普遍性を内在させている。なぜなら、共同体は人間の、コミュニケーション能力を共有するという仮説に基づいているからである。特定の国々は、本質的な人間性を最もよく具体化しようといたずらに競いあっている。国際連合は、ナショナリズムと人間的共同体の理想との間の矛盾を解決しようと努めている点で、一つの現代的制度＝機関である。そこでは各々の国が、ちょうど国民国家の主体と同じような形で、（各国家からなる）共同体の主体と位置づけられている。現代の共同体の思想を支配しているコンセンサスの地平は、次のような仮説に保証されている。すなわち、社会的つながりとはそれ自体、共同体の主体が自由に同意できるように、彼らの間での自由かつ合理的な議論と合意の対象になりうる性質をもつということである。逆説的に、自由で公正なコミュニケーションの可能性の基となる同意は、その同意が欠けているにもかかわらず、自由で公正になされたものと受けとられている。

そのようなメタレプシス〔転喩〕が許されるのは、差異が選別される言語において、それらの差異が作用したとしてもそのためにそれ〔言語〕は犠牲にされることはない、という前提があるときのみである。われわれは、何について同意しないかに関してきちんと同意できて初めて同意しないことに同意できるし、その事実をはじめに伝えずにすでにコミュニケーションに入っているということを確認できた時に初めてコミュニケーションを成り立たせることができる。したがって、コミュニケーションのあらゆる問題、つまりイディオム上の差異は、コミュニケーションの基本的な明快さ——理想的な対話状況——に単に副次的であるか、あるいはそれに寄生するものと考える必要がある。

すでに論じたように、文化は、粗野な本性と明確に分節された理性とを仲介する、合理的コミュニケーションから自然に誕生したものであるとされる。ドイツ観念論者たちによれば、共同社会への帰属意識は自然発生的なものであるという――もしそうでなければ、抽象的理論の対象となろうが。文化は、粗野な本性に理性的になる方法を教えるし、また理性を本性に近づきやすくもする。たとえば、ある者がこう呟いたとする。「私は〔ドイツに〕愛着を抱いている――私は、理性的状態を知っている。文化的にドイツ的だと自分を理解することで、私は両者の折り合いをつけることができる」。ここでは、文化は、語ろうとする願望と意味を与える力を統合するのに一役買っている。言い換えれば、文化は感情と論理とを統合するというのだ。しかし、感情の力と論理の明快さは結びつきうるという仮説、つまり、コミュニケーションの透明性は可能であるという仮説を保証するものは何もない。文化は、コミュニケーションの対象〔伝達されるもの〕でもあり、コミュニケーションのプロセス（コミュニケーションの相互作用のなかで生み出されるもの）でもあるので、そのような保証を与えることができると主張する。要するに、文化は学問（われわれが語り合う内容）であり、陶冶（われわれが語り合う行為そのもの）でもあるという。

したがって、近代における文化の大学のイデオロギー的機能は、制度＝機関ではなくて、透明なコミュニケーションが可能ならば得られる組織体なのだと主張することにある。つまり、大学は、社会的つながりの伝達者として、制度＝機関が機能するのを可能にする原理そのものを制度化すると考えられている。このために、大学は粗野な支配がまかり通る審級というより、主体者どうしのコミュニケーションの純粋な審級のように見えるのだ。

左派の批判者たちの多くがこの論理に与したが、彼らはただ、コミュニケーションの透明性の中心にある平等主義的仮説は完全に実現されるべきであり、支配の状況が生じるのはコミュニケーションの失敗の結果である、と論じたにすぎない。これは、左翼主義者たちがなぜ保守的体制のなかにあっても、大学の優れた職員であったかの理由の一つである。彼らは、自分たちが真の文化の守護者であり、現体制は単にその偽装物、ないしはイデオロギー上のものにすぎないのだと信じている。彼らにとって、ものごとを正しくするのに必要なものは、より明快な（真の）コミュニケーションだけなのだ。真実がわれわれを自由にするというのだ。このような考えが場違いなものだということについては十分論じたつもりである。だからといってこのように言うことは、後期ヴィクトリア朝における信仰の危機を言い直すにあたって、マシュー・アーノルドのレンズを通して脱構築論やポストモダンの本を読んだ者たちがしばしば主張してきたように、相互作用といったものがないというわけではない。

ジャック・デリダとジャン＝フランソワ・リオタールの仕事は、コミュニケーションは原理的に透明であるとする仮説に根本的な疑問を投げかけたため、強い反発を食らった。デリダの説得力あふれた西洋哲学の読みの特徴は次のようなものだった。彼によれば、コミュニケーションには根本的な暴力（〈他者〉を受け手の身分に引き下ろしてしまう）と、表象に構造的に潜む過ちとが付随しているという。[2] リオタールのほうは、真理の共通な地平のもとでフレーズの組織化を不可能にしてしまうようなイディオムの根本的な異質性を強調した。彼の方法は、真理を語ろうとする述定的な試みというより、むしろ「公正に行う」という遂行的概念を通して、運用言語を実践的に考察するものである——これに関しては、すでに第10章で、教育の現場を論じた際に言及してある。

デリダやリオタールらがコミュニケーションの透明性を疑問視するからといって、「われわれは互いに会話を交わせない」などといった短絡的な主張――ある人々の結論だったろうが――につながるわけではない。むしろ、われわれがつねに互いに話し合っているからといって（リオタールは、沈黙でさえものを言う一つの方法であり、したがって〔キリストを断罪した〕ピラトも無罪ではなかったと主張する）、起こった出来事を理想的な「コミュニケーション」の概念という点から（コミュニケーションにどの程度成功したかという点から）述べるというのは、要点を見過ごすことになろう。コミュニケーションによってさまざまな効果が生じる可能性はある。対話の文脈は対話者の間での見かけの同意によって、一時的には安定したものになるかもしれない。しかし、それらは安定化の行為以上のものでは決してない。それらは、コミュニケーションにとっての根本的な安定性とか透明性を明らかにしたわけではない。さらに、そのような安定化は、全体をカバーするものでは決してない。なぜなら、コミュニケーションの基盤となる規則に対する同意を確立するための言葉自体、それが定めようとしている規則に従わないことがあるからである。事実、軽旅団の突撃が証明しているように、[*1] コミュニケーションによる推定は、誤解という最も悲惨な結果を引き起こすものだ。

もしわれわれは共通言語を語るという仮説が、恐怖政治への道を照らすとするなら、(3) 一体どんな言葉で共同体を語ることができるのだろう。もし、社会的なつながりが、コミュニケーションにおいて自由選択や合理的な同意の対象となりえないとするなら、その性質はどのようなものなのか。そして、コミュニケーションが可能な共同体のモデルを具体化するとされている制度=機関である大学に対して暗示されている意味はどのようなものであろうか。コミュニケーションの透明性に立脚した共同体に唯一取って代わるものは、互いに相手を全然知らないために夜にまぎれて衝突し合う、互いにバラバラの人々が住む世界なのだろうか。もし共同体が、根本的に共有された何らかの民族的なつながり（血と土地とからなる前近代的な共同体）にも、コミュニケーションの可能性を共有するというモダニストの仮説にも立脚しないとしたら、共同体を構成すること自体がどうして可能だろうか。私が提案したいのは、大学について考察を進める上で、われわれはモダニストが主張するコミュニケーションの透明性に対する批判を真剣に考えるべきだということである。マイアミ理論集団がいみじくも「バラバラの共同体」[4]と呼んだものになることがどんな意味なのかについて、きちんとした解答を出さなければならない。したがって、大学が抱える共同体の問題をわれわれは、モダニストによる解釈とは違った形で言い換える必要があるのだ。コミュニケーションが透明でない共同体、コミュニケーションの可能性が共通の文化的アイデンティティに基づくわけでもなければ、それによって活性化するわけでもない共同体について考察する必要があるのだ。

　アイデンティティなき共同体論については、とりわけジャン＝リュック・ナンシーとモーリス・ブランショが、それぞれ『無為の共同体』、『明かしえぬ共同体』のなかで論じている[5]。構成上の不完全さ（ブランショ）や不在の共有（ナンシー）によって、そのような共同体は、主体的な人々によってではなく、特異な単独者たちによって構成されているという。その共同体は有機的ではない。なぜなら、その構成員は明らかにされるべき内在的アイデンティティを共有しないからである。そして、その共同体は、普遍的な歴史の主体を生み出す方向に向けられていない。つまり、本質的な人間性を文化的に実現する方向に向かっていないのだ。むしろ、そこでは特異な単独者たち（複数のエゴではなくて複数の私《アイ》、とナンシーは言う）が、さまざまな形で発話者と聞き手の位置を占めている。

このことは、大学についての考察を進める文脈において特に重要である。なぜなら、第10章での私の見解を思い出してほしいのだが、知的な人々が、しばしば語る側の立場、あるいは滔々と述べる側の立場を優先するあまり、聞き手の立場を忘れてしまいがちなのは注目すべきことだからである。対照的に、「バラバラのメンバーからなる共同体」は、「私」あるいは「君」の単独性が、個人では克服できない、張りめぐらされた義務のネットワークのなかに捕えられるのを忘れない。つまり、個人が捕えられる義務のネットワークは、その個人の主体的意識にとって完全には自由にできるものではないために、人はすべての借金を返してそこから解放されることは決してできないのだ。事実、われわれがあらゆる借金を返せるという仮説は、基本的に非倫理的である。なぜなら、そうすることは、あらゆる責任と義務を克服し、それらからの「自由」を獲得することを仮定するからである。他者への義務からの解放という意味での自律性は、主体的な自己同一性というありえない想像をいだかせる。つまり、私は、他者に対する責任によって、もはや自己分裂や自己分離を起こすことはないだろう、というのである。

　たとえば、北米アメリカ人に、自分たちの社会の基盤となっている集団虐殺の責任を忘れたいと思わせたもの、ネイティヴ・アメリカンや他の民族への負い目を無視させてきたものは、主体的な自律性への願望である。その責任に関しては、当時の人々が個人として契約を結んだわけではないとはいえ、私はどうしても責任があると主張したい（それらの行為による歴史上の遺産から間接的に利益を得ている以上は責任があるだけではない）。要するに、社会的なつながりは、自律的主体の所有物ではないのだ。なぜなら、それは主体的意識や、さらには個々の行動の歴史すら超えているからである。私が住む場所の歴史に対する私の義務の性質、そしてその歴史との関係における私の正確な位置づけ、そういったものは私が決定できるものではないし、また徹底的に測りうるものでもない。たとえば、白人のアメリカ人の所得に課せられる「何パーセント」かの税金も、合衆国の人種差別の歴史に対して十分な償いができるわけではない（リンチがどのくらいの「値になる」というのか）。また、人種差別の罪は、それを認めたからといって終止符を打てるわけではないし、何がまさに「潔白〔白人性〕」をなすのかという問題を解決さえしないだろう。

　これらの問題を十分論じるには、さらにもう一冊の著書が必要となろう。しかし私は、社会的つながりの性質がどのように再考されるべきかという観点から、これらの問題を提起したい。これは社会的つながりの「複雑化」だと言う人もいようし、また、社会的つながりは現代の理性的主体の意識にとって不透明になりつつあると言う人もあろう。他者への義務という純然たる事実は、個人の意識を超えたものである。だからこそわれわれは、他者への義務から完全に解放されないし、まただからこそ、いかなる者もモデル市民（共同体を全体として代表しようとするゆえに、その中の他の誰ともつながりを持とうとしない市民）ではないのだ。

　ここで、「何でもあり」の共同体として、特異性からなる共同体を論じたアガンベンのそれとの類比を引き合いに出すのは有益であろう。彼の言う共同体では、社会的つながりが、これまで私が使っていたのよりも軽い意味でとらえられている。つまり、社会的つながりが義務としてではなく、移動性、つまり、共通のものは何も持たず、状況によって集合する人々の連帯によるという特徴を持っている、とするのである。[6] この説明は、義務について語ることが、人間主体はもはや唯一の参照基準ではないとする倫理観に関わることだという解釈を容易にする。その義務は、他の人間に対してでなく、周囲の状況《タ・プラグマータ》に対するものとなる。アリストテレスが指摘しているように、人が死後に子供たちの社会的不名誉によって不幸な目に遭うことがあるのは、このためである。そこでは、社会的つながりは主体的な意識を超えている。[7] われわれが言語と呼ぶものは、コミュニケーションや表現の道具として使い尽くされることがない。構造的に自己閉鎖できない言語は、主体に対する状況の無関心さを示す道具性を免れるのである。

自己正当化や自律性をもつ社会を目指す政治的同意の地平と、不同意の他律的地平とは区別される必要がある。不同意の地平では、同意されたどんな答えも、社会的つながり（他者という事実、言語という事実）がつける疑問符を取り除くことはできない。どんな普遍的共同体も、具体的な答えを出すことはできない。つまり、どんな合理的な合意も、一つの答えに合意することを簡単には決められない。社会的つながりの意味を一つの問いかけとしておくことは、アイデンティティの理念によらずに、相違点を受け容れることを意味する。たとえそのアイデンティティが民族的なものであろうと（「われわれはみな白人だ、われわれはみなフランス人だ」）、あるいは合理的なものであろうと（「われわれはみな人間だ」）。それはまた共同体の義務を、われわれには答える責任があるが、その答えを提供できないものとして理解することである。そのような共同体は、自律的というより、他律的である。それは、自らを指名したり、自ら決意する力を持っているなどと触れ込まない。それは、権力者の地位は権威でもって占めることはできないと主張する。どんなコンセンサスも、大学や国家を、それらが表わすコンセンサスを権威ある形で反映するものとして正当化できない。思考は、コンセンサスを目指さないとき、そこで初めて異質性を正当に扱うことができる。コンセンサスを放棄することは、限定的な、条件付きの同意や行動の形態については何も言わないことである。むしろ、包摂と排除の対立（宇宙エイリアンに対する全人類の全体的な包摂の場合でさえ）が、共同体、つまり共有するという概念を構成すべきではない、とそれは言っているのだ。

社会の審級としてよりも、共同体の審級として政治的なものを論じることは、党綱領的閉鎖性（社会）と、どんな権威ある審級も決定を下すことのできない、不安定なともにあることの経験（共同体）とを区別することである。[8] もっと正確に言うなら、共同体の審級としての政治的なものとは、「われわれ」と言うことを許された自律的で集団的な主体、「われわれ」と言わなかったり言えなかったりする者たちに脅威を与えるような主体を確立しないという考えを共有することである。[9] 不同意の共同体とはしたがって、共有の、つまり共同体の必然の結果としての社会的つながりが発展したものとなろう。しかし——このことが重要な制限となるが——共有の必然性と共同体自体はコンセンサスの対象にはなりえない。この社会的つながりは、最終的に理解しえない、他者への義務という事実なのだ。われわれは、理由が言えないまま他者に義務を負う。なぜなら、もし理由が言えるのだとすれば、あるいはもし社会的つながりを認識の対象にすることができるのだとすれば、われわれは義務のことを扱っているのではなく、交換の比率を扱っていることになるからである。もし、われわれが義務の何たるかを知るなら、問題を解決し、償い、支払いを済ませて自由になることができるだろうが。

交換の論理は、合衆国の次のような問題にまで深く浸透している。現在この国では、子供たちが、親が親としての義務を果たさない代わりに金銭でその償いをしようとする姿勢を告発している。そのような行動は、資本主義的観点からは完全に論理的である。もし、親と子の間に一種の義務が存在するとすれば、そこには金銭的価値がなくてはならないし（そうでなければ真の義務ではない）、また、それは潜在的には、合意された解決の対象でなければならない。つまり、一般的な置換可能性という資本主義の論理（金銭的関係《キャッシュ・ネクサス》）は、次のように仮定している。すなわち、あらゆる義務は有限であり、経済用語によって言い表わすことができる。つまり、金銭的価値に還元できる、と。これが、制限経済あるいは閉鎖経済の論理である。

もちろん、私のようにいったん非制限的義務について語り始めるなら、人はすぐに宗教のことを考えるだろう。なぜなら、宗教こそ、計算できない（したがって支払い不能な）負債の可能性という認識が現代のアナクロニズムとして保存されてきた言説領域なのだから。これが、計算できない義務、あるいは知ることのできない（したがって支払い不能な）負債、つまり〈他者〉に対する非制限的責任を語ろうとすると神秘的に聞こえてしまう理由なのだ。しかし、私は神秘的な響きを奏でるつもりはない。私は、次のようなむしろ簡単なことを言っているのだ。他者への義務、つまり、計算不可能な義務として振舞う〈他者性〉――人々、動物、われわれ自身と異なるもの――の存在という絶対的事実以外には原因・理由のない義務の性質について、われわれは前もって知らないのだ、ということを。

これを、第10章で論じた教育に関する私の議論に再びぶつけてみると、学生の予測不可能な他者性の感覚は、教育現場に影響を与える。ある程度まで、学生は教師の他者性をつねにより強く意識している。これが明確になるのは、学生たちの言葉や反応が、ほとんど学生たちの言う通りの仕方においてではないにせよ、教師自身に自分の考えを再考させるように働きかける時である。同様に、教師たちは学生に自分たちの考えを再考させようとするものだが（私もそうあってほしいと思う）、その結果は結局測ることができないままにとどまる。つまり、教育的関係は、他者の存在に義務を強要するのだ。

少々おもむきの異なる例を見てみよう。たとえば、フロイトも言うように、家族関係が難しい理由の一つは、子供も親も教育マニュアルを持っていないことにある。さらに、われわれは、前もって互いの義務の性質を知らないし、また、互いの義務の性質を厳密に決めようとしても、つまり互いの負債を整理しようと試みても、結局は神経症の代わりに精神病を引き起こすだけである。私がここに家族の問題を特殊な形で引き合いに出すのも、われわれは真の意味で「成長」しないし、十分に自律的にはなれず、したがって、認知的な決定ができないことを明らかにするためである。結果的に、われわれは、他者への義務を果たすことがどうしてもできない。他者とのつながりからの解放はないのである。というのも、これらのつながりの性質に関する完全な知識は、どうしても手に入らないからである。われわれは、他者への義務について十分知っていた、したがって、原則的にその義務を果たすことができたと信じることはそれ自体、われわれの責任を受け入れるのを、不当にもまた非倫理的にも拒否することになるから、それは手に入らないのである。

われわれが、他者への責任を十分知りたいという願望は、アリバイに対する願望、つまり責任をとりたくないという願望、責任を逃れたい願望でもあるのだ。われわれの他者への責任は、非人間的である。なぜなら、共有された人間性あるいは共通の人間性という仮説は、他者のなかにわれわれが見るものは何か、われわれを結びつけているものは何かを知りたいという無責任な願望に基づくのだから。人間的であるとはどんな意味かを前もって知っていると信じること、つまり、人間性は認識の対象となりうると信じることは、恐怖政治への第一歩なのだ。なぜならそれによって、非人間的なものとは何か、何に対してわれわれは責任を持たないのか、何を自由に搾取できるのかを知ることが可能となるからである。簡単に言えば、他者への責任は、共通の人間性という標題の下では知識の対象になりえないのだ。

そういうわけでわれわれは、最終的な場に達するだろうという信念もなく、自分たちのさまざまな義務を探求する義務を託されている。そのような共同体、つまり、共通の事柄を何一つ前提にしない不同意の共同体は、十分な自己認識（自律性）の計画に対しても、統一の本性に関するコミュニケーション上のコンセンサスのいずれに対してもその身を捧げられないだろう。むしろ、それは他律性、すなわちもろもろの差異をより一層複雑なものにしようと努めるだろう。言い換えれば、そのような共同体は、解放よりも依存をモデルとして理解されるべきであろう。率直に言うなら、われわれは他者に依存する者である。そのため、どんな方策をとっても、その依存癖を克服できないし、それを完全に自律した主体の意識の対象にはできない。社会的つながりはこうして、〈他者〉という他律的審級（他者という事実）が要求する、計算不可能な注視のための名称となる。われわれは、どうしても社会的つながりの意識を振りほどくことはできない。なぜなら、われわれはその最後のぎりぎりのところまで行かないからだ。つまり、われわれは自分たちと深く結びついている他者を完全には知ることができないし、最終的で徹底的な判定を下すことはできないからだ。[10] したがって、われわれは他者への依存から抜け出すことができない。その意味で、われわれは未熟なままだし、依存のままの状態が続く――カントがどんなに苛立ったとしても。

このように、義務と社会的つながりについての問題について長々と、また面倒な余談めいた議論を展開したのは、ある特殊なパラドックスを指摘するのに必要だったからである。ジャンニ・ヴァッティモが論じたように、現代社会は「一般化したコミュニケーションの社会」[11]である。しかし、ヴァッティモも指摘しているように、モダニストのプロジェクトの中心にある自己透明性の夢は、マス・メディアの「社会的コミュニケーションの強化」(二一ページ)によって満たされたというよりも、蝕まれてしまった。自己透明性のユートピア、すなわち、あらゆるメンバーがいつでも誤解や遅滞もなく、あらゆる他のメンバーと無制限にコミュニケーションができる社会がただちに現われるというユートピア――ギリシアの都市国家に対するドイツ観念論者の夢――は実現しなかったのだ。しかも、それは技術的な限界のためではなく、むしろ技術的成功のためなのだ。つまり、情報の処理と伝達(世界の「情報化」)を可能とするテクノロジーの急激な進歩のために、情報交換のスピードと範囲が、それらをこなすことになっていた人間主体の能力を超えているのだ。グローバル化の影響の一つは、一人の主体が社会的つながりの複雑さを克服する可能性――換喩的に言うなら、文化との個人的関係としてそれを具体化すること――を徐々に弱めていることである。グローバル化は、逆説的に言えば、単一の世界文化(あるいは単一の世界史)の可能性を奪ってしまう。なぜなら、グローバル化が提示する単一の世界市場は、システムが意味を獲得する軸としての、臣民と国家の関係にもはやその基礎をおかなくなっているからである[12]。

　したがって、世界経済のなかで、もはや大学は共同体のモデル、知的なレビットタウン[*2]を提供するものとしては求められなくなっている。また、大学が共同体のモデルなのだとアピールしても、大学の社会的機能の問題に対する回答にはもはやなりえない。むしろ、大学は、文化のであれ、国家のそれであれ、一つの統一的理念に頼ることなく、社会的つながりを考察する試みの場となるべきであろう。大学では、思考は他の思考と並行して行われる。つまり、われわれは互いのそばで思考するのだ。しかし、われわれは同時に思考するだろうか。われわれの思考は、一つの統一されたものに統合されるのだろうか。思考に所有権はないし、固有のアイデンティティもないし、また主体的所有権もない。カントの不合の和合〔concordia discors〕も、フンボルトの有機的理念も、ハーバーマスの同意する共同体も、思考を統合したり、統一させることはできない。思考が他の思考とどのように並存するかの問題を解くことは、失われた文化の理念に対する、政治的革新を要する喪の作業を超えて、カルチュラル・スタディーズを推進させうる行為だと私は信じている。

　学問分野に関する私の提案を支えているのは、そのような理念なのだ。大学を一気に再統一する新たな学際的空間の代わりに、私は、思考が一致するのかどうか、あるいはどのように一致するのかという問題を開かれた状態にしておく、変化する学問分野の構造を提案しようとしたのだ。この問題は研究に値するだけではない。われわれに対する強力な挑戦でもあるのだ。知識の秩序や制度＝機関の構造はいまや崩壊しつつあり、それらの代わりとして、エクセレンスの言説が登場した。それは、教師や学生に対してものごとがどのように一致するかは、彼らの問題ではないのだから心配する必要はない、と言っている。教師や学生がすべき唯一のことは、これまでやってきたこととうまく調子を合わせることだけであり、そうすれば、統合という一般的な問題は、目的の達成と効率を図表化してくれる方眼の助けを得て、管理運営の側で解決されるだろう。エクセレンスの大学では、教師と学生とは、望むならば文化を信じ続けることができる。その信念がエクセレントな業績を生み、総合的な質を高めるのに一役買う限りにおいてだが。

教師と学生が直面している問題は、このように何を信じるべきかの問題ではなく、制度＝機関に対してどんな分析を加えれば信念が価値あるものになるかという問題なのだ。エクセレンスの観点からは、いったいどんな信念が価値評価の糧となりえないのだろうか。同時に、もしも学生と教師が過去へのノスタルジアを捨てて、問題を開かれたままにしておく形で行動するよう努めるならば、エクセレンスの大学で脱指示化のプロセスが育む活動の自由そのものが、巧みな方策を練るための余地をかなり与えてくれるだろう。

統一の手段としての意味ありげなアイデンティティや相互交流的なコンセンサスを放棄する共同体という考えは、ポスト歴史的大学がなりうるものを指しているように私には思える。そのような大学では、思考が思考のそばで生じ、思考する行為はアイデンティティや統一を求めない、共有されたプロセスである。大学の崩壊がもたらすのは、教育的関係の不完全性と終りのなさとが、「ともに思考すること」は不同意のプロセスであることをわれわれに想い起こさせてくれるような制度＝機関である。それは、ダイアローグ〔共通理解を求めての対話〕というより、ダイアロジズム〔対話式討論法〕に属するものである。

私が提案しているような考えは、大学の社会的使命を意味するものではない。なぜなら、それは、過去ほぼ三世紀にわたって大学の知識人たちに権力、名誉、研究資金を約束してくれていた、大学と国家的アイデンティティとのつながりを諦めることから始まるからである。しかし、同時にそれは、社会的責任を放棄することを意味しない。真の責任、つまり倫理的な高潔さは、今日まで大学の研究と教育という社会的行動の記述を支えてきたナショナリズムという壮大な物語《ナラティヴ》と釣り合うものではない。正当性を求めるそのメタ物語《ナラティヴ》を放棄することは、恐ろしい展望ではあるが、私にはそれが不可避のように思える。そのような放棄の過程は、たとえわれわれが無視したとしても、しだいに起こってくるであろう。だから、私は提案したいのだ。この脱指示化の展望に注意を向けるように、と。それは、思考活動を続けることを非常に困難なものにするだろう。知的なものにおける役割と機能に変化が起こりつつあることは明白である。それが重要性をもつことになるのは、大学人たちが一つのインパクトを与えるよう努めるべき論点である。こうした問題系に注目することは必要なことである。どのようにそれに注目したらよいかは、まだ決定していない。そこにこそ、二十世紀の最後にあたって、〈思考〉の自由と大きな責任とがあるのだ。なぜなら、この世紀は、国民国家の時代の終焉でもあるのだから。

原注

第1章　序論

（1）最近の典型的な出版物のタイトルは、*Bankrupt Education: The Decline of Liberal Education in Canada* である。この本のエピグラフは、マシュー・アーノルドから取られており、著者は、「ヘーゲル主義とスコットランドのコモン・センスの哲学を含む英国系ヨーロッパ人の影響が持つ特徴の合成物」を、カナダの高等教育制度が捨てたことを酷評している。著者の主張によれば、その合成物は、最近までのカナダの教育理論と教育実践を特徴づけてきたものなのである。Peter C. Emberley and Waller R. Newell, *Bankrupt Education: The Decline of Liberal Education in Canada* (Toronto: University of Toronto Press, 1994), p. 11.

（2）ベニントン・カレッジでの最近の出来事は、この一つの例である。そこでは、「アカデミックなリストラ」によって七八名の教職員のうち、約二〇名が即時解雇になった。その後任は、地元の非常勤になるであろうし、常勤の教授からなるスリムになった「コア教員」の下で働くことになる。したがって、たとえば、「地元音楽家」が器楽の科目を教えるであろう。同様に、終身在職権を見込んで、新しく雇用されることはないであろう。「その代わり、教授が、異なった期間のそれぞれの契約で働くことになるであろう」。Denis K. Magner, "Bennington Dismisses 20 Professors…" *Chronicle of Higher Education*, June 29, 1994, p. A16. われわれが、これを出来高仕事と呼ぼうが、自由契約と呼ぼうが、全体的印象は明らかである。常勤の職員が非常勤の教員を管理するようにますます求められるであろう。合衆国のより大きな研究大学では、雇用市場の崩壊によって、旧来の見習い期間である大学院生の教育助手が、非常勤（その多くは最近博士号を取った者である）によってますます取って代わられているので、このような非常勤の数が増加することが予測される。

（3）ソロス・プロジェクトについてのよい概論は、Masha Gessen, "Reaching to the Critical Masses," *Lingua Franca*, 4, no. 4 (May/June 1994), pp. 38-49 に見られる。

（4）Alfonso Borrero Cabal, *The University as an Institution Today* (Paris and Ottawa: UNESCO and IDRC, 1993).

（5）これは、もちろん、主にC・P・スノーの議論に対する言及である。彼は、「西洋の社会全体の知的生活」と彼がみなしているものが、「文学的知識人」と「科学的知識人」という二極のグループにますます分かれていくことに反対している。*The Two Cultures and a Second Look* (Cambridge: Cambridge University Press, 1957)〔松井巻之助訳『二つの文化と科学革命』みすず書房、一九六七年〕, pp. 3-4. この分割に応えて、スノーは、「科学的文化は、知的な意味においてばかりでなく、人類学的な意味で、真に文化である」（九ページ）と力強く主張し、相互の尊敬をもとにして二つの文化の対話を要求した。

（6）もちろん、人文科学と自然科学の学問分野区分の他に、大学には他の区分が存在する。以下の論で、私は、人文科学が、大学の機能のために、このような強力なパラダイムを提供するために、過去において証明してきたその方法を示そうと思う。

（7）Jean-François Lyotard, *The Postmodern Condition*, trs. Geoffrey Bennington and Brian Massumi (Minneapolis: University of Minnesota Press, 1984), p. xxv.〔小林康夫訳『ポストモダンの条件』水声社、一九八六年〕

（8）Johann Gottlieb Fichte, "Deductive Plan of an Institution of Higher Learning to be Founded in Berlin" (1807, pub. 1817) in *Philosophies de l'Université: l'idéalism allemand et la question de l'Université*, ed. Luc Ferry, J.-P. Person, and Alain Renaut (Paris: Payot, 1979), p. 172, 拙訳。ドイツ語の原書、*Deduzierter Plan einer zu Berlin su errichtenden höhern Lehranstalt, die in gehöriger Verbindung mit einer Akademie de Wissenschaften stehe* は、Engelet et al., *Gelegentliche Gedanken über Universitäten*, ed. Ernst Müller (Leipzig: Reclam Verlag, 1990), pp. 59–159 に簡単に見つかる。

(9) Jaroslav Pelikan, *The Idea of the University: A Reexamination* (New Haven: Yale University Press, 1992)〔田口孝夫訳『大学とは何か』法政大学出版局、一九九六年〕. この本は、ニューマン〔の述べていること〕が大部分は正しく、しかも、大学が要求することはすべて、現在の状況に合わせるために彼の提案をいくぶん今日的にすることである、と述べている。概して、ペリカンの信じるところによれば、「人類の統一を主張することは、大学と大学の学者にとって、理想でありまた事実である。その事実なしでは、その種の究極のコンテクストとして、あれこれの特定の地域的現象についての研究は決定的に歪められ、またその理想は、あれこれの特定の地域的現象についてのちょうどこのような研究がなければ実現されない」(五三ページ)。この統一意思を宗教的に信じれば、おそらく、ここで素描された解釈学的循環は克服される。しかし、自民族中心主義の犠牲者を守るためにはほとんど何もなされていないということを付け加えざるをえない。

(10) Allan Bloom, *The Closing of the American Mind* (New York: Simon and Schuster, 1987), p. 336.〔菅野盾樹訳『アメリカン・マインドの終焉』みすず書房、一九八八年〕

(11) Jacques Barzun, *The American University: How It Runs, Where It Is Going*, 2nd ed. with an Introduction by Herbert I. London (Chicago and London: University of Chicago Press, 1993), first published 1968. さらなる言及は、本文中のページ番号によって記されている。他の著作が議論される場合にも同様の処置がしてある。

(12) この特別の構造については、Diane Elam, *Romancing the Postmodern* (London and New York: Routledge, 1992) を参照。彼女は、後書きと序文の問題含みの地位や、テクスチュアリティの一般的問題の徴候としてそれらが見わけがつかなくなる傾向について、説得力のある議論をしている。

(13) 「学科の内部では、物事の持続はたいていは女性の管理助手によって、最もよく保証されている」(一〇三ページ)。管理者の学部長は、つねに「男性」として言及されることを思い出してほしい。総称的「男性」は、反フェミニストが普通主張するほど包括的ではないことを思い出さざるをえないのだ。

(14) Jacqueline Scott, panel discussion among Canadian Woman University Presidents on "Morningside," CBC radio, March 10, 1994. 私が放送を聴いたこのラジオ番組を提供してくれたことに対してトレント大学に感謝する。

(15) ここでは、私は本書の他のところと同様に、「イデオロギー」という術語を非常に厳密に使っている。この議論について、以前の私の立場をある人たちに対して述べたが、彼らは、エクセレンスの言説に言及する時に「イデオロギー」という術語を私が使うように欲している。なぜなら、彼らが主張するように、「すべてがイデオロギー的である」からである。もしすべてがイデオロギー的であるなら、イデオロギーをそのようなものとして知ることは、まったく不可能であろう。「イデオロギー」という術語が批評的有効性を持つためには、「客観的真実」というルカーチ的概念であろうが、「批評的自意識」というアルチュセール的説明であろうが、われわれは、イデオロギーに対する外部を想定しなければならない。その想定は、こうである。客観的心理あるいは自意識が達成されるや、われわれとは対立する言説は、矛盾するものとして、したがって効果のないものとして見えてくる。このことは、知識人が最もよい利益とみなすものに反対して労働者がなぜ投票し続けるのかを説明しない。

イデオロギーに関するルイ・アルチュセールの仕事の大きな貢献は、「虚偽」という単純化した概念をもってではあるが、イデオロギーが国家装置と結び付いていると主張したことであった。この術語の批評的有用性を保持するために、アルチュセールは、イデオロギーと批判科学を明確に区分した。イデオロギーには目的がない、純粋で単純な明確性がないとしても、イデオロギーには外部が存在しなければならない。アルチュセールにとってそれが起こるのは、「認識論的中断」という方法によって、批判科学が自己認識を達成し、自身が一つのイデオロギーであると知っているイデオロギーになるときになのである。彼の主張によれば、このような自己認識は、マルクス主義にだけ可能であり、マルクス主義は、プロレタリアートのイデオロギーであること、つまり、それ自身歴史的過程のイデオロギーであることを知ることができる。実証主義的な知識は、達成された革命の地平の内部を除いては不可能であり、革命以前の思想家は、その関係を想像することを希望しうるのみである。それにもかかわらず、革命以前の思想家は、革命以前の枠組みの上に自身を持ち上げることができるのであり、自身の思考体系に固有の矛盾を見つけることによって、批判的思考の実践を通して、彼らはその枠組みのなかに自分自身を見出す。マルクスは十九世紀後期の思想家であったが、マルクスの偉業はこのようなものであった。したがって、たとえ「最後の実例の孤独な時間がけっしてこなく」ても、批判科学を通した必然的推論としてそれは潜在的に利用できる。Louis Althusser, "Ideology and Ideological State Apparatus" in *Lenin and Philosophy and Other Essays*, tr. Ben Brewster (London: New Left Books, 1971).

(16) たとえば、ジョン・ビヴァレイは *Against Literature* (Minneapolis: University of Minnesota Press, 1993) のなかで、「カルチュラル・スタディーズを、根本的対立の形式からブルジョワ的ヘゲモニーのアヴァンギャルドに変換すること」(二〇ページ) について述べている。「カルチュラル・スタディーズのために (またそのなかで) 争うことはまだ価値があると私は思う。しかし、現代の大学においてその存在が保証されているとと思われるちょうどその時に、カルチュラル・スタディーズは、一つの分野として出現した時に持っていた急進的な力を失い始めたのである」(二一ページ)。私は、カルチュラル・スタディーズが大学のなかで飼い慣らされていくことについてのビヴァレイの説明には同意するが、個別の弱さあるいは外的圧力の結果として、これがカルチュラル・スタディーズに降りかかる運命であるということについては確信が持てない。

第2章　エクセレンスの概念

(1) *Maclean's*, 106, no. 46 (November 15, 1993).

(2) Aruna Jagtiani, "Ford Lends Support to Ohio State," *Ohio State Lantern*, July 14, 1994, p. 1 から引用。

(3) Ibid.

(4) C. P. Snow, *Two Cultures and A Second Look* (Cambridge: Cambridge University Press, 1969) を参照。

(5) Phat X. Chem, "Dean of Engineering Forced Out," *New University* (University of California at Irvine), April 4, 1994, 傍点筆者。

（6）この書簡が、三月二十二日に大学を批判するために書かれたものであるという事実がもつ歴史的アイロニーのなかに、われわれが旅してきた距離についての感覚が明らかである。この日付は、一九六八年のフランスの大学における革命的運動が「三月二十二日の行動」と名づけられたことで思い出される。「かくして時は過ぎぬ」。

（7）"Summer Faculty Fellowships: Information and Guidelines," Indiana University, Bloomington Campus, May 1994.

（8）価値の純粋な内的単位として、エクセレンスは、計算が均一な物差しでなされるという利点を、マキャヴェリの「徳」と共有する。「徳」については、Machiavelli, *The Prince*, ed. and tr. Robert M. Adams (New York: Norton, 1977) を参照。

（9）"News You Can Use," *U. S. News and World Report*, 117, no. 13 (October 3, 1994), pp. 70-91.『USニュース・アンド・ワールド・リポート』は、この特別号が示唆しているように、学部生の教育だけに焦点を限定していない。同じ年の早いころに、この雑誌は、「アメリカの最高大学院」を全面的に取り扱った特別「情報雑誌」号を発行した。その号のスポンサーになったのが自動車会社——特に、プリマスとドッジの「ネオン」という車であった——であったことは、ここでは見過ごすことのできないアイロニーである。

（10）コンシューマリズムとエクセレンスのレトリックの結びつきが広範な聴衆の興味を引いたということは、これらの雑誌がそれぞれの号を売ることを当てにしているというばかりでなく、将来、より多くの情報とより多くの雑誌を求めて読者が戻ってくることを当てにしている。大学におけるエクセレンスと金銭に対する見返りを測定することは、自動車産業におけるそれとは違って、年ごとの基準で変化するように思われる。このような傾向についてゆくために、それぞれの年に、賢い消費者は『マクリーンズ』やあるいは『USニュース・アンド・ワールド・リポート』を手に取り、可能な限り最新の情報を得るべきである。たとえば、マギル大学は一九九三年に『マクリーンズ』の「医療／医師」範疇で首位を占めたが、一九九四年までに、全体で印象が薄い三位に下がってしまった（*Maclean's*, 107, no. 46, November 14, 1994）。同様に、『USニュース・アンド・ワールド・リポート』が「最も効率のよい」そして「最高に価値のある」大学を計算するために使った基準について十分に知りたいと思う読者は、この雑誌の前号も買わなくてはならない。なぜなら、表がついている記事で言われているように、「先週出版された、国立大学と国立一般教育大学のランキングの上位半分に食い込んだ学校だけが、潜在的に最高の価値を持つと考えられる」(October 3, 1994, p. 75. 傍線筆者) からである。十分に情報を得るには、おそらく、『USニュース・アンド・ワールド・リポート』の二つの号をみる必要があるのだ。

(11) 明らかに、すべての大学が、自分たちが自動車販売に似ているという意味合いを歓迎しているわけではない。ウエズレイアン大学財政援助指導教授エドウィン・ベローが言っているように、「家庭が自分たちの財政的問題に正直な場合には、彼らがこの過程を、中古車を買うように扱っているかどうかを調べるよりも、(財政援助において) われわれが何かを見落としていないかどうかを調べたい気持ちになる」(*U. S. News and World Report*, October 3. 1994, p. 72 に引用)。しかし、すべての大学の役員が、進んで二者の相似点を比較しようという気はないにしても、みんなが類似点に注意しているとは思われない。『USニュース・アンド・ワールド・リポート』の同号によれば、「ピッツバーグのカーネギー・メロン大学のように、ますます多くの大学が、家族にたいして、大学が「財政援助の」要請を歓迎していることを知らせている。援助をしたすべての入学予定者に対してこの春送られた手紙のなかでは、この大学のメッセージは明確だった――「他大学の援助の写しを送って下さい――他には負けないように」」(七二ページ)。

(12) Publicity brochure, October 1, 1992, published by the Direction des Communications, Université de Montréal. 拙訳。原文は次の通り。Créée en 1972, la Faculté des études supérieures a pour mission de maintenir et de promouvoir des standards d'excellence au niveau des études de maîtrise et de doctorat; de coordonner l'enseignement et la normalisation des programmes d'études supérieures; de stimuler le développement et la coordination de la recherche en liaison avec les unités de recherch de l'Université; de favoriser la création de programmes interdiciplinaires ou multidisciplinaires.

（13） Michel Foucault, *Discipline and Punish*, tr. Alan Sheridan（New York: Vintage, 1979）, pp. 227–228.〔田村俶訳『監獄の誕生』新潮社、一九七七年〕

（14） Alfonso Borrero Cabal, *The University as an Institution Today*（Paris and Ottawa: UNESCO and IDRC, 1993）p. xxiv. 傍点筆者。

（15） Karl Marx, *Capital: A Critique of Political Economy*, vol. 1, tr. Ben Fowkers（Harmondsworth: Penguin, 1976）, p. 169, n. 31.

（16） したがって昔のテクストは、「われわれが失った栄光」といったような転落物語《ナラティヴ》の観点にただちに回収することなしに歴史的不連続を認識する方法という、かなり違った方法で今では読むことができる。このことのより驚くべき例の一つは、アリストテレスの「中庸」や実践知《フロネーシス》の概念が民主的中道主義という想定とは関係ない——アリストテレスがその場その場で慎重な判断を求めたことに対して政治的にずっと急進的な説明を生んでいる——と、リオタールのような思想家が現在考えていることである。アリストテレスが『ニコマコス倫理学』で主張したことは、意味は個人の言うことをきかないし、個人に判断をさせる理解の法則もない、なぜなら分別ある行動をさせるものはその場その場で異なるからだということである。私は、この「革命的思慮分別」の政治的意味について、"Pseu-doEthica Epidemica: How Pagans Talk to the Gods," *Philosophy Today*, 36 no. 4（Winter 1992）で論じている。

（17） "1876 Address on University Education（Delivered at the opening of the Johns Hopkins University, Baltimore）," in T. H. Huxley, *Science and Education*, vol. 3 of *Collected Esseys*（London: Macmillan, 1902）, pp. 259–260.

（18） ヒネール・デ・ロス・リオスが言っているように、スコットランドの大学は、アメリカの大学とともに、ドイツの研究大学から大きな影響を受けた。「イギリスのタイプは、オックスフォードとケンブリッジにおける純粋な形式に見られるか、あるいは、スコットランドないしアイルランドの、また新設の大学の、そして合衆国の、ラテンあるいはドイツのタイプのほうに改変されるかのどちらかである」。*La universidad espanola: obras completas de Francisco Giner de los Rios*, vol. 2（Madrid: University of Madrid, 1919）, p. 108; Borrero Cabal, *The University as an Institution Today*, p. 30 から引用。

(19) ロナルド・ジュディは、*(Dis)Forming the American Canon: African-Arabic Slave Narratives and the Vernacular* (Minneapolis: University of Minnesota Press, 1993) の序文でアメリカの大学の略歴を書いているが、ジョンズ・ホプキンズ大学の設立を、アメリカの大学の特性を定義する決定的な転機として位置づけている。「アカデミックな専門化と道具的知識へと向かうこの動きは、一八七〇年におけるジョンズ・ホプキンズ大学の設立で、あるいはより正確には、一八七六年に学長としてダニエル・コイト・ギルマンを任命したことで、頂点に達する。ギルマンは、ジョンズ・ホプキンズ大学を、人文科学と自然科学 (*Naturwissenschaften*) が規律正しい方法論として栄えるモデル研究機関にした」(一五ページ)。ジュディが、ジョンズ・ホプキンズ大学の設立を、一般的文化の可能性を覆す方法論的特性をもつ非常に官僚的なイデオロギー――私が現代のエクセレンスの大学の際立った特徴として位置づける、官僚的に扱われた知識による文化の置き換え――と関係づける点で、ジュディの説明は私のものとはわずかに異なる。したがって、彼の議論によれば、人文科学のカリキュラムの学問分野的特性は、十九世紀末に「人文科学が妥当性の要求に応えるようもはや要求されなくなったまさにその瞬間に」現れるのであって、一八八五年のインディアナ大学での最初の英語の学位であるデイヴィッド・S・ジョーダンの制度が言及される(一六ページ)。ジュディは、このことを「人文科学の専門職化」と呼んでおり、専門職化という一般的項目の下で人文科学と自然科学を統合する一つの支配的な「官僚の文化」の発達に、それを結び付けている(一七ページ)。

このように、一般化された官僚制によって文化という一般的観念が取って代わられたことに関して、二十世紀の後半よりも十九世紀後半にそれを位置づけていることを除けば、ジュディは、私自身のと類似したストーリーを語っている。私が思うに、この不一致は歴史的であるよりは地図制作的である。近代ドイツの国民文化の大学から官僚的エクセレンスの大学への移行、アメリカの大学を中身のない国民文化の大学として位置づけるエクセレンスの大学への移行のあいだに、過渡的段階を導入しようと私は思う。

(20) 「重要業績評価指標」に関する議論の解説については、Michael Peters, "Performance and Accountability in 'Post

Industrial Society': The Crisis of British Universities," *Studies in Higher Education*, 17, no. 2 (1992) を参照。

(21) Claude Allègre, *L'Âge des savoirs: pour une renaissance de l'Université* (Paris: Gallimard, 1993) p. 232, 拙訳。

(22) Ibid, p. 232, 傍点筆者。

(23) この言葉は、あまりに相対主義的に聞こえるかもしれない。もちろん、ジュリー・トンプソン・クレインが *Interdisciplinary* (Detroit: Wayne State University Press, 1990), p. 11 で主張しているように、「すべての学際的活動が、ひとつにまとまる共通の認識論を喚起する、統一や統合という観念に根ざしている」ということが本当であるなら、このような考えは、左翼と右翼の人々によって支持されやすいであろう。左翼と右翼は、ひとつにまとまる場所がどこにあるかに関してのみ単に同意しないであろう。事実、クレインが行っている相互学問分野についての説明は、学際的分野の仕事における暗黙の調和的な収束について疑念を呈する説得力のある議論である。本書における主要な目的の一つは、大学について考える場合に、統一や統合に自動的に特権を与えることをやめ、一方で、不調和や対立を単に消極的な目標にはしてしまわないことを提案することである。

(24) "The Politics and Pedagogy of Asian Literatures in American Universities," *differences*, 2, no. 3 (1990) のなかで、レイ・チョウは、アジア文学を教える際に、カルチュラル・スタディーズへの転換が保守的な戦略としてどのように機能するかについて、いくつかの有益な注意をしている。「学者が、もっぱら「中国」、「日本」あるいは「インド」を「研究」しているからという単なる理由で学問分野化される時に、実際に起こることは、植民地と国民国家を模範としていわゆる「学際性」を予言することである」(四〇ページ)。

アジア文学を一般的文化という観点から考えることは、アジア的なものを「「学際的分野」や「クロス・カルチュラルな複数性」等々の普遍主義的な言葉で」位置づける一つの周辺化であり、「それによって、アジア的なものは一般的物語《ナラティヴ》の一つの局部的装飾になる」という説得力のある主張をチョウは行っている。私と同様、チョウは相互学問分野性あるいはカルチュラル・スタディーズを決して退けていない。彼女がしているのは、人文科学の組織が、エドワード・サイードにならって彼女が「情報化」と呼ぶところの一つの過程の一部であるという強い例を提出することである。

(25) 文化的知識の情報化については、Edward Said, "Opponents, Audiences, Constituencies and Community," in Hal Foster, *The Anti-Aesthetic: Essays on Postmodern Culture* (Port Townsend: Bay Press, 1983)、および Jean-François Lyotard, "New Technologies" in *Political Writings*, tr. Bill Readings and Kevin-Paul Geiman (Minneapolis: University of Minnesota Press, 1993) を参照。

第3章 国民国家の衰退

(1) 国民国家という理念の哲学的規定についての最良の研究は、Yves Guiomar, *La Nation entre l'histoire et la raison* (Paris: La Découverte, 1990) である。ギオマールが指摘するように、国民国家は、人間社会の組織の現代的形態である。経済的グローバル化という際立った言葉のあやについての役に立つ簡潔な要約は、"Les Frontières de l'économie globale," *Le Monde diplomatique: manière de voir 18* (May 1993) に見られる。グローバル化に付随した文化的経済的緊張関係と、国民国家の姿に対するその関係については、Immanuel Wallerstein, *Geopolitics and Geoculture: Essays on the Changing World-System* (Cambridge: Cambridge University Press, 1991) を参照。

一九七四年の本、*Global Reach: The Power of the Multinational Corporations* (New York, Simon and Schuster) で、リチャード・J・バーネットとロナルド・E・ミュラーは、多国籍企業の力と範囲の分析を始め、このようなグローバルな企業を経営している男性(実際、かかる人物は男性であって女性ではない)が、「統合された単位として世界を扱う確かな試み」(一三ページ)を行っていると論じる。「現実は、カレッジのコース便覧よりもすっきりしていない」と言って、予言に含みをもたせようとはしているが、バーネットとミュラーは、グローバルな企業が国民国家の影を薄くさせる現実の潜在力に賛成論を唱えている。特に、「経済問題がますます軍事的安全保障の影を薄くさせればさせるほど、グローバルな企業はますます国民国家から権力を奪う傾向にある」(九六ページ)と、彼らは主張する。興味深いことに、グローバルな企業の増大する説明責任のために彼らが提供する主な解決策の一つは、企業の収支報告過程は公的な記録の問題になるということである。説明責任が収支報告と密接に結びついていると見なされることは、現代の大学の状態についての私の議論にとっては重要なものとなるであろう。*Global Dreams: Imperial Corporations and the New World Order*（New York: Simon and Schuster, 1994）は、バーネットによるジョン・カヴァナーとの共著であるが、先に出した本の予言が二〇年の間に現実になったことを示している。二人の著者が詳述しているように、「出現しつつあるグローバルな秩序の先頭に立っているのは、数百の大企業であり、それらの多くはほとんどの独立国よりも大きい……この宇宙時代の企業活動の設計者や経営者は、世界政治の権力の均衡が、領土にしばられた政府から世界をかけめぐることができる企業へと最近シフトしたことを理解しているのだ」（一四ページ）。「この制度の最も不穏な点は」、バーネットとカヴァナーは結びとして言う、「グローバルな企業の恐るべき力が、国民のために基本的政治を行う国民政府の効力を弱めていることである」（一九ページ）。この著者が熟知しているように、「グローバルな福利を定義する世界的権威は存在しないし、それを促進する権威は非常に小さい」（四一九ページ）。

（2） Masao Miyoshi, "A Borderless World? From Colonialism to Transnationalism and the Decline of the Nation-State," *Critical Inquiry*, 19, no. 4 (Summer 1993), p. 732.

（3） ミヨシが言っているように、「カルチュラル・スタディーズと多文化主義が、学生や学者に新植民地主義の超国家企業版に共謀するアリバイを提供するほどにまで、それらはもう一度、リベラルな自己欺瞞を隠すもう一つの装置としてまさしく作用している」。Ibid., p. 751.

（4） Wlad Godzich, "Religion, the State, and Postal Modernism," afterword to Samuel Weber, *Institution and Interpretation*（Minneapolis: University of Minnesota Press, 1987), p. 161.

（5） Jean-François Lyotard, "The State and Politics in the France of 1960" in *Political Writings*, tr. Bill Readings and Kevin Paul Geiman（Minneapolis: University of Minnesota Press, 1993）参照。「脱・政治問題化」のより詳しい検討は、"The End of Politics" という題の私の序文を参照。

（6） Marco Antonio Rodrigues Dias, Preface to Alfonso Borrero Cabal, *The University as an Institution Today* (Paris and Ottawa: UNESCO and IDRC, 1993), p. xi. リポートのなかで、ボレロ・カバルはこのように言葉を補っている。「いまや〔同等性の〕問題が増大している。なぜなら、ハレル・ボンドが言うように、「二十世紀は難民の世紀として特徴づけられるからである」（一五四ページ）。

（7） Borrero Cabal, *The University as an Institution Today*, p. 138 に引用。

（8） Ibid., p. 138.

（9） W. E. B. DuBois, "On the Dawn of Freedom," in *The Souls of Black Folk* (New York: Fawcett World Library, 1961), p. 23.

（10） Giorgio Agamben, *The Coming Community*, tr. Michael Hardt (Minneapolis University of Minnesota Press, 1993), p. 62. いくぶん特別な賞賛が、演説調の形態のなかにマルクスとエンゲルスのかすかな共鳴をとらえた訳者によってなされている。

（11） Walter Benjamin, "The Work of Art in the Age of Mechanical Reproduction," in *Illuminations*, tr. Harry Zohn (London: Fontana Collins, 1973)〔高木久雄・高原宏平訳「複製技術時代における芸術作品」『ヴァルター・ベンヤミン著作集』2、晶文社、一九七〇年〕参照。そこで彼は、「その展示価値に絶対の強調をおくこと」（二二七ページ）を現代の芸術作品の特徴として語っている。

（12） Gérard Granel, *De l'Université* (Mauzevin: Trans-Europ-Repress, 1982). グラネルの主張についてのすぐれた要約が、Christopher Fynsk, "But Suppose We Were to Take the Rectorial Address Seriously...Gérard Granel's *De l'Université*," *Graduate Faculty Philosophy Journal*, vol. 14, no. 2-vol. 15, no. 1 (1991) にある。フィンスクは、私の結論とは似ていなくもない結論のほうに、ハイデガーに関するジェラールの著述を引き寄せている。大学の制度的問題を緊急ではあるが答えの出ないものにしているコミュニティに関する脱構築的考察については、特に私の結論と似ている。しかし、「ただ大学の不十分さを知りまた認めることで目標を達成し、このように大学の絶えざる改造の必要を明確にするであろう」（三五〇ページ）脱構築的大学観として、グラネルにならってフィンスクが提案している、撞着話法的な「一貫した無政府状態」は、私にはあまりに楽観的であると思える。（悲観主義が唯一の別の選択肢ではないという留保をしたうえで、私はこう言っている。）ハイデガーの名誉を挽回しようとして、フィンスクとグラネルは、大学に否定的な一貫性を与えることで結局大学の名誉を挽回することになる。このことは、ロバート・ヤングの主張よりも強い主張であり、そのことは後で論じる。

第4章　理性の範囲内の大学

（1）ハーバードやアメリカの高等教育全般におけるチャールズ・エリオットの位置についてのよい記述が、W. B. Carnochan, *The Battleground of the Curriculum: Liberal Education and American Experience* (Stanford: Stanford University Press, 1993), pp. 9-21 にある。

（2）「こういうわけで、一人の個人が、大学のなかではまた同輩中の首位にすぎず、外の世界にとっては専門職の組織全体の威厳に身をつつんでおり、州のお偉方や、個人や、とりわけ若い人々に対して専門職の組織体を代表することは重要である。これは、大学の学長についての真の観念であり、全体の民主主義的性格を限定することのないように、学長は、決まった過程にしたがって決められた期間に、彼が代表する人々の中から、その人たちによって選出されなければならない」。Friendrich Schleiermacher, "Occasional Thoughts on the German Conception of Universities" (1808), in *Philosophies de l'Université*, ed. Luc Ferry, J.-P. Pesron, and Alain Renaut (Paris: Payot, 1979), p. 302, 拙訳。ドイツ語の原文は、*Gelegentliche Gedanken über Universitäten*, ed. H. Müller (Leipzig: Reclam Verlag, 1990), pp. 159-273 にある。

（3）カーノカンが言うように、もし「もうチャールズ・エリオットはいない」（*Battleground of the Curriculum*, p. 112）のならば、これは単に、彼が主張するように、時間や影響力がないからではない。むしろ、制度の中の学長の立場が、内容の問題としてのカリキュラムに結びつけて考えられず、管理の問題としての制度全体に結びつけて考えられているからである。したがって、大学の学長の時間の大部分を占めるのは、全体的方針作成よりは、資金集めである。

このシフトは、William H. Honan, "At the Top of the Ivory Tower the Watchword Is Silence," *New York Times*, July 24, 1994, p. E5 にどこよりも明瞭に書かれている。ここでは、「かつて大学の学長は、外の世界に対して言うべきことを持っていた」とわれわれは気づかされる。今では事情が非常に違う。ブラウン大学学長ヴァータン・グレゴリアンの言葉を言い換えれば、大学の学長は、「あまりに資金集めに専念しすぎて、事実上どんな党派の感情も害することを恐れている」。この記事は、学者協会アメリカ協議会会長、スタンリー・N・カッツの印象的な言葉でしめくくられている。彼は、自動車産業と大学のもうひとつの驚くべき類似を使って、グレゴリアンのこの言葉を続けている。「現代の学問的指導者は、物を言わない。その主な理由は、大学が大きさ、複雑さ、費用の点で破裂しているから、彼らが管理的重荷に圧倒されているからである」。「この機関は、一日二四時間食事を必要とする」と彼は言った。「産業界でもことは同じである。今日誰がクライスラーの社長か知っている者はいない。それは、これらの組織を経営している人々が、管理の仕事に忙殺されているからである」。

(4) Immanuel Kant, *The Conflict of the Faculties*, tr. Mary J. Gregor (Lincoln: University of Nebraska Press, 1992).〔小倉志祥訳「学部の争い」『カント全集』第13巻、理想社版〕選集は "The Contest of Faculties" in Immanuel Kant, *Political Writings*, ed. Hans Reiss (Cambridge: Cambridge University Press, 1970) と訳されていて、英文ですぐに入手できる。

(5) Jacques Derrida, "Mochlos; or, The Conflict of the Faculties" in *Logomachia: The Conflict of the Faculties*, ed. Richard Rand (Lincoln: University of Nebraska Press, 1992).

(6) Kant, *The Conflict of the Faculties*, pp.151, 165, 訳を一部修正。読者のために、Immanuel Kant, *Political Writings*, p. 187 から、この部分のH・R・ニスベットの訳を再現しておく。「たとえ専制的に支配しても、共和制的(民主的ではない)方法で治めるのが君主の義務である。別の表現で言えば、成熟した理性的力を持つ国民が自ら規定するような自由についての法律に、精神においては似た原則に従って、君主は国民を扱うべきである。たとえ、国民がその同意を文字どおりに求められなくとも」。

（7） デリダが言うように、カントによれば、上級学部は「国力の利益と国力を支える力を代表する責任がある」。*Du droit à la philosophie*（Paris: Galilée, 1991）, p. 419, 拙訳。したがって、上級学部は行動に対して責任があり、命令を与える純粋に遂行的言語を話さなければならない。哲学は、真実に対して責任があり、純粋に事実確認的言語を話さなければならない。「このような「下級」学部のメンバーは、命令（Befehle gehen）を与えることはできないし、与えてもいけない。最後に、政府は、事実確認的ではなく、この言葉のある意味において描写的ではない声明において、契約によってすべてを支配し検閲する力をもっている。〝非事実確認的〟な声明の分析における、大学についてのこのような概念、市民社会や国家権力と大学の関係に対してそれらが持つ効果についての分析における現代の機微を考えてみよ。大学の純粋に事実確認的性質のチェックを課された、検閲官や政府の専門家になされなければならないであろう訓練を想像せよ。このような専門家はどこで訓練されるのであろうか。何の学部によってであろうか——上級学部であろうか、下級学部であろうか。そして、誰がこの問題を決定するのであろうか」（四二七ページ）。

（8） Hans Ulrich Gumbrecht, “Bulky Baggage from the Past: The Study of Literature in Germany,” in *Comparative Criticism II*（1990）.

（9） Jean-François Lyotard, *The Postmodern Condition*, tr. Geoff Bennington and Brian Massumi（Minneapolis: University of Minnesota Press, 1979）, pp. 31-34 を参照。リオタールは、「自由な英雄としての人間」にフランス人が焦点をあてたことは、「大学や高等教育の政治よりも初等教育の政治に」（三一ページ）教育政策を向けるものだと主張する。しかし、思弁的知識についてのドイツ人の物語《ナラティヴ》は、「国民国家自身が国民に表現させるための唯一の妥当な方法は、思弁的知識の介在を通してである」（三四ページ）と述べている。教育に関するフランス革命の政策をめぐる議論についての二つのすばらしく簡潔な記述が、Peggy Kamuf の “The University Founders: A

Complete Revolution," in *Logomachia: The Conflict of the Faculties*, esp. pp. 86-90と、同書にある、ディドロとミラボーに関する特に興味深い論文、Christie McDonald, "Institutions of Change: Notes on Education in the Late Eighteenth Century" に見られる。

第5章　大学と、文化の理念

（1）Friedrich Wilhelm Joseph Schelling, "Leçons sur la méthode des études académiques"（1803）, in *Philosophies de l'Université: L'idéalisme allemand et la question de l'Université*, ed. Luc Ferry, J.-P. Pesron, and Alain Renaut（Paris: Payot, 1979）, p. 93, 拙訳。ドイツ語による原文は、*Vorlesungen über die Methode des akademischen Studiums*, ed. Walter Erhardt（Phiosophische Bibliothek）.

（2）Friedrich Schiller, *Letters on the Aesthetic Education of Man*, tr. E.M. Wilkinson and L.A. Willoughby（Oxford: Clarendon Press, 1967）.〔小栗孝則訳『人間の美的教育について』法政大学出版局〕

（3）Friedrich Schleiermacher, "Pensées de circonstance sur les universités de conception allemande," in *Philosophies de l'Université*, 拙訳。

（4）Mirabeau, *Une éducation pour la démocratie: textes et projets de l'époque révolutionnaire*, ed. B. Baczko（Paris: Garnier, 1982）, p. 71, 拙訳。

（5）われわれはここで翻訳の問題に入る。サミュエル・ウェーバーが *Institution and Interpretation* で記しているように、Wissenshaft はフランス語で「科学」と訳され、「知識」の形態である *savoirs* あるいは *connaissances* を監督し、それに対抗する。英語では、科学はすべての知識探究の統一的原理よりも、自然科学における知識の総体を言う。もし、*Bildung*（これもまた分詞の "Learning" と訳されることが可能である）によって表わされる学習の過程との大きな混乱を生み出さないならば、*Wissenschaft* を名詞の "Learning" と訳すことには、魅力がある。

（6）Schelling, "Leçons sur la methode," p. 64.

（7） Johann Gottlieb Fichte, "Plan déductif d'un établissement d'enseignement supérieur à fonder à Berlin," in *Philosophies de l'Université*, p. 176, 拙訳。

（8） Wilhelm von Humboldt, "Sur l'organisation interne et externe des établissements scientifiques supérieurs à Berlin"（1809）, in *Philosophies de l'Université*, pp. 321–322, 拙訳。ドイツ語の原文、"Über die innere und äußere Organaisation der höheren wissenschaftlichen Anstalten in Berlin," は *Gelegentliche Gedanken über Universitäten*, ed. E. Müller（Leipzig: Reclam Verlag, 1990）, pp. 273–284. に複刻されている。

（9） Schelling, "Leçons sur la methode," p. 73.

（10） Schleiermacher, "Pensées de circonstance," pp. 259, 288, 275–276, 293–295 参照。

（11） Fichte, "Plan déductif," p. 168.

（12） これらは『大学の理念』*The Idea of a University* のなかで、教養ある紳士を生み出すことに関するジョン・ヘンク・カーディナル・ニューマンの考察を導いた概念である。彼の一時性という基礎概念は、啓蒙運動よりは——次の章で考察するように——十九世紀に負うところが多い。

（13） Schleiermacher, "Pensées de circonstance," p. 271.

（14） Fichte, "Plan déductif," p. 176.

（15） Ibid., p. 251.

（16） Humboldt, "Sur l'organisation interne et externe," p. 324.

（17） Ibid., p. 325.

（18） ジャン＝フランソワ・リオタールは、*The Postmodern Condition*, tr. Geoff Bennington and Brian Massumi（Minneapolis: University of Minnesota Press, 1979）で同様の意見を示し、フンボルトの「よりリベラルな」（三二ページ）提案は、ベルリン大学の計画のためのフィヒテの提案をおさえて選ばれたと述べている。

第6章　文芸文化

（1）Friedrich Schlegel, *Lectures on the History of Literature, Ancient and Modern*（New York: Smith and Wright, 1841）, p. 9.

（2）ドイツ文学の発達についての詳しい解説は、特にRainer Rosenbergの三冊のすぐれた著書、*Literaturwissenshaftliche Germanistik*（Berlin: Akademie-Verlag, 1989）; *Zehn Kapitel zur Geschichte der Germanistik*（Berlin: Akademie-Verlag, 1981）; *Literatur—verhältnisse im deutschen Vormärz*（München: Kürbiskern und Tendenzen, 1975）と、Jurgen Fohrmannの*Das Projekt Der Deutschen Literaturgeschichte*（Stuttgart: J. B. Metzlersche Verlagsbuchhandlung, 1989）を参照。

（3）*Conversations de Goethe avec Eckermann*, ed. Claude Roëls, tr. Jean Chuzeville（Paris: Gallimard, 1988）〔山下肇訳『ゲーテとの対話』上中下、岩波文庫、一九六八・六九年〕参照。

（4）Sir Philip Sidney, *A Defence of Poetry*, ed. J. A. Van Dorsten（Oxford: Oxford University Press, 1973）, p. 25. 修辞的手本は、個人の意識よりはむしろ、集団の記憶（それ自身が修辞の五つの部門の一つである）に与えられた一つの例である。雄弁家は、このような例の蓄積を持っており、そのいくつかはまったく相反するものである。彼は、統一のとれた理論に従うような状況のなかでふさわしいと思われる時にそれらを使うのである。この点では、それらはことわざとは違う。したがって、この「語る絵」を、現代的意味における例としてよりは、表象として考える方がより正しい。それらは、対象として存在し、*wunderkabinett*〔驚異の部屋〕あるいは宝物庫といった記憶の空間にごたまぜになっている。

（5）Peter Uwe Hohendahl, *Building a National Literature: The Case of Germany*, 1830–1870（Ithaca: Cornell University Press, 1989）; Chris Baldick, *The Social Mission of English Criticism*: 1848–1932（Oxford: Clarendon Press, 1983）; Franklin E. Court, *Institutionalizing English Literature: The Culture and Politics of Literary Study*: 1750–1900（Stanford: Stanford University Press, 1992）; Gerald Graff, *Professing Literature*

(Chicago: University of Chicago Press, 1987); *The Institutionalization of Literature in Spain*, Hispanic Issues 1, ed. Wlad Godzich and Nicholas Spadaccini (Minneapolis Prisma Institute, 1987). ゴウリ・ヴィシュワナータンの *Masks of Conquest: Literary Study and British Rule in India* (New York: Columbia University Press, 1989) は、厳密には国境をこえて国民文学の影響を調べ、「文学作品がイギリス帝国主義に奉仕して使われたその用法」(一六九ページ)を探究している。

(6) Philippe Lacoue-Labarthe, *La Fiction du politique* (Paris: Christian Bourgois, 1987).

(7) John Henry Cardinal Newman, *The Idea of a University: Defined and Illustrated* (London: Longmans, Green and Co., 1925), p. 106. このテクストは、"Nine Discourses" (1852) と、後にダブリンのユニヴァーシティ・カレッジで出された"University Subjects" (1858) に関する一組の論文を集めたものである。

(8) T. H. Huxley, "Science and Culture," in *Science and Education*, p. 141. ハックスリーは、一八七四年アバディーン大学の学長になった。

(9) ニューマンによれば、「われわれがそれにどんな名前を与えようとも、私が思うに、歴史の問題として、この知的な文化をその直接的目的にすることは大学の仕事である」(一一五ページ)。

(10) W. B. Carnochan, *The Battleground of the Curriculum: Liberal Education and American Experience* (Stanford: Stanford University Press, 1993), pp. 43-46.

(11) ここに、ニューマンが提案している選択についてすべてを引用しておく。「みなさん、私は言明する。専任研究期間と個人指導教師の監督を免除され、広範囲の科目の試験に合格したどんな人にも学位を与えるいわゆる大学と、オックスフォード大学が六〇年このかた行ってきたといわれるように、教授もなく、試験もない、ただ多くの若者を三年あるいは四年いっしょにしただけで彼らを送り出す大学と、もし私がどちらかを選ばなければならないとしたら……この世のすべての科目に通暁することを学生に求める大学よりも、何もしない大学を好む、と私は躊躇なく答える」(一四五ページ)。

(12) Matthew Arnold, *Culture and Anarchy* (1868), ed. J. Dover Wilson (Cambridge: Cambridge University Press, 1932).〔多田英次訳『教養と無秩序』岩波文庫、改版一九六五年〕

(13) Matthew Arnold, "The Function of Criticism at the Present Time," (1864) in *Selected Criticism of Matthew Arnold*, ed. Christopher Ricks (New York: New American Library, 1972), p. 97.

(14) Graff, *Proffessing Literature.*

(15) 「ギリシア人の文学を記述することから文学一般の解説を始めたことについて私が述べた理由に加えて、私が気づいているのは、ギリシア人は、あらゆる点において、自分自身の文学を創造したと言うことができる唯一の人々であり、また、彼らの偉業のすばらしさが、他の国にあったギリシア以前の文化とはほとんどまったく関係を持っていないことである」。Schlegel, *Lectures on the History of Literature*, p. 14.

(16) John Dryden, *Works*, Vol. 17, ed. Swedenberg, Miner, Dearing, and Guffey (Berkeley: University of California Press), p. 55.

(17) *The Johns Hopkins Guide to Literary Theory and Literary Criticism*, ed. Michael Groden and Martin Kreiswirth (Baltimore: Johns Hopkins University Press, 1993), と "Why Is Theory Foreign?" in *Theory Between the Disciplines*, ed. Mark Cheetham and Martin Kreiswirth (Ann Arbor: University of Michigan Press, 1990) の中の私の記載を参照。

(18) F. R. Leavis, "The Idea of a University" in *Education and the University* (1943) (Cambridge: Cambridge University Press, 1979).

(19) 『スクルーティニィ』グループの詳しい機関的歴史は、リーヴィスの著作がこの議論では換喩的に利用できるが、フランシス・ミュルハーンの *The Moment of Scrutiny* (London: Verso New Left Books, 1979) に見られる。

(20) F. R. Leavis, "Mass Civilization and Minority Culture," in *Education and the University*; F. R. Leavis, *Nor Shall My Sword* (New York: Barnes and Noble, 1972).

（21） L. C. Knights, "How Many Children Had Lady Macbeth?" in *Selected Essays in Criticism*（Cambridge: Cambridge University Press, 1981）参照。

（22） Lacoue-Labarthe, *La Fiction du politique*.

（23） Wolf Lepenies, "The Direction of the Disciplines," in *Comparative Criticism II*（1990）.

（24） Wolf Lepenies, *Between Science and Literature*（Cambridge: Cambridge University Press, 1988）.

（25） Jürgen Habermas, "The Idea of the University," in *The New Conservatism*, ed. and tr. Shierry Weber Nicholsen（Cambridge, Mass: MIT Press, 1989）.

（26） Ibid. p. 24.

（27） John Guillory, *Cultural Capital: The Problem of Literary Canon Formation*（Chicago: University of Chicago Press, 1993）参照。

（28） E. D. Hirsh. *Cultural Literacy: What Every American Should Know*（Boston: Houghton Mifflin, 1987）. 文化リテラシーにおけるこのようなテストの背後にある政治的な仮定は、どうみてもあいまいである。そのテストは、ジム・クロー法を保護し、アフリカ系アメリカ人から公民権を奪う手段としての合衆国における「読み書き能力テスト」の歴史的な実施によって影響を受けている。

（29） Edgar Eugene Robinson, "Citizenship in a Democratic World," reprinted in Carnochan, *The Battleground of the Curriculum*, p. 132.

（30） この解放は *The Death of Literature*（New Haven: Yale University Press, 1990）のなかでアルヴィン・カーナンによって提案された意味における、異質な政治的課題の産物としての「文学の死」ではない。カーナンは、この点をはっきり主張しており、「結果は、文学の極端な政治化である……テクストは、本質的に政治的な資料となる」（八五―八六ページ）と明確に述べている。それから、彼はこれがどのようにして起こっているのかについて混乱した説明をする。脱構築は、同じページにある「知的な毛沢東主義」と「無政府主義的自由」（八〇ページ）のかどで非難される。しかし、毛沢東主義者と無政府主義者は、普通は仲が悪い。これは、カーナンが気づいていない点である。

学問分野としての文学の位置が問題であるとカーナンが論じるのは正しいのだが、もはや機能していないと彼が認めている文学についてのロマン主義的な考え方という観点のなかで、彼はやや混乱した説明をなしていると私は言いたい。一方で、左翼の知識人の内的反逆が文学から精神的内容を奪っており、また一方で、メディアのテクノロジーという外的な力が言語の神聖な形態を攻撃している。したがって、明晰さを伴う瞬間（カーナンが「文学」という範疇の歴史的に相対的な機能を認識していると思われる瞬間）は、カーナンが歌いたいと思った文学的歌に対して様々な「彼ら」が行ったことに対する叱責とともに、この本を通して変動している。ここに、神聖な形態の言語の衰退に関するカーナンの一節を示すが、その言語とは、かつては道徳的心理、道理、良識の宝庫であった。「ほとんどの教育のある人々が、メディアにあふれる下衆な連中のたわごとにたじろぐのも無理はない。というのも、文法の古い規則が壊されるだけの問題ではない。無秩序なスペリング、コンマの誤り、懸垂修飾語がずうずうしくなり、もったいぶったおろか者のたわごとが、国中で高いワット数の音響装置と強力な自己満足で増幅され、放送されている。現代のアメリカで聞かれる最も創意に富み力強い言葉は、公然と不道徳な言い方で使われている。つまり、真理や、道理や、上品さには何の配慮もなしにである」（一六九ページ）。

第7章　文化戦争とカルテュラル・スタディーズ

（1）知識人の姿が衰退していることについての詳しい論考は、*Tombeau de l'intellectuel* in Jean-François Lyotard, *Political Writings*, tr. Bill Readings and Kevin Paul Geimen（Minneapolis: University of Minnesota Press, 1993）の論文と、その本の序でリオタールの主張を私がまとめたものと併せて参照。

（2）この話題についてのさらに二つのすばらしい調査報告が、電子工学雑誌 *Surfaces*, vol. 2（1992）に載っている。Bruce Robbins, *Mission impossible: l'intellectuel sans la culture*, and Paul Bové, *The Intellectual as a Contempo-*

rary Cultural Phenomenon, モントリオール大学、ゴーファー・サイトからゴーファー経由で利用可。

（3） Anthony Easthope, *Literary into Cultural Studies*（London and New York: Routledge, 1991），ならびに Cary Nelson, "Always Already Cultural Studies: Two Conferences and a Manifesto," *Journal of the Midwestern Modern Language Association,* 24, no. 1（Spring 1991）参照。

（4） これは、大まかでやや酷な主張である。酷と言うのは、「クイア性」に訴えることが、高度なアカデミックな基準の要求としてよりも、増大した政治的急進主義の名において普通はなされるからである。なされた仕事のいくつか――たとえば *Inside/Out,* ed. Diana Fuss（New York and London: Routledge, 1991）や *Fear of a Queer Planet,* ed. Michael Warner（Minneapolis: University of Minnesota Press 1993）に集められた論文――が、セクシュアリティを根本的に不安定な差異の分野として考えることについて重要な主張をしている点でもまた酷である。これは、セクシュアリティを論じる際に、主観性や表現の概念について考える必要を認めるものである。例えば、マイケル・ウォーナーは、クイア文化と多文化主義の文化的モデルの間の相違を明確に認識している（*Fear of a Queer Planet,* pp. xvii–xx）。しかし、挑発的に言わせていただくなら、クイア理論の持つ急進主義は、カルチュラル・スタディーズとの類似によって、カリキュラムを通して導入されるようなアカデミックな理論になってしまうリスクを抱えているのだと私は主張するだろう。別の表現をすれば、クイア理論は、すべての人がそれなりにクイアであると結局最後には認めることを覚悟する限りにおいて、ゲイおよびレズビアン研究計画の「エクセレンス」よりもクイア研究計画の「エクセレンス」を評価することの方がずっと簡単である。セクシュアリティという一般的観念をアカデミックな研究の対象として認めるクイア理論は、セクシュアリティをアカデミックな管理主義へとさらすことにほかならない。もし、クイア理論によって、ゲイおよびレズビアンがアイデンティティ、経験そして目標選択という概念の区別ができるということを意味するならば、私はクイア研究に賛成である。しかし、ある学問分野に新しく名をつけることの背後にあるエネルギーは、また別のところから来ているのではないかと私は危ぶんでいる。

（5） *Relocating Cultural Studies: Developments in Theory and Research*, ed. Valda Blundell, John Shepherd, and Ian Taylor（London and New York: Routledge, 1993）.

（6） Raymond Williams, "Culture Is Ordinary" and "The Idea of a Common Culture," in *Resources of Hope: Culture, Democracy, Socialism*, ed. Robin Gable（London and New York: Verso, 1989）参照。E・P・トムソンの *The Making of the English Working Class*（Harmondsworth: Penguin, 1968）は、「文化主義者」的観点から階級の概念を論じ、他の集団に対抗して、自分たちのなかで自身の利益を集団が限定するという観点から階級を定義している。一方、*The Poverty of Theory*（London: Merlin Press, 1978）は、ヨーロッパのマルクス主義の伝統が、階級の概念を理論化し、主に理論上の立場から階級闘争の歴史を取り上げることをより明らかに非難している。

（7） もちろん、ウィリアムズの仕事においてこのことはしばしば、教化された参加民主主義の伝統を保持する労働者階級に対して感傷にふけることを意味した。

（8） Raymond Williams, *Politics and Letters: Interviews with the New Left Review*（London: New Left Books, 1981）, p. 115.

（9） Williams, *Resources of Hope*, p. 7.

（10） Ibid., p. 108.

（11） Williams, *Politics and Letters* 参照。

（12） 社会的全体性の問題に関する、支配階級の排他的な遠近法への同様な疑問としてウィリアム・エムプソンの *Some Versions of Pastoral*（London: Chatto and Windus, 1935）を挙げることは公平であろう。この本は、ウィリアムズ自身の研究 *The Country and the City*（London: Chatto and Windus, 1973）に、明らかに影響を与えている。

（13） Williams, *Resources of Hope*, p. 18.

（14） これが文学がトポグラフィー的でありうる唯一の意味ではないということは、文芸に関するデリダの記述に関するJ・ヒリス・ミラー "Derrida's Topographies," *South Atlantic Review*, 59, no. 1（January 1994）のすばらしい研究のなかで明らかになっている。ミラーは、ロマン主義的な文学的風景が提供するように思われる簡単な種類の指示性を排除する仕方で、秘密のトポグラフィーによって特徴づけられるものとしての文芸についてのデリダの記述を解読している。観光とは、この秘密のトポグラフィーによって開かれた文芸の問題を保留する欲求、文学における指示の遂行的保留によって開かれた不安を静める欲求であるとさえ言えるかもしれない。もちろん、これは、国民文学についての大学教育の歴史からわれわれが親しんでいる概念とは根本的に一致しない文学概念であるということを明確にしなければならない。

(15) Larry Grossberg, *It's a Sin: Essays in Postmodernism, Politics and Culture* (Sydney: Power Publication, 1998), p. 14. カルチュラル・スタディーズにおける個人的なものの問題は、エルセプス・プロビンによって、*Sexing the Self: Gendered Positions in Cultural Studies* (London and New York: Routledge, 1993) のなかで詳細に扱われた。

(16) Patrick Brantlinger, *Crusoe's Footprints: Cultural Studies in Britain and America* (New York and London: Routledge, 1990); Easthope, *Literary into Cultural Studies* (1991); *Cultural Studies*, ed. Larry Grossberg, Carey Nelson, and Paula Treichler (New York and London: Routledge, 1992); Graeme Turner, *British Cultural Studies: An Introduction* (London: Unwin and Allen, 1990).

(17) Easthope, *Literary into Cultural Studies*, p. 174.

(18) したがって、「「文学」と「民衆文化」は、意味作用の実践として、いまや指示の一つの枠組みのなかでともに考えられるべきな」ので、「民衆文化」に対する文芸の特権の上に成り立つ研究を支持することは不可能」である（七一、一〇七ページ）。事実と虚構の問題に関してわれわれが注意すべきなのは、「すべてのテクストは歴史的なテクストであること」、他方で同時に、「歴史は現実であるが、歴史的なものの構築物として、歴史的物語《ナラティヴ》の形態において論証的に近づきうるだけである」（一五七ページ）ということである。

(19) Dick Hebdige, *Subculture: The Meaning of Style* (London: Methuen, 1979).

(20) *Cultural Studies*, p. 3.

(21) *Relocating Cultural Studies*, pp. 4, 6.

(22) *Reading into Cultural Studies* (London and New York: Routledge, 1992), ed. Martin Barker and Anne Beezer, p. 18.

(23) Ronald Judy, *(Dis)Forming the American Canon* (Minneapolis: University of Minnesota Press, 1993), p. 17. ジュディの要点は、ダイアン・イーラムが*Feminism and Deconstruction: Ms. en Abyme* (London and New York: Routledge, 1994) のなかでフェミニズムの制度化に関して行っている主張と興味深い類似がある。ジュディ自身の本は、「意味それ自体に対する抵抗」の明確化としてアフリカ系アメリカ人の著作を力強く論じており、そうすることで彼は、アフリカ系アメリカ人「文化」を打ち立てたり研究したりするという企てとは根本的に相容れない「生まれつつある研究」を提案している。というのも、「アフリカ系アメリカ人文化」という概念は、彼の指摘によれば、ヨーロッパの国家が出現したことを正当化する言説である大学によって、「文化的価値の生産」のなかにアフリカ的なものを再び入れてしまうことだからである（二八七ページ）。

(24) この点についての特に啓発的な視覚化については、*Homo Academicus*, tr. Peter Collier (Stanford: Stanford University Press, 1988)〔石崎晴己・東松秀雄訳『ホモ・アカデミクス』藤原書店、一九九七年〕, p. 276 の、フランスの大学制度についてのピエール・ブルデューの図を参照。

(25) John Guillory, *Cultural Capital: The Problem of Literary Canon Formation* (Chicago: University of Chicago Press, 1993), p. 325.

(26) 同様の徴候が、一つの特に興味深い失敗として、「理論」についてのギロリーの扱いに現われている。「人類学、哲学、言語学、批評、あるいは政治分析のいくつかの言説における理論の大陸的（ほとんどはフランス的）起源は、理論の実践をいかなる単一の学問分野にも限定していないのだが、その状況はおそらく、合衆国においてよりも理論の起源となる国において記号表現「理論」を制度的には重要でないものにした」(*Cultural Capital*, p. 177)。「大陸的（ほとんどはフランス的）」という文頭の部分は、単なる事実を言っているかのようにみえるが、文の終りで、理論には「起源となる国」があることを知らされる。アメリカ人的な見方からすればそうみえるだろう。しかし、それは正しくない。「理論」を合衆国の文化資本の言説として分析するために、ギロリーは、彼自身の見方を最も狭いナショナリズム的なものに狭めなくてはならないのである。これは、まるでバルトが、フランスのパスタ広告の中にある「イタリア性」のコノテーションを、フランスの広告についての言明としてではなく、イタリアを説明する基礎として描写していたようなものである。

(27) Bourdieu, *Distinction: A Social Critique of the Judgement of Taste*, tr. R. Nice (Cambridge, Mass: Harvard University Press, 1984).〔石井洋二郎訳『ディスタンクシオン』Ⅰ・Ⅱ、藤原書店、一九九〇年〕

(28) Guillory, *Cultural Capital*, pp. 326-327 を参照。

(29) 文化という国際通貨にともなうこの問題は、全体としてのカルチュラル・スタディーズに及ぶ。したがって、アンドリュー・ロスとグレアム・ターナーは、中心地から旧植民地（合衆国とオーストラリア）への急進的な批評の方法論の輸出のうちにある政治的利害関係を問題にしている。しかし、国民文化の固有性に注意を払う必要性への彼らの言及は、中心的な点を見逃している。国民国家を文化分析の主要な単位として、つまり、それぞれの文化的パロールの意味がその関係のなかで決定されるラングの名前として理解することである。したがって、カルチュラル・スタディーズは、国民国家とともに輸出可能になる（そういうわけで、カルチュラル・スタディーズの著者たちは、国家的イデオロギーの内容が左翼的傾向を帯びるところではどこでも、民衆文化に訴えることにちょっとしたナショナリズム的な味付けをする傾向にある）。Andrew Ross, *No Respect: Intellectuals and Popular Culture* (London and New York: Routledge, 1989) と Graeme Turner, “‘It Works for Me’: British Cultural Studies, Australian Cultural Studies, Australian Film,” in *Cultural Studies* を参照。

(30) これらの問題は、ギロリーの本に強い影響を与えている。序文は、第一章で論じられる文学的規範形式の一般的問題に基づいた事例研究として各章を系統立てている。しかし、それぞれの章は、この本が実際には述べていない新しい方向についての一般的注意と説教で終わっている。第一章は、「政治的統合の計画」の一部として「文化資本の系統的構成と分配」（八二ページ）の分析を要求する。第二章と第三章は、そのような分析を行う。しかし、その反面で何が起こるか、「文化資本」としての「文学」の理解が、政治的統合はいうまでもなく、どのように文学のカリキュラムの再構想にいたるのかに関しては、われわれは少しも知らされない。この意味で二つの章は、それがあばき非難した体系に奇妙に寄生しているように思える。第四章は、「文学理論」の規範化に関して、文学研究の対象の再概念化を要求して終わる（二六五ページ）。しかし、再概念化がどの方向をとるのか提案していない。同じことが制度的教育に対する攻撃にも言える。ギロリーは、カリスマ的な教育と感情の役割を非難し、厳格さに対してド・マンとラカンが持った関心のなかに「弟子たちが教会をつくろうとする願望」（二〇二ページ）を感じとるのだが、代わりとなる教育的あるいは制度的実践の記述をしていない。

つまり、文学のカリキュラムを再考する必要についての話は多いが、この本で提供された例を除けば、どんな仕事が必要かについての証明がほとんどないのである。したがって、読者は、最後には奇妙な循環の印象を持つ。つまり、文学のカリキュラムは、その社会学的形成についての分析を提供し、文学を越える動きを推奨するコースや書物によって取って代わられるであろうというものである。この種の循環は新しいものではない。事実これは、ギロリーがリーヴィスの場合に実際に分析した種類の問題と一致する。つまり、相手の文化は自身の抹消に捧げられる。なぜなら、成功は失敗（相手の地位が奪われること）を意味するからである。

（31）Gerald Graff, *Beyond the Culture Wars: How Teaching the Conflicts Can Revitalize American Education* (New York: Norton, 1992).

（32）ギロリーの *Cultural Capital* は、文学が規範的なものとして社会を反映するといったように、文学的規範を第一に理解すべきだという概念に対する詳しい筋の通った反証に、第一章をあてている。

（33）*Beyond a Dream Deferred: Multicultural Education and the Politics of Excellence*, ed. Becky W. Thompson and Sangeeta Tyagi (Minneapolis: University of Minnesota Press, 1993), p. xxxi.

（34） ここに *Beyond a Dream Deferred*, p. 258 の寄稿者の注からの二つの例がある。「エヴリン・M・ハモンドは、マサチューセッツ工科大学の科学、技術、社会科目の助教授で、一九八六年の先駆的な論文『人種、性、エイズ——他者の構築』の筆者である。アフリカ系アメリカ人のフェミニストとして、合衆国最高裁判所にクレアレンス・トーマスを任命する件についての上院の聴聞会や、アニタ・ヒル教授の取り扱いで、彼女は非常に悩まされた。そのことを彼女は“Who Speaks for Black Women?”（*Sojourner*, October 1991）のなかで書いている」。「イアン・フィデシオ・ハネイ・ロペスは、ウィスコンシン大学の法学の助教授で、アメリカの法律における人種の観念とイースト・ロサンゼルスにおける警察とメキシコ系米国人との関係を調査している。ハネイ・ロペスは、サルバドル人の母と民族的アイルランド系アメリカ人の父の息子として、ハワイで生まれ育った」。「民族的」が「アイルランド系アメリカ人」を類語反復で修飾している点で、差異の同質化がどこよりも明らかである——おそらく、あるアイルランド系アメリカ人は他のアイルランド系アメリカ人たちよりも民族的であるということを意味し、それは、真の差異の（すなわち、アイデンティティあるいは同一性の）同質的基準が行使されていることを意味する。

（35） これは、*Secular Vocation: Intellectuals, Professionalism, Culture*（London and New York: Verso, 1993）のなかで、ブルース・ロビンが「正統化トーク」と呼んでいるものの現代的様式を論じる際、彼が不快ながらも承知している過程である。

（36） *Beyond a Dream Deferred*, p. xxx.

（37） 思考と記述が同じ活動であるという有害な仮定は、もちろん、規範論争によくみられるものである。

（38） マイケル・ピータースの言うところによれば、「西洋社会の大学が危機的状態にあると言うことは、戦後の時事解説者世代の思考や感情を単にまねしているにすぎない。したがって、「危機」という言葉は、ほとんどどんな概念的支点も失ってしまった」。“Performance and Accountability in ‘Post-Industrial Society’: The Crisis of British Universities,” *Studies in Higher Education*, 17, no. 2（1992）.

（39） Dinesh D’Souza, *Illiberal Education*（New York: Free Press, 1991）; Robert Hughes, *The Culture of Com-*

plaint: The Fraying of America（New York and Oxford; New York Public Library and Oxford University Press, 1993）; Sande Cohen, *Academia and the Luster of Capital*（Minneapolis: University of Minnesota Press, 1993）.

（40） Gilles Deleuze and Félix Guattari, *A Thousand Plateaus*, tr. Brian Massumi（Minneapolis: University of Minnesota Press, 1987）.〔宇野邦一他訳『千のプラトー』河出書房新社、一九九四年〕

（41） こうした問いは、自己現前の概念（人は自分が話す時に自分と一致していると思い込んでいるが、そのとき実際には自意識は言語的表現によって成立しており、言語表現はどこか他所からやってきている）に対する批判の形で、また、実際には男性や白人や同性愛者等々であるような理性主体の偽りの中立や「無標の」立場の拒絶によってなされている。論集 *Who Comes After the Subject?* ed. Eduardo Cadava, Peter Connor, and Jean-Luc Nancy（New York and London: Routledge, 1991）と、ジュディス・バトラーの *Bodies That Matter*（New York and London: Routledge, 1993）は、これらの批評のいい例である。

第8章　ポスト歴史的大学

（1） Theodor W. Adorno, "Cultural Criticism and Society," in *Prisms*〔渡辺祐邦他訳『プリズメン』ちくま学芸文庫、一九九六年〕, tr. Samuel and Shierry Weber（Cambridge, Mass.: MIT Press, 1990）.

（2） Cary Nelson, "Always Already Cultural Studies: Two Conferences and a Manifesto," *Journal of the Midwestern Modern Language Association*, 24, no. 1（Spring 1991）参照。

（3） Wilhelm von Humbolt, "Sur l'organisation interne et externe des établissements scientifiques supérieurs à Berlin"（1809）, in *Philosophies de l'Université: L'idéalisme allemand et la question de l'Université*, ed. Luc Ferry, J.-P. Person, and Alain Renaut（Paris: Payot, 1979）, p. 323, 拙訳。

（4） Johann Gottlieb Fichte, "Deductive Plan for an Institution of Higher Learning to be Founded in Berlin," in

Philosophies de l'Université, pp. 180–181, 拙訳。

（5） Friedrich Schleiermacher, "Pensées de circonstance sur les universités de conception allemande" in *Philosophies de l'Université*, p. 283, 拙訳。

（6） Robert Young, "The Idea of a Chrestomathic University," in *Logomachia: The Conflict of the Faculties*, ed. Richard Rand（Lincoln: University of Nebraska Press, 1992), p. 122.

（7） Leo Bersani, *The Culture of Redemption*（Cambridge, Mass.: Harvard University Press, 1990).

（8） この例として次のものを参照。Gerald Graff, *Professing Literature*（Chicago: University of Chicago Press, 1987).

（9） 'differend' については、拙著 *Introducing Lyotard: Art and Politics*（London and New York: Routledge, 1991）を参照。

第9章　研究の時節——一九六八年

（1） 本章では主としてフランスに、時にアメリカに焦点を合わせる。しかし、他の国について省略するからといって、この一〇年の間に起こった大学紛争の複雑さを否定するものではない。事実、フランスやアメリカでの出来事は他の国々でも起こったことなのだ。国の境界を越えて、類似点が存在する（例えば、インドのナクサリート大学の学生紛争）一方で、そのような類似点とともに、本質的なものをとらえることが重要であろう。しかし、それらを詳細に跡づける余裕はないので、一九六八年のフランスでの出来事を消極的だが代喩的に使いたいと思う。世界規模でこの問題をみるには、次のものを参照。George Katsiaficas, *The Imagination of the New Left: A Global Analysis of 1968*（Boston: South End Press, 1987).

（2） リオタールが指摘しているように、現代のフランスは「大学や高等学校の教育よりも、初等教育の政策に」焦点を合わせた。*The Postmodern Condition*, tr. Geoff Bennington and Brian Massumi（Minneapolis: University of

Minnesota Press, 1979), p. 31 参照。一九九三年、クロード・アレグルはフランスの大学を「アテナイの寡頭政治」と呼んでいる。*L'âge des savoirs: pour une renaissance de l'Université* (Paris: Galliard, 1993), p. 15 参照。

(3) アレグルは次のように述べている。「大学の自律と独立の伝統は、中世から伝えられている」(一六ページ)。彼は問題を少々混同しているようだ。なぜなら、彼は「教授たちの共和国」に言及する際、共和国の概念が共和国主義のモデルとしての近代的な国民国家よりも、中世のギルドやルネッサンスの都市国家(その共和国は本質的に市民のギルドのことであった)とかかわることに特に言及していないからである。

(4) W・B・カーノカンは次のように述べている。「二十世紀初頭および中葉の時期ほどアメリカの学生が消極的だったことはない。*The Battleground of the Curriculum: Liberal Education and the American Experience* (Stanford University Press, 1993) p. 95 参照。同様の趣旨のことが、最近の『サンデー・タイムズ』の付録に見られる。「静かな革命家たち」と題する記事のなかで、「新プラグマティズム」という言葉で、最近のイギリスの学生の政治的無関心について言及している。「若者の概念は、いまや急進主義の観念とまったくといってよいほどかけ離れてしまった」としながら、記事はさらに次のように説明している。保守党よりも労働党のために働くのは、経歴のチャンスという観点からである。その一方で、ステューデント・ポリティクスは、まるで明確な違いがあるかのように、「イデオロギー的というより、個別の問題に即した態度を基盤としている」と述べている。Sean Langan, "The Quiet Revolutionaries," *Sunday Times*, October 23, 1994, pp. 104–105.

(5) Pierre Bourdieu, *Homo Academicus*, tr. Peter Collier (Stanford: Stanford University Press, 1988), p. 188.

(6) Ibid., pp. 190, 168. ブルデューが、この種の議論をどの程度まで進めているかを示すには、少々長いが、次のような彼のコメントを紹介する必要があろう。「このような危機を説明するには、少なくともそのような危機の出現と一般化の構造上の状況を説明するには、どうしても学生数の増加による主要な結果、つまり、大学卒業証書の価値の下落に言及する必要があろう。その下落は全体的な質の低下をもたらし……制度上の期待——かつてこのシステムの下で、それに応じた機会を実際に提供していた地位と学位に込められていたもの——と、現在の学位や地位によって現に提供される機会との間に構造上のギャップをもたらしているのだ」（一六二―二五五ページ）。

（7） John Guillory, *Cultural Capital: The Problem of Literary Canon Formation* (Chicago: University of Chicago Press, 1993), pp. 248-255.

（8） Julien Benda, *The Treason of the Intellectuals*, tr. Richard Aldington (New York: Norton, 1969).〔宇京頼三訳『知識人の裏切り』未來社、一九九〇年〕

（9） 例えば、次のような文献を参照。Jacques Derrida, *Du Droit à la philosophie* (Paris: Gallimard, 1990); Paul de Man, *The Resistance to Theory* (Minneapolis: University of Minnesota Press, 1986); Samuel Weber, *Institution and Interpretation* (Minneapolis: University of Minnesota Press, 1987); Barbara Johnson, *A World of Difference* (Baltimore: Johns Hopkins University Press, 1987).

（10） *The Phantom Public Sphere*, ed. Bruce Robbins (Minneapolis: University of Minnesota Press, 1993).

（11） Arjun Appadurai, "Disjuncture and Difference in the Global Cultural Economy," and Michael Warner, "The Mass Public and the Mass Subject," in *The Phantom Public Sphere*.

（12） *Humanus sum, nihil humanum me alienum puto.*

（13） Immanuel Kant, "Answering the Question: What Is Enlightenment?" in *Foundations of the Metaphysics of Morals*, tr. Lewis White Beck (Indianapolis: Bobbs-Merrill, 1959), p. 87.

（14） Jürgen Habermas, *The Structural Transformation of the Public Sphere*, tr. Thomas Burger (Cambridge, Mass.: MIT Press, 1989).〔細谷貞雄訳『公共性の構造転換』未來社、一九七三年〕

（15） Warner, "The Mass Public and the Mass Subject," p. 243.

（16） ここで私は、ウォーナーの議論から少々はずれることになろう。彼はさらにアイデンティティの政治を、本質主義とは違ったもの、つまり、大衆社会の自由な主体がもつ見せかけの中立性の拒否と言い直している。彼の修正意見は重要ではあるが、それが呼び起こす課題は、単にアイデンティティの政治の可能性を受け入れるだけとは思えない。むしろ、意味を生み出す用語の一般的な分析にあたっては、個々人が自分たちの生活を意味づけする際の例として、政治的なものの相対的な衰退を認識すべきであろう。この問題のさらなる展開については、次の拙論を参照。“The End of the Political,” foreword to Jean-François Lyotard, *Political Writings*, tr. Bill Readings and Kevin Paul Geiman（Minneapolis: University of Minnesota Press, 1993）, esp. pp. xviii-xxi and xxiii-xxvi.「政治的なもの」、リオタールはそれを「脱政治化」と呼ぶが、その消滅は、政治の終焉ではなく、「大きな政治」の終焉、つまり、政治の世界の位置を、ともにあることの問題を唯一取り上げて徹底的な回答を与える場とはもはやみなさないことを意味する、と私は思う。

（17） David Caute, *The Year of the Barricades: A Journey through 1968*（New York: Harper and Row, 1988）, p. 214.

（18） Christopher Fynsk, “Legacies of May: On the Work of *Le Doctrinal de Sapience*,” *Modern Language Notes*, 93（1978）, pp. 963-967.

（19）「制度＝機関《インスティチューション》」を考える必要性を、ある意味で私は、脱構築からの教訓で得た。デリダは次のように言っている。「したがって、もしなんらかの結果を得ることになるとして、われわれがなんとなく脱構築と呼んでいるものは、専門的言説の一連の手続きでは決してない。まして確固とした、一定の制度＝機関に守られ、古文書や報告書に対して機能する新たな解釈学的方法でもない。脱構築はまた、われわれの実践、われわれの専門能力、われわれの実演などを構成し統制する政治的＝制度的構造に関して言うなら、少なくとも、まさにそれらの作業のなかにある一定の位置を占める行為である。脱構築は、意味されたものの内容と単純に関わることは決してなく、この政治的＝制度的問題から切り離されるべきではないし、また責任という新しい問い、政治や倫理といった旧来のコードを必ずしも信頼することのない問いを要求すべきなのである」（*Du Droit à la Philosophie*, p. 424, 拙訳）。ここに、脱構築を単に空想的な分析様態に終わらせず、それが分析と批評の枠組みをつくる制度の問題系に対して盲目ではない（盲目であってはならない）とした、デリダの強い主張が見て取れる。

（20） このことは、脱構築がたんに外部から制度＝機関に対して施す手術であるのではない、というのと同じである。

したがって、脱構築と制度＝機関との関係を爆弾攻撃とか外装直しと考えることは不適当だということになる。

（21） Daniel and Gabriel Cohn-Bendit, *Obsolete Communism: The Left-Wing Alternative*, tr. Arnold Pomerans (New York: McGraw-Hill, 1968), p. 256.

（22） コーン＝ベンディットが表明した不明確さは、単に混同とか不決断ではなかったということを認識しないからこそ、例えばデイヴィッド・コートは、一九六八年に起きた歴史への挑戦の意味をまったく理解できなかったのである。事実、彼の『バリケードの年』は、学生の行動が（さらに彼らの歴史をわざわざ書くというコートの考えが）要領を得ないものであったと、やむことなく繰り返したものにすぎない。学生たちの行動は、歴史的連続性という観点からすれば要領を得ないものであったろうが、この五月の事件は外部に影響を与えるとともに、主体の実現という大きな物語として〈歴史〉概念をとらえようとするモダニストに対抗した。これについては、リオタールが、「三月二十二日の運動に関して書いた「反歴史」と題する未発表の論文の序章が次のようにほのめかしている。「三月二十二日の運動に関する歴史書を書いたことに対する弁明の唯一の方法は、それが歴史の本ではないとすること、つまり、狂乱、正当化できないもの、情熱をわかりやすい単純な現象に溶解させないことである。むしろ、そのような本は、それこそ一つの出来事とならねばならない」（"March 23," *Political Writings*, p. 60)。

第10章　教育の現場

（1） ジャン＝フランソワ・リオタールの *The Postmodern Condition*, tr. Geoff Bennington and Brian Massumi (Minneapolis: University of Minnesota Press, 1984) は、このことをわれわれに想い起こさせる点で重要である。教育の問題とリオタールの研究との関係は、必ずしも認められてこなかった。『ポストモダンの条件』が獲得した名声のおかげでこの書が大学評議会用に書かれたケベック政府の報告書であるという意味が曖昧にされている。リオタールも序文で指摘しているように、それは「臨時的」なテクスト、つまり、大学の経営者たちに向けて書かれた、現代における西欧社会の知の本質に関するリポート、さらに言えば、認識論的理性の分析を「位置づける」テクストである（xxv）。一つの重要なジェスチャーは、本書が初めから専門家の役割を放棄し、知識の有無について確信を持てない哲学者の姿勢を貫いている点である（xxv）。このことは、必ずしも認識論的控えめさといった問題ではない。著者を、自分の分析している制度＝機関の外側にある超越者の位置におくことを拒否しているのである。リオタールは制度＝機関の問題を、その外でもなく完全にその内でもなく、その前面に置いており、制度＝機関を単に知識の対象としたり一つの生き方ととらえたりすることができないようにしている。本書に対するジェイムソンの有名な批評は、政治的な事柄に対する不誠実さをなじっているものだが、皮肉なことに、本書の非常に「実践的な」言説の位置関係を見過ごしている（Foreword to *The Postmodern Condition*, p. xx）。要するに、政府に対してものを言う時は、十分な注意が必要だということだ。

一九六八年にパリで起こった事件のなかでのリオタールの闘争的姿勢は、ピーター・デューズのように、リオタールが政治的行動の可能性を徐々に弱めていると見ていた人びとを驚かせたかもしれないが、いまや広く認められていると言えよう。Peter Dews, *Logic of Disintegration: Post-Structuralist Thought and the Claims of Critical Theory* (London: Verso, 1987). デューズの議論をここで吟味する代わりに、リチャード・ビアズワースの優れた論文を読者にはお勧めする。"Lyotard's Agitated Judgement," in *Judging Lyotard*. ed. Andrew Benjamin (London and New York: Routledge, 1992)。デューズの批判をこの論文は見事に反駁している。

一九六八年の事件から生まれたリオタールの論文は、闘争行動の具体的記述を強調している。例えば、「ナンテール、いま、ここで」でリオタールは、警察官との衝突についての学生の記述を、教員組合の委員会用に準備していた状況分析のテクストに添えている。リオタールは、警察当局の妨害によって報告書の提出が遅れたことから始めている――そして学生の反乱の主な結果の一つは、明快な議論や内省の制度＝機関的空間が政治的葛藤からくる暴力や破壊と完全に無縁ではないという証拠、つまり、「この社会では、知識は絶えず権力と妥協をはかっている」という証拠を提出することだという点を強調している。

したがって、リオタールの一九六八年の事件についての分析は、フランスの大学を「今日的なもの」にしようと提案したフーシェ計画の提示した計画を否定している。フーシェの選択は、衒学的な学者的知識を生む疑似封建時代的機関か、高度資本主義社会での技術的ノウハウを生み出す実践的で現代的な機関かのいずれかを選択することであった。「憲章の序文」で彼が述べているように、伝統的なイメージと現代的な大学のイメージとは、意外なくらい共犯関係にある――人文科学は大学と社会との関連の切断を強調し、学者を生み出す批評的エネルギーを弱める。一方、社会科学は、社会的現実を技術化し、専門家たちを生み出す。『ポストモダンの条件』の序文におけるリオタールの哲学者の役割論は、明らかに専門家や学者を否定している。人文科学における学者生産と社会科学における専門家生産とは、批判のエネルギーを弱体化することによってであれ、あるいは現存する社会秩序の機能を促進するためにそのエネルギーを活性化することによってであれ、両者は手を組んで社会批判を阻止しようとする。

(2) これは、サミュエル・ウェーバーが模範的な形で理論化した警告である。*Institution and Interpretation* (Minneapolis: University of Minnesota Press, 1987) 参照。

(3) ここでは、特に『ユリシーズ』の最後から二番目のセクション〔十七挿話〕での対話形式を考慮に入れている。そこでは、質疑応答が、ブルームとスティーブン・ディーダラスの結合、ヘブライ的な伝統とギリシア的な伝統の統合へとつながってゆく。

(4) V. N. Volosinov (M. Bakhtin), *Marxism and the Philosophy of Language*, tr. L. Matejka and I. R. Titunik (Cambridge, Mass.: Harvard University Press, 1986), p. 118.

(5) Wlad Godzich, "Afterword: Religion, State, and Post(tal) Modernism," in Weber, *Institution and Interpretation*, p. 161 のなかで、彼は次のように述べている。「国家権力を持つ者たちは、まず最初に個々人を取り込み、そうすることによって社会の他の人々を他者に仕立て上げ、さらに権力機構としての国家に社会の形状を決定させる。こうして、他者の生産も社会的なものの生産も、集団的なものではないのだ」。

(6) Johann Gottlieb Fichte, "Plan déductif d'un établissement d'enseignement supérieur à forder à Berlin," in *Philosophies de l'Université* (Paris: Payot, 1979), pp. 180–181. 拙訳ではこうなる。「共通する精神の存在……そこでは、

人々は早くから互いに深く知り合い、互いに尊敬し合うことを学び、またそこではあらゆる人々に個々に知られ、論議の余地を残さない基盤からあらゆる省察が始まる」。

(7) リオタールは次の著書で四つの極を詳しく論じている。*The Differend*, tr. Georges Van Den Abbeele (Minneapolis: University of Minnesota Press, 1980).〔陸井四郎他訳『文の抗争』法政大学出版局、一九八九年〕

(8) Saul Kripke, *Naming and Necessity* (Oxford: Blackwell, 1980).

(9) J. Lyotard, "A Podium without a Podium," in *Political Writings*, tr. Bill Readings and Kevin Paul Geiman (Minneapolis: University of Minnesota Press, 1993), p. 94. リオタールは次のように述べている。「時には逆のこともあるが、科学的・技術的な事柄には問題はないとか、科学者、技術者、専門家は学識があると認めることは、即あらゆる問題にあてはまることを意味しない。例えば、正しいことは知識の対象ではなく、また、正義の科学というものもないことはだれでも厳密に証明できる。美しいもの、心地よいものについても同じことが言える。こうして、これらの領域、つまり、日常生活で大きな意味をもつ領域では、真の確実な能力といったものはないのである。これらの領域にあるのは、意見だけなのだ。しかも、それらの意見は論議に付される必要がある」。

(10) ハイデガーへの言及は、偶然のものではない。総長就任演説を、大学を大衆とテクノロジーとをつなぐ機関と位置づける最後の理論的試みとする点で、私はグラネルの論に従う。しかし、これはナチズムに依拠したハイデガーを退けるための口実なのではない。ハイデガーの道具的理性に対する批判は、実際にはすべてナチズムによって決定されているわけでもないし、ナチズムをすべて決定するものでもない。この点を理解すれば、『ニューヨーク・タイムズ』の紙面を借りる必要はなにもなかったであろう。ハイデガーは、〈思考〉を一つの贈物(広げられ、受け取り、歓迎し、歓迎される手というネットワークのなかに巻き込まれるもの)であり、一つの呼び出し(われわれの本質的な存在を思考と結びつけるものという意味で)であると位置づける(*What Is Called Thinking?* tr. F. Wieck and J. Gray-New York: Harper and Row, 1968)。いずれの場合も、重要なことは、〈思考〉が主体を専有することであり、その逆は成り立たないということである。〈思考〉が与える贈物とは、〈思考〉そのものであり、考えるよう呼び出されることは、使命を受け入れることであり、〈思考〉とは何かを考えること（思考に名称を与えること）――〈思考〉が何かを前もって知らずに〈思考〉を始めること――でもある。このように、思考対象の名称に関心を抱くことは、最も広い意味で、思考を問いかけの位置におくことなのである。

(11) Maurice Blanchot, *The Unavowable Community*, tr. Pierre Joris (Barrytown, N. Y.: Station Hill Press, 1988). この注視の本性は誰にでもつかみとれるものである。それはまた、ラカン的分析の場の注視ともなりうるものであり、M・ボルク＝ヤコブセンの言葉を言い換えるなら、「絶対的支配」という特徴を持つことだろう（*Lacan: The Absolute Master*, tr. Douglas Brick, Stanford: Stanford University Press, 1991）。応対のさまざまな極を注視する教育法とラカンの分析との間の相違点は、ラカンが注視する「他者」とは、精神分析を受ける者ではなく、無意識そのものだということである。このように、ラカンの分析的言説の語用論は、モダニストのままである。というのも、受け手の極は抑圧され、去勢、欠如、ブラックホールといったものの場をしるす空虚な引き継ぎにすぎないものになり、そのまわりで、分析者とシニフィアンの無意識の審級との間の特権的な出会いが起きる。もちろん、このシニフィアンの行動は、純粋に指標的である。シニフィアンの鎖にそってみられるずれを指しながら、それは、シニフィエの欠如以外に意味作用を持たない。したがって、分析的支配《マスタリー》は、単純な解釈、脱コード化の問題ではなく、むしろデュパンの例がわれわれに思い出させるように、それは解釈学的支配という幻想に迷ったり、警察署長をくぎづけにした内容的意味の検証へと誘い込まれることもなく、シニフィアンの隘路に従うための特権的能力のことである（"Séminaire sur *La Lettre volée*," in Lacan, *Ecrits*, Paris: Seuil, 1996）。ある種の支配の放棄は、他のものの放棄によって償われる。それは、分析者が分析を受ける者を盲目性、去勢、あるいは無意識のシニフィアンとの出会いの口実や、その消極的な支持という場へと置くために理論武装した特権的な知なのだ。

ラカンのふるまいのもつ模範的なアンチ・ヒューマニズムを称える一方で、それが精神分析の受け手に対して少々不当ではないかと私は思っている。というのも、そのような受け手は（ラカンのフェミニスト読本に見られる豊かな伝統が指摘したように）、去勢と欠如や欠落との絶対的同一の前に躊躇するかもしれない。この点に関して、ジェイン・ギャロップの *The Daughter's Seduction*（Ithaca: Cornell University Press, 1982）は、深層心理学をラカン風に拒絶する枠組みのなかでの、分析の受け手／宛て先の優れた一つの例のように思える。それはおそらく、教室で使用するのに適したテクストとなろう。しかし、ギャロップのラカン的分析の限界は、宛て先の出現が転移と反転移の弁証法のなかに組み込まれる点である。その結果、それは巧みな誘惑の便利なレトリックに容易に適合してしまうような教育感情の説明を生み出しがちである――それは、自らを「好色な教師」の犠牲者とみなす学生によってやすやすと引き出されうるレトリックなのだ。欲望は主体間の一つの取引状態にとどまり、そのため、容易に権力と共謀関係を持つことができ、その流れはヒエラルキー的地位の配置の内部に向けられるのである。

(12) 私の議論は、フランスにおける倫理的なものの現代的記述に形を与えるにあたって主要な役割を演じた、エマニュエル・レヴィナスの研究と密接に並行している――その倫理概念は、英米哲学に見出されるものと重要な一線を画している。リオタールは、レヴィナスの研究をきわめて重要なものとみなす、次のような巧みな要約をしている。「それは他者との関係を表わしている。彼の言う「絶対的〈他者〉」の〈他者〉とは、他者が私に求める要求、彼が私に話しかけるという単純な事実が私に求める要求は、決して正当化されえないといったものである」。Jean-François Lyotard and Jean-Loup Thébaud, *Just Gaming*, tr. Wlad Godzich（Minneapolis: University of Minnesota Press, 1985）, p. 22.

(13) これとアルチュセールのイデオロギー的呼びかけの説明とは明確に区別すべきである。というのも、ここでいう他者は、他者というまったくの事実であって、国家の制度的装置ではないからだ（賢明な批評家なら見抜けるだろう）。この呼び声は主体を偽りの自律性（運転免許証のような）のうちに位置づけるのではなく、主体を「縫合する」のでもなくて、偽りの自律性を排除し、主体を傷つけるのである。

(14) ここでは、私の考えが教育を疎外感の治癒とか、純粋自己への回帰のための手段とするブルース・ウィルシャーたちの見解とは随分隔たっていることがわかるであろう。Bruce Wilshire, *The Moral Collapse of the University: Professionalism, Purity, and Alienation*（Albany: SUNY Press, 1990）. 本来の自己というウィルシャーの形而上的仮説（われわれには疎外されない時期があったとか、教育はそこへとわれわれを回帰させるとかいった仮説）は、前章で論じたように、学生はあまりに早くかつあまりに遅く生まれるという理由で、私の主張と相容れない。ウィルシャーは次のように、大学の核として人間の有機的共同体を求めて論を締めくくっている。「人間関係や人間存在、聴く行為、沈黙や驚きを共有するのに、他に代わるものはない」（二八二ページ）。彼の場合、人間の共同体は、救済的宗教心がほどよく強調されているため、フンボルトのそれより幾分具体化されている。

（15）これは、パウロ・フレイレの言う「批判的教育」におけるリスク——被抑圧者が、疲弊した産業プロレタリアートの代わりに、歴史的意味を求めるブルジョワ理想主義的希望の担い手となる、毛沢東主義的な第三世界主義のリスク——のように思われる。Paulo Freire, *Pedagogy of the Oppressed*（New York: Seabury Press, 1973）.

（16）「大学は、システムが資本主義的で官僚的である限り、そのシステムに属する」（Lyotard, "Nanterre, Here, Now," p. 56.）

（17）Pierre Bourdieu, *Homo Academicus*, tr. Peter Collier（Stanford: Stanford University Press, 1989）; John Guillory, *Cultural Capital: The Problem of Literary Canon Formation*（Chicago: University of Chicago Prpss 1993）参照。

第11章　廃墟に住んで

（1）Gerald Graff, *Beyond the Culture Wars: How Teaching the Conflicts Can Revitalize American Education*（New York and London: Norton, 1992）.

（2）Stanley Fish, *There's No Such Thing as Free Speech: And It's a Good Thing Too*（Oxford: Oxford University Press, 1994）. 私は特にフィッシュによるアメリカ・ミルトン協会に関する一文を考えている。彼はそのなかで次のように述べている。「制度の生命は、解体とか革命といった語彙よりも長続きするものだ」（二七一ページ）。このように、あらゆる新しさと差異とは、自己を調節する伝統——それ自身の自己調節の歴史にのみ依存している伝統——によって順応させられるのである。

(3) 簡単な例を挙げよう。インターネットが学術出版の構造を脱正統化するような脅威となっている仕方の考察である。拙論 "Caught in the Net: Notes from the Electronic Underground," *Surfaces*, 4, no. 104 (1994). ゴーファ〔Gopher〕を通してモントリオール大学のゴーファ・サイトで入手可。

(4) カリフォルニア大学にも、「ストーンヘンジ」として知られている荒廃した建物があるが、これも文化的指示物としては場にそぐわないものである。

(5) ルネッサンスの創造と歴史の可視性に関するさらに具体的な議論については、拙論参照。"When Did the Renaissance Begin?" in *Rethinking the Henrician Ere*, ed. Peter Herman (Chicago: University of Illinois Press, 1993)。

(6) フロイトは次のように述べている。「もし〔夢や白昼夢の〕しくみを……吟味するなら、それらが作り出される際に働く願望的目的が、それらの素材を調合し、再調整し、全体的な新たなものを構築するさまを見ることができるだろう。それらと、それらの素材である子供時代の記憶との関係は、ちょうどローマにあるバロック時代の城郭の、古代の遺跡に対するのと同じである。後者の舗道や柱が、より近年の建物の素材を提供したのだ」。*The Interpretation of Dreams*, ed. and tr. James Strachey (New York: Avon Books, 1965), p. 530.

(7) Sigmund Freud, *Civilization and its Discontents*, tr. James Strachey (New York and London: Norton, 1961), pp. 16–17.

(8) それは、制度上のプラグマティズム、サミュエル・ウェーバーの言うところの「脱構築的語用論」を内に含んでいる。*Institution and Interpretation* (Minneapolis: University of Minnesota Press, 1989). 特に第2章 "The Limits of Professionalism." スタンリー・フィッシュとリチャード・ローティが、実践の地位を主張するにあたって、制度＝機関の存在の歴史的事実を称える傾向にあるのに対して、ウェーバーは、学問分野の自律性に対する反論の要旨と、それに付随する職業的支配のイデオロギーについて素描している。ウェーバーは、学問分野の境界の固定化を拒否する際、パースの「条件付き可能性」の概念に依拠している。学問分野の境界をそのように逸脱することは、職業的権威や能力がそれに基づいている病的な恐怖症をあらわにする。ウェーバーが指摘しているように、「近代の大学は、能力の独占に対する職業的要求が確立され維持されうるための手段であった」（三二一ページ）。これに対して、彼は抽象と制限の拒否という全体論的な拒否ではなく、さまざまな学問分野の「内側から機能するであろう……脱構築的語用論」を提示する。後者は、「それぞれの場合において、領域からの制限の排除がそれによって可能となった実践をどのように組織化するかを具体的に証明する」（三二一ページ）。これは、アリバイに依存しない制度批判の模範的な例のように思える。完璧な制度というアリバイも、あらゆる機関の潜在的不在というアリバイにも依存しないからだ。

（9）Leonard Cohen, "First We Take Manhattan," from *I'm Your Man* (CBS Records, 1988).

（10）この点は、アンドリュー・ロスが *Strange Weather* (London: Verso, 1991) で論じたものである。ただ、彼は科学的実践と基準に及ぼす脱正当化的影響を誇張している嫌いがあるが。

（11）Gerald Graff, *Professing Literature* (Chicago: University of Chicago Press, 1987), pp. 19-36.

（12）前掲書のなかで、グラフは次のように述べている。「文学研究における職業化の前衛部隊は、誰もが知っているように、ドイツで訓練された学術「研究家たち」であった。彼らは、科学的研究の概念と近代語の文献学的研究を推進した」（*Professing Literature*, p. 55）。

（13）この区別のもとについては、次の論文を参照。Georges Bataille, "La notion de dépense," in *La part maudite* (Paris: Minuit, 1949).

（14）この議論の簡潔で説得力あふれる記述として、次の研究書を参照。W. B. Carnochan, *The Battleground of the Curriculum: Liberal Education and American Experience* (Stanford: Stanford University Press, 1993).

（15）適用範囲に関する私の見解は、とりわけ中世研究に対する中傷なのではない。近代性の黄昏は、前近代を、思想の非啓蒙的構造がどのように見えるかを理解するためのきわめて重要な場にしている、と私は思う。私が言いたいのは、むしろ学問分野の適用範囲に関する議論の相対的弱さの原因が、本当は違うのに、大学を主としてイデオロギー的制度と想定している点にあるということである。私はさらにこう言いたい。私の提言は、いま根絶の危機にさらされかかっている古典的・中世的テクストの保存のためのきわめて重要な一手段なのだ、と。また、私は教師の終身雇用についての議論に入って行く余裕はない。だから、ここでは短期の雇用を想定している。しかし、教授職のプロレタリアート化が進むことが、必ずしも——読者に可能性を考えてほしいので強調してみた——将来において学部の利益を守るために最も効果的であるとは思わない。最後に次の点に留意してほしい。学部学生の割合という概念は、経済的な理論的根拠であり、私に言わせれば、それは経営者たちに売ることができるだろうし、潜在的に興味をそそる結果が得られよう。

第12章　不同意の共同体

（1）Alfonso Borrero Cabal, *The University as an Institution Today* (Paris and Ottawa: UNESCO and IDRC, 1993), p. 130.

（2）このために、指示の可能性はただもっぱら言語的不透明性、つまり言語学的意味での世界内の指示物の包摂の失敗を許容する、言語の内的不透明性ないしは不明瞭性としてのみ考えることができるのである。

（3）この点を見事に証明しているのは、次の研究書である。Jean-François Lyotard, *The Differend*, tr. Georges Van Den Abbeele (Minneapolis: University of Minnesota Press, 1988).

（4）バタイユの言葉を借りれば、この共同体はまた無頭であると言えるかもしれない。なぜなら、このコミュニティは主体性という必然的な傷を残すが、他方で、より偉大な主体を生むことによってその傷を癒そうとはしないからである。

（5）Jean-Luc Nancy, *The Inoperative Community*, ed. Peter Connor, tr. Peter Connor, Lisa Garbus, Michael Holland, and Simona Sawhney (Minneapolis: University of Minnesota Press, 1990); Maurice Blanchot, *The Unavowable Community*, tr. Pierre Joris (Barrytown, N. Y.: Station Hill Press, 1988). ブランショとナンシーは、アイ

デンティティなき共同体、つまり社会的つながりの基盤をつくる、共有される核のない共同体を考えるにあたり、バタイユやシュール・リアリストに依拠している。

（6） Giorgio Agamben, *The Coming Community*, tr. Michael Hardt（Minneapolis: University of Minnesota Press, 1993).

（7） Aristotle, *Nichomachean Ethics*, tr. Terence Irwin（Cambridge: Hackett, 1985), 1100a30.

（8） ナンシーは二種類の政治的なもののバージョンを次のように区別している。一方に、社会工学的社会組織、他方に、「コミュニケーションの無為を自らに」指示する共同体（*The Inoperative Community*, pp. 40-41)。このように、ナンシーの非組織的共同体は共和主義的デモクラシーの集団的アイデンティティとは一線を画している。後者においては、リオタールも言うように、「一人称複数の代名詞が事実、権威化の言説の重要なかなめ、あるいはそのための重要なかなめとなっている」（*The Differend*, p. 98)。

（9） 一見デモクラシー的な「われわれ」という語の全体主義的な力に関するリオタールの記述については、拙論参照。"Pagans, Perverts, or Primitives," in *Judging Lyotard*, ed. Andrew Benjamine（London and New York: Routledge, 1992), pp. 174-176.

（10） 認識的統合のもとで〈他者〉との関係を包摂することの不可能性については、次の研究書を参照。Emmanuel Levinas, *Totalité et infini*（Paris: Livre de Poche, 1992）〔合田正人訳『全体性と無限』国文社、一九八九年〕, p. 71.

（11） Gianni Vattimo, *The Transparent Society*（Baltimore: Johns Hopkins University Press, 1992), p. 14.

（12） これは、リオタールが壮大な物語への不信と無制限の小さな物語群への回帰を述べる時に指摘したプロセスである。次のものを参照。*The Postmodern Condition*, tr. Geoff Bennington and Brian Massumi（Minneapolis: University of Minnesota Press. 1984).

訳注

序論

＊1　従来の生活圏としての国家の枠を越えて社会生活における相互関係、相互依存関係が進展していくこと。以下、同じ意味で用いる。

＊2　特に科学技術研究活動で多大な資金援助を受ける研究者が、その意味を説明する義務を負うという考え方。著者は、この義務を大学一般が負うべきものとしている。

＊3　「卓越していること」、「優秀性」の意だが、本書では、閉じられた体系のなかで多様な要素の統一原理として働き、具体的な意味内容を持たないという概念を表わす用語として使われている。そこで、あえてカタカナ表記とした。

＊4　イエスの先駆者。ヨルダンの川のほとりで、神の国の近いことを、悔い改めのバプテスマ（浸礼）の必要を述べ、きたるべきメシアの証人となる。イエスも彼から洗礼を受ける。

＊5　キリストの使徒で、初期の偉大な伝道者。

＊6　ブルデューとパスロンが造った言葉で、広い意味で文化に関わる、有形・無形の所有物の総体を指す。金や財産のように、象徴的表現が社会の支配階級によって決められた交換価値を持つという考え方。第7章＊4を参照。

第2章

＊1　Total Quality Management の略称。製品やサービスの品質と競争力を向上させるため、企業全体で行われる経営管理技術のこと。

＊2　一九九四年一月にイタリアの「メディア王」と称されたシルビオ・ベルルスコーニを党首として創設された政党。四月の総選挙で、ベルルスコーニ連立政権誕生。パートナーは、地域権益擁護派の北部同盟と、ムッソリーニの遺産継承を公言するイタリア社会主義運動（ＭＳＩ）であった。

第5章

＊1　スキュラは、ギリシア神話で、海の洞穴に住み、六つの頭と十二の足を持つ女怪物。カリブディスは、シチリア島北東海の渦巻きである。

第6章

＊1　生命体は、機械的な部分の結合ではなく、部分の有機的な全体的組織から成るという説で、国家等の生物体以外のものにも同様の見方が拡大し適用される。

＊2　フィッシュの用語。意味の性質について共通の前提を持ち、読むときに共通の戦略を用いる読者の集団を指している。

第7章

＊1　アテーナーは、ギリシア神話の知恵・学芸・工芸・戦争の女神。父ゼウスの頭から甲冑をつけて生まれたと伝えられる。

＊2　一九三五年ソ連のドンバスの炭鉱で起きた運動で、個人的創意で能率を上げげた労働者に報酬を与えることによっ

て、労働の生産性と技術の向上を図った。炭鉱夫スタハーノフの名から。

＊3　文化資本とは、「広い意味での文化に関わる有形・無形の所有物の総体を示す。具体的には、家庭環境や学校教育を通して各個人のうちに蓄積されたもろもろの知識・教養・技能・趣味・感性など（身体化された文化資本）、書物・絵画・機械のように、物質として所有可能な文化的財物（客体化された文化資本）、学校制度やさまざまな試験によって賦与された学歴・資格など（制度化された文化資本）、以上の三種類に分けられる」。

＊4　自集団は美化、他集団は偏見をもって排斥しようとする態度や思想をいう。サムナーが名づけた。

＊5　F・M・C・フーリエが唱導した小自治体を基盤とする分権的共産主義の思想と運動。社会を同趣味・同理想の人々の小団体に分けて共同の大家屋に居住し、各自が最も適任の仕事をして暮らすという一種の協同組合的共産団体制。

＊6　「特異性」は、「中心的主体」、あるいは「単一の統合的意識」と対比される。「われ思う、ゆえにわれあり」と言ったデカルトに始まり、近代の哲学では、理性や思考の所産としての意識を人は持つとされた。ハーバーマスの主張によれば、この考え方を敷衍することによって、「われわれは皆主体であり、互いにコミュニケーションを交わすことができる、われわれは〈公的空間＝公的言説〉の意識を持つことができる。そこでは、主体は皆類似性を持ち、文化的差異は生じない。人種、性差、性別は、このモデルでは関係がない、なぜなら、われわれが互いにコミュニケートできるのは、われわれが共通の主体性を保持している、つまり、われわれが主体として共有する自己意識を持つからなのだ」。換言すれば、この共通性が政治的にも文化的にも、われわれを集合させるのだ、という。

以上の「主体性」論に対して、著者はこれを否定し、「特異性」こそわれわれの存在を理解し、定義するものだとする。そこで、差異の重要性を省察する必要があるとしている（ダイアン・イーラム教授による説明）。

＊7　芸術家アンディ・ウォーホールによれば、われわれは皆一五分間は著名な存在になるという。もちろん、問題は、人生のいつその一五分を得るのかということになる。

第8章

*1　ラッダイトとは、イギリスの産業革命のさなかの一八一一―一六年に、機械の使用が雇用を減少させたとして機械打ち壊しを集団的に行った手工業者の集団。レスターシャー出身の首謀者ネッド・ラッドの名から。

*2　ミュージック・テレビ（MTV）は主にミュージック・ビデオのテレビ局。ビービスとバットヘッドは、ミュージック・テレビに登場するアニメ漫画シリーズの滑稽な主役たちで、露骨な笑いを通して、現代西洋文化への鋭い諷刺を視聴者に伝える。

*3　「自己提示」（'self-unveiling'）を、衣服をぬぐことと、自己の隠れた姿を明らかにすることとにかけている。

第9章

*1　特定の対象に心的エネルギーが結びつくことを精神分析用語でカテクシスと呼ぶ。

*2　一九五〇年から六〇年にかけて、アメリカのテレビで放映された人気ドラマシリーズ。白人の典型的な家族（リード家）を中心に、父と母、その二人の子供（男の子と女の子）の生き方が、アメリカの市民のモデルとして描かれた。フェミニストたちは、それを西欧父権社会の表われと考え、ポストコロニアルの研究者たちは、これを「アメリカン・ドリームのライフスタイル」の宣伝、さらには全世界の市民の典型に利用されたとみなしている。

*3　ベネトンは、一九六〇年代にイタリアでカジュアル・ウェアの生産を始め、現在ではベネトン・ブランドとして世界的にファッション界をリードしている。つねに斬新な広告宣伝でブランド・イメージを高めるので有名。一九八一年から始まった「世界のすべての色」キャンペーンでは、人種を超えるというテーマのもとで「ユナイテッド・カラーズ・オヴ・ベネトン」をスローガンとした。

*4　ボディ（body）には、「集団」という意味と、ここで直接使われている「性差、民族、階級」によって特徴づけられた身体的差異という意味とがある。

*5　アルジェリア、モロッコ、チュニジアなど北アフリカ地方（マグレブ）からの移民に対する高等教育を学生たち

は求めた。過去におけるフランスの植民地主義や現在行われている人種差別を慮っての行動である。

第10章

＊1　マラルメによると、言葉が頁のどの位置に置かれるかによって、言葉の真の意味が明らかになるという。したがって、ここで言及されているのは、言語は全体的にコントロールする書き手によってコントロールされうる、という意味である。

＊2　ソシュールは、そのコミュニケーション論のなかで、二人の人物が互いに矢印で示され、二人のコミュニケーションがいかに可能となっているかを例証している。二つの線と矢印が互いの口から相手に向かっており、相互の伝達回路を示している。

＊3　訳者の問いに対して、イーラム教授は次のような説明を加えられた――授業《ティーチング》は「思考」を意味する。教える行為は、思考を促す行為であるべきである。それは、まとまった考えを「要求」すべきである。しかし、それは前もって分かっている「考え」ではない。「考え」は何から構成されているか、われわれは分からない。「考え」は内在的意味を持たない。しかし、われわれは「考え」が「思考の名称」という一般的な可能性に、つまり教育実践の場で起こる「考え」の可能性に与える名称として言及できる、という。

第11章

＊1　メアリ・シェリーによる同名の怪奇物語の主人公。ジュネーヴの物理学者フランケンシュタインは、無生物に生命を与える秘密を知り、納骨堂にあった骨を組み立て、これに超人的体躯と力を与えるが、この怪物は容貌醜怪、見る人に嫌われる。ために、孤独の極、自分を造った者を憎み、彼の兄弟と花嫁を殺す。フランケンシュタインは、怪物を破壊しようとするが、かえってそれに殺されてしまう。

＊2　経済用語。ある財の消費量を増加してゆけば、そこから得られる効用（満足度）は、総量的には増加するが、増

加に伴って、財の追加単位から得られる効用は減少していく。この財の追加分から得られる効用を「限界効用」という。

＊3　原文は'museification'という著者の造語。著者によれば、現在社会のさまざまな面で、あたかも博物館で展示される古美術品のように、少数の代表的で模範的な展示用品を保存するだけで事足れりとする傾向があるという。たとえば、哲学とは何かを考察するにあたって、少数の哲学者だけで十分であるとする大学の方針など。

＊4　ウィリアム・ベネットは、右翼の保守的文明批評家で政治家。特にレーガンおよびブッシュ政権で影響力を持った。彼はいわゆる「ニュー保守的文化」の擁護者である。

第12章

＊1　クリミア戦争（一八五三―五六）の時、英国の騎兵隊が塹壕に潜んでいたロシアの砲兵中隊を攻撃したが、命令系統の混乱のために、失策に終わった。この失敗によって、六〇〇人の騎兵隊のうち、四分の三が命を落とした。テニソンにこの件を扱った詩がある。著者はここで、誤ったコミュニケーション、あるいは誤解によって起こる悲惨な結果に言及している。

＊2　レビットタウンとは、一九五〇年代にアメリカで、郊外のコミュニティのモデルとしてつくられたもので、これを計画した人物の名（レビット）をとってつけられた。もともと郊外という概念は、ヴィクトリア朝のイギリスで発達したものだが、二十世紀のアメリカでも、この考えのもとに、郊外のモデルタウン建設を計画した。これはそれらのうちの最初期に属するものである。著者は、レビットタウンが郊外のモデルになったようには、大学が知的コミュニティのモデルとはならないだろうと述べている。

訳者あとがき

本書は、Bill Readings, *The University in Ruins* (Harvard University Press, 1996) の全訳である。夫人で、現在イギリスのカーディフ大学に勤務するダイアン・イーラム教授による序文に記されているように、著者は、一九九四年十月三十一日、アメリカン・イーグル四一八四便の墜落事故で不慮の死を遂げたビル・レディングズ(フルネームは、ウィリアム・ジョン・レディングズ)で、享年三十四歳であった。彼の生涯と研究の特徴を、『ガーディアン』紙上に掲載された追悼記事(一九九四年十一月十七日付)によって検証してみよう。これは、イーラム教授のご厚意で送られた英文コピーの逐語訳である。

先月シカゴ航空機墜落事故によって、三十四歳で不慮の死を遂げたビル・レディングズは、文学、文学理論、カルチュラル・スタディーズの領域ですでに名声を確立していた。

コーンウォール州のレッドルーズで生まれ、パブリックスクール予備学校で奨学金を得、マンチェスター・グラマースクールに進学。続いて、オックスフォード大学ベイリオル・カレッジで、研究者としてのキャリアを始める。博士号の論文はミルトンに関してであった。最初の勤務先は、ジユネーヴ大学、続いて合衆国のシラキュース大学へ移った。最後はカナダのモントリオール大学で助教授として勤務していた。

レディングズは、終生英国のことを気にしていた（『ガーディアン・ウィークリー』の愛読者だった）が、職歴から見ても、いわばコスモポリタンであった。彼はとりわけ政治、公正、責任の問題に関して情熱を燃やしていた。そのために、英国の多くの知識人の傾向である反主知主義に関わるよりも、むしろ芸術、政治、大学の機能と将来、国民国家の概念と解体などに対して新たな思考方法を模索していた。彼は、たとえば、ポール・ド・マンの著書や文学の規範について多くの論文を発表している。『時代を超えたポストモダニズム』（一九九三年）と題された挑戦的な論文集を（ベネット・シャーバーと）編集し、また、（スティーブン・メルヴィルと）もう一つの重要な論文集『ヴィジョンとテクステュアリティ』の共編者になっている。彼の著作で最も知られているのは、『リオタール入門——芸術と政治』（一九九一年）である。フランスの哲学者ジャン゠フランソワ・リオタールに関するもので、ディコンストラクションがなぜ問題であるかを、政治的な面から明快に説得力あふれた論を展開している。

特に彼の死が惜しまれるのは、研究者として出発したばかりであり、そのなかにあって、その著作・論文が多くの注目を浴びつつあったからである。大学の概念と機能に関する最近の諸論文は、欧米で激しい論争と興奮を巻き起こした。慰めの言葉が見つからないとしても、最近研究成果の原稿がまとまり、『大学とエクセレンスの理念——文化を超えて』と題される彼の著作の出版が予定されていることは、少なくともどこか救われる感じをわれわれに与えてくれる。それはおそらく知的・政治的論争に最も重要な貢献をなすであろう。ビル・レディングズは、鋭い感性を持ち確信に満ち、人生の喜びを知っており、まわりのひとびとを笑いに巻き込むハンサムな青年として彼を知り愛した者たちの心に、永遠に残るであろう。

この追悼記事について、イーラム教授が後に訳者に寄せられた情報をもとに、さらに説明を加えると、ベネット・シャーバーと共同編集の『ヴィジョンとテクスチュアリティ』は、予定通り一九九五年にマクミラン社から出版された。また、『大学とエクセレンスの理念——文化を超えて』は、タイトルが『廃墟のなかの大学』と変更され、本書が誕生したという。この追悼記事からも、著者の人となり、それに研究歴や方向性が垣間見られるが、さらに具体的に著者の出版物に依拠しながら、著者がどのような研究に従事していたか、その跡をおおまかに辿ってみよう。

すでに触れたように、オックスフォード大学での博士論文はミルトンに関するものであり、研究歴の出発点は英文学である。事実、イーラム教授より送られた研究業績一覧によれば、ドライデン、ミルトン、シェイクスピア、マーヴェルなどの十六、十七世紀の英国詩人に関する論文が、主たる初期の業績と考えられる。しかし、同時に文学理論とカルチュラル・スタディーズ、さらには哲学にも熱い視線を送っていたことが、業績リストによって明らかである。一方で、本書の主題と深く関わる大学や教育の問題も早くから論じられている。例えば、本論の核とも言うべき、本書第8章の「ポスト歴史的大学」は、「エクセレントであれ——ポスト歴史的大学」(『アルファベット・シティ』三号、一九九三年)ですでに採録されている。また、本書全体で検証される大学と文化の関係についても、「文化なき大学」(『新文学史』二十六巻三号、一九九五年）として論じられていることがわかる（下記業績リスト参照）。

また、本書のなかで論じられる諸項目の初出掲載雑誌については、著者自身が「謝辞」において言及しているが、さらに共同編集者だったスティーブン・メルヴィルが、本書が刊行される以前の一九九四年十一月九日付の『インデペンデント』紙に寄せた追悼記事のなかで、本書にまつわる著者の姿勢と成立事情に触れている部分があるので訳出してみたい。

……レディングズ自身の著書『大学とエクセレンスの理念』は、ハーバード大学出版局から出版される予定であるが、この本こそ彼の最も実質的な知的遺産を世に残すものと言えるだろう。大学の諸問題がレディングズの最後の関心事であったことは、彼の多様な大学経験はもちろん、イギリス労働党との深いかかわり合いの所産であったことは、疑いのないところである。

これらの経験のなかには、今日のアメリカの大学において特徴的なカリキュラム論争に一貫して取り組む彼の姿勢があった。学部学生用のコースを新設するにあたってレディングズが指導的役割を演じたシラキュース大学では、とりわけそれは激しいものであった。この経験は、彼がモントリオール大学という文化的に複雑な地域に位置する大学に赴いてさらに一段と深く広い省察を彼に強いることになった。

その結果、国民国家における政治的な鎖を解かれるとともに、理性ないしは文化という知的根拠を剝奪された制度＝機関としての大学の苦境を、具体的にまた論理的に洗練された形で、彼は診断を下すことになった。たとえ、彼の最後の年になされた不完全な講演や必ずしも一貫しないさまざまな論文からであっても、彼の分析は、読者の痛切な自己認識と賛同を促し、最後の著作の重要性を保証している。

夫人を除いて最も深く著者を理解していたと思われるスティーブン・メルヴィルの言葉は、著者が、現実の体験を通して、あるいは現実の問題を通して深く省察する能力の持ち主であったことをわれわれに理解させる。レディングズは、自身が勤務する大学における諸問題、とりわけ人文科学の学問分野の行く末を憂慮していたと思われる。この点に関しては、本書の短評のなかに同意見のものを見出すことができる。カリフォルニア大学サンタ・バーバラ校のマーク・ローズ教授は、「本書は、ナショナリズム超克の時代にあって、タイムリーな素晴らしい著作である……人文科学に関心を抱く者すべてにとって必読の書である」と評している。また、スタンフォード大学のパレス・ウルリヒ・ダンブレヒト教授は「レディングズの著書ほど見事に、大学の学問分野の現在の状況を、歴史という長いスパンの視点から論じることを可能にしたものを私は知らない」と賛辞を惜しまない。

さて、『廃墟のなかの大学』といういかにも否定的な響きの題を持つ本書はどのような内容なのであろうか。著者は序論において概説を試みているので、それに沿って全体を眺めてみよう。

まず、今日大学がおかれている位置の難しさの原因の一つを、社会と大学の関係の不確定さ、さらにはその社会自体の本質の不明確さに求めている。そのような状況を現出させている要因として、著者は経済的グローバル化に伴って従来の国民的アイデンティティの概念にかわって登場し、社会生活のあらゆる行動局面を決定するキャッシュ・ネクサス（金銭取引ルール）をあげている。その結果は、国民文化の終焉をもたらし、大学の役割に大きな影響を及ぼすことになった。なぜなら、これまで大学の存在理由を提供してきたのは国民文化であり、それを通して大学と国民国家は密接に結びついていた。つまり、大学は、国民文化の理念の生産者・保護者・教育者という使命を持ち、それによって国民国家と深い関係にあった。しかし、経済的グローバル化は、必然的に国民国家の相対的衰退をもたらした。当然大学もまたその影響を受け、従来とは違った機関へと変貌せざるをえない。では、どのような機関へと大学は向かうのか。それは、超国家的な官僚的企業体である、と著者は説く。

そのような大学を機能させる理念は、著者によれば、あらゆる局面における「エクセレンス」であると言う。「エクセレンス」は、あえて日本語にすれば「卓越性」などと訳すことができるかもしれないが、本訳書では一貫して「エクセレンス」を用いることにした。というのは、前者では覆い尽くせない含意がそれにはあるからである。事実、著者は一章（第2章）を割いて「エクセレンス」についての説明を施している。さて、著者は、さらにそのような状況下におかれている今日の大学を「ポストモダン」の大学と呼ばず、「ポスト歴史的」大学と呼びたいと提案する。前者は、「問いとしての機能を全般的に停止し、自分たちの期待に沿わない世界を非難するための知識人用の新たな口実」に成り下がっているからであり、後者をとるのは、大学が国民文化の歴史的な発展・確認・育成のプロジェクトにおいて規定されていた時代はとうに過ぎてしまったという感覚を強調したいからだという。

しかし、今日においても、大学改革論が、国民文化と国家との関係を軸にしばしば語られている事実は、その関係がいまだに大きな影響を及ぼしている証左であると認識している著者は、本書の前半の多く（第3章「国民国家の衰退」、第4章「理性の範囲内の大学」、第5章「大学と、文化の理念」、第6章「文芸文化」）を割いて文化・国民国家・大学の一連の関係を歴史的視点から論じている。その中心にあるのは、ドイツ観念論の哲学者たち（カントに始まり、フィヒテ、フンボルト、シュライエルマッハー等々）による国家に主体的に奉仕する国民の育成に寄与してきた。著者によれば、そのドイツ型モデルの大学は、文化の理念を通して、国家に主体的に奉仕する国民の育成に寄与してきた。しかし、今日それは黄昏時を迎えているという。その理由は、繰り返すが、人間科学の対象・源泉・目標としての文化の理念が消失した、言い換えれば、高等普通教育の物語の求心的組織力が失われたからであると。一方、イギリスの場合、ドイツにおける文化の中心が哲学にあったのに対して、文学がその役割を果たしたという。第6章「文芸文化」では、国民文学研究と国民的な市民主体の形成とが結びついたプロセスが論じられる。

第7章では、それまでの歴史的パースペクティブから、今日における「文化」の概念の問題、さらにそれをもとにした新たな学問分野「カルチュラル・スタディーズ」の出現とその隆盛の実情が論じられる。カルチュラル・スタディーズは、文化をもはや研究・教育の統制的理念として掲げたりはしないという特性を持っている。それは、エクセレンスの時代に相応しい文化観であると著者は皮肉っている。というのも、エクセレンスは、非イデオロギー的であり、特定の内容を持たないからだという。したがって、「文化」ももはや特定の内容を持たない、つまり、特定の事物や事物群への指示項としては機能しないのである（著者はそれを「脱指示化」と呼ぶ）。「カルチュラル・スタディーズ」は、一般的な理論的規定を拒絶しながら、あるいはそれゆえに研究の多様性と多産性を保持しているという。その時、文化は大学における研究原理たることを終え、大学を救済する理念ではなくなっている。

第8章では、歴史的な大学の理念が文化のそれと結びつかなくなり、エクセレンスの時代である今日の大学について、その制度的問いを提起するための枠組みが提示される。その際、大学をいかに評価するかという問題とかかわって、「説明責任」と「会計」（あるいは、コンシューマリズム）の二つの概念が導入されるが、著者は前者を果たすにあたって、後者による決着の危険性を強調する。評価の問題は、第9章で引き続き論じられるが、著者は一九六八年のフランスの大学で起きた学生紛争をその換喩ととらえている。学生による反乱をどのように解釈するかという問題に直面した多くの知識人たちは、それぞれの回答を出すが、そのなかで著者の注意を引いたのは、理想的観念論の著しい欠如であったという。したがって、著者の立場は、大学に対する懐疑、自覚的な不信を抱きながら、なおかつ大学について思考するための視点を求めることである。それは、国民文化というノスタルジアやコンシューマリズムに訴えて大学の現状を理解しようとするものではなく、そういった社会の仕組みの外側で大学を考えることである。

第10章以下の三章では、そのために、大学の現状が教育の現場、廃墟と化した機関、同意に基づかない共同体という観点から検証される。著者によれば、教育現場は、諸々の義務のネットワークとして理解されるべきであるとする。なぜなら、教育とは真理の追求ではなく、公正さの問題だからだ。この観点からすれば、当然、教育は従来の効率的な情報伝達を第一とするものとは違ってくる。それは、自律的な主体を生み出すことではなく、ともに思考するという作業、言い換えれば、問いの暫定性を確保しておく方法を中心に考察されねばならないことを意味する。第11章「廃墟に住んで」においては、思考実践が構造的に不完全な大学は、いわば「廃墟と化した」機関、つまり、歴史的存在理由を喪失した機関と見なすことを前提に考えられるべきだとされる。しかし、だからといって、シニカルに絶望したり、理想に走るのではなく、プラグマティックに大学という機関＝制度を考える必要があるとする。最終章の第12章「不同意の共同体」では、大学を理性的で理想的な共同体のモデルとする考えを再考すべきであり、本書の流れから言えば、文化的機能の消滅というコンテクストのなかで共同体の概念を思考すべきであるとする。具体的に言えば、統一性・合意・コミュニケーションの概念に依拠せずに共同体を再考すべきだということである。そこには、今日の大学はもはや社会のモデルという特権的地位を失っており、理想的条件下で思考されるのではなく、現実的に同意を求めない共同体という認識のもとで思考する場であるとする著者の認識がある。

今日の大学に対するレディングズの以上のような解釈は、どう評価すべきであろうか。その論調は、希望的展望をほとんど拒絶するかに見えるが、同時に意義深い指摘があちこちでなされていることも事実なのだ。ミヨシ教授が語るように「読者は、必ずしもビル・レディングズに同意できるとは限らない……しかし、主題の緊急性はもちろんのこと、彼の知性、ユーモア、皮肉は疑いもないものである」。彼の主張が、大学関係者・知識人・読者に百パーセント受け入れられるかどうか、実を言えば訳者の立場からも明確に断定することは難しい。訳を進めながら、著者の用語の難解な意味とその使い方にしばしば戸惑いを感じたのも事実である。そのような時、同じ専門領域を研究されている、夫人のイーラム教授から再三のアドバイスと解説・説明を受けられたことは、幸運であった。教授は、現在イギリスのカーディフ大学で、英文学・批評および文化理論を教えておられるが、インディアナ大学やカナダのマクギル大学その他の大学で教鞭をとられた経験があり、ポストモダン、フェミニズム、ディコンストラクションに関して多数の著書・論文がある。ちなみに著者の若々しいポートレート（カバー正面画像）は、教授から直接寄贈されたものである。

次に、ビル・レディングズの著書と主要論文を掲げて読者の参考に供したいと思う。

著書

The University in Ruins. Cambridge, MA: Harvard UP, 1996.〔本書〕

Vision and Textuality（co-edited with Stephen Melville）. Basingstoke: Macmillan UK, 1995; Dur-ham, NC: Duke UP, 1995.

Postmodernism Across the Ages（co-edited with Bennet Schaber）. Syracuse: Syracuse UP, 1993.

Political Writings of J.-F. Lyotard（editor; translated with K. P. Geiman）. Minneapolis: University of Minnesota Press, 1993.

Introducing Lyotard: Art and Politics. London & New York: Routledge, 1991（2nd. ed. 1992）.

論文

一九九五年

"A Commonplace in Walter Benjamin"（with Brian Neville）. *The Stanford Literature Review*.

"Privatizing Culture." *Angelaki* II. 1.

"The University Without Culture." *New Literary History.* Vol. 26. No. 3.
"Il senso e il terremoto." *La Lingua di Pirandello.* Ed. Enzo Lauretta. Milan: Mursia.
"Difficult Times: Manifesto for a Postmodern Literary History." *Postmodern Life.* Eds. Thomas Carmichael and Alison Lee. DeKalb: Northern Illinois UP.

一九九四年

"From Emancipation to Obligation: Sketch for a Heteronomous Politics of Education." *Education and the Postmodern Condition.* Ed. Michael Peters. Auckland & New York: Bergin and Garvey.
"American Nightmares: The American Dream in the Age of Televisual Reproduction." *Le rêve américain.* Montréal: CIADEST.
"Lyotard." *The Penguin Dictionary of Philosophy.* Ed. Thomas Mautner. London: Penguin.
"Hamlet's Thing." *New Essays on Hamlet.* Eds. Mark Thornton Burnett and John Manning. London & New York; AMS Press.

一九九三年

"For A Heteronomous Cultural Politics." *Oxford Literary Review* 15. 1-2. Reprinted in Constructive Criticism: *The Human Sciences in the Age of Theory.* Eds. Martin Kreiswirth and Thomas Carmichael. Toronto: University of Toronto Press, 1994.
"Be Excellent: The Posthistorical University." *Alphabet City* 3, special issue on "The States of Culture."

正直言って本書の訳出は、非常に難儀であった。とりわけ、著者の研究領域の広範さ（文学や文化論のみならず、経済学、言語学、哲学などの知識の援用）、用語の特殊な使い方（例えば、インスティチューションを機関、制度と使い分けたり、ある領域の専門用語を他の領域の用語にあてはめて使うなど)、特殊な固有名詞の多用に、訳者はしばしば立ち往生したことを認めざるをえない。そういうとき、ファックスやEメールを通してイーラム教授に問い質し、説明を求めたが、教授は訳者の些細な質問事項にも懇切丁寧な回答を寄せて下さった。あらためて御礼申し上げる次第である。

訳の担当は、1章から7章までを斎藤が、8章以下12章までを青木が担当したが、相互にチェックし、確認しあって誤訳や思わぬ間違いをできるだけ避けたつもりである。しかし、専門外の事柄について十分な理解がないまま訳出したかもしれない。読者諸氏からご指摘いただければ幸いである。最後に、本書の訳出にあたり、終始便宜を図っていただき、また遅れがちな原稿を辛抱強く待っていただいた法政大学出版局の平川俊彦氏に心から御礼申し上げる。

一九九九年十二月

訳　者

改訂版へのあとがき

本書の初版が出たのが二〇〇〇年六月。一八年の歳月を経て改訂版を世に出せることを訳者として幸運に思っています。改訂にあたり、随所で訳語・訳文を見直してできる限り正確に著者の趣旨を訳出するよう努めました。見直しにあたり、法政大学出版局の郷間雅俊氏には、本文中で言及される既刊の諸書の邦訳名をはじめ訳文の細部に至るまで丁寧に確認をしていただきました。心より御礼申し上げます。

二〇一八年九月

訳　者

総索引

カ 行

サ 行

タ 行

ナ 行

ハ 行

マ 行

ヤ 行

ラ 行

《叢書・ウニベルシタス　661》
廃墟のなかの大学〈新装改訂版〉

2018年 9月 28日　初版第1刷発行

ビル・レディングズ
青木 健／斎藤信平 訳
発行所　一般財団法人　法政大学出版局
〒102-0071 東京都千代田区富士見 2-17-1
電話 03(5214)5540 振替 00160-6-95814
組版: HUP　印刷: 三和印刷　製本: 積信堂

Printed in Japan

ISBN978-4-588-14051-8

著　者

ビル・レディングズ（Bill Readings）
1960年イギリス生まれ。ミルトンに関する博士論文によりオックスフォード大学で学位取得。以後，スイスのジュネーヴ大学，アメリカのシラキュース大学を経て，カナダのモントリオール大学の比較文学担当助教授となる。ド・マンやリオタールに関する著作・論文で文学理論・現代思想の研究者として認められ，また本書にまとめられた大学の理念と機能を鋭く問い直す諸論文が欧米で反響を呼び，激しい論議を巻き起こすなど注目されていたが，1994年10月アメリカン・イーグル機の墜落事故で不慮の死を遂げた。本書のほかに，『リオタール入門』（1991），『時代を超えたポストモダニズム』（共著，1993）『ヴィジョンとテクスチュアリティ』（同，1995）などの著書がある。

訳　者

青木　健（あおき・けん）
1941年茨城県生まれ。71年東京教育大学大学院博士課程中退。現在，成城大学文芸学部教授。英文学専攻。訳書に，コリンズ『18世紀イギリス出版文化史』『文筆業の文化史』（共訳，彩流社），ロジャース『図説イギリス文学』（共訳，大修館書店），カーン『愛の文化史』（共訳，法政大学出版局）ほか。

斎藤信平（さいとう・しんぺい）
1955年福島県生まれ。90年成城大学大学院博士後期課程中退。元・山梨英和大学人間文化学部教授。英文学専攻。著書に，『ベケット大全』（共著，白水社），『英国文化の巨人　サミュエル・ジョンソン』（共著，港の人）。

叢書・ウニベルシタスより
(表示価格は税別です)

1056 私たちのなかの私　承認論研究
A. ホネット／日暮・三崎・出口・庄司・宮本訳　4200円

1057 美学講義
G. W. F. ヘーゲル／寄川条路監訳　4600円

1058 自己意識と他性　現象学的探究
D. ザハヴィ／中村拓也訳　4700円

1059 ハイデガー『存在と時間』を読む
S. クリッチリー，R. シュールマン／串田純一訳　4000円

1060 カントの自由論
H. E. アリソン／城戸淳訳　6500円

1061 反教養の理論　大学改革の錯誤
K. P. リースマン／斎藤成夫・齋藤直樹訳　2800円

1062 ラディカル無神論　デリダと生の時間
M. ヘグルンド／吉松覚・島田貴史・松田智裕訳　5500円

1063 ベルクソニズム〈新訳〉
G. ドゥルーズ／檜垣立哉・小林卓也訳　2100円

1064 ヘーゲルとハイチ　普遍史の可能性にむけて
S. バック＝モース／岩崎稔・高橋明史訳　3600円

1065 映画と経験　クラカウアー、ベンヤミン、アドルノ
M. B. ハンセン／竹峰義和・滝浪佑紀訳　6800円

1066 図像の哲学　いかにイメージは意味をつくるか
G. ベーム／塩川千夏・村井則夫訳　5000円

1067 憲法パトリオティズム
Y. W ミュラー／斎藤一久・田畑真一・小池洋平監訳　2700円

1068 カフカ　マイナー文学のために〈新訳〉
G. ドゥルーズ，F. ガタリ／宇野邦一訳　2700円

1069 エリアス回想録
N. エリアス／大平章訳　3400円